# Russian Verb Aspects

Е. Василенко, А. Егорова, Э. Ламм

# ВИДЫ РУССКОГО ГЛАГОЛА

*2-е издание*

Москва
«Русский язык»
1988

E. Vasilenko, A. Yegorova, E. Lamm

# RUSSIAN VERB ASPECTS

*2nd edition*

Russky Yazyk Publishers
Moscow
1988

ББК81. 2Р-96
B-19

Reviewed by *O. Rassudova* and *G. Donchenko,*
Pushkin Russian Language Institute

Translated from the Russian by *V. Korotky*
Designed by *E. Gorochovsky*

B $\dfrac{4306020100\text{-}259}{015(01)\text{-}88}$ 51—88

ISBN 5—200—00046—7      © Издательство «Русский язык», 1982

# PREFACE

Even those who have a fairly good command of Russian experience difficulty when using Russian verbs. And it is small wonder, since the Russian verb, apart from the categories of tense, mood and person, which also characterise verbs in other languages, possesses the category of aspect, expressed in the juxtaposition of the meanings of the perfective verbs with those of the imperfective ones.

The category of aspect enriches Russian, makes it more flexible and enables Russian speakers to convey the subtlest nuances of meaning in verbs without resorting to any other lexical means.

The Russian verb does not reveal its 'mysteries' immediately: a thoughtful and inquisitive student will always be making new 'discoveries' when studying the verb, since the latter will open up its various facets gradually, as the student goes along.

The authors have written this book for English-speaking students of Russian with a purely practical purpose in mind. It is for this reason that it deals with the uses of verb aspects in the most obvious meanings and in the most common situations. (Part I is intended for beginners; and Part II, for intermediate and advanced learners.)

The authors hope that their methods of presentation of the theoretical material and the exercises given in this book will help to achieve the practical goal set before the student and will enable him to see for himself that the Russian verb is not so 'mysterious' and 'incomprehensible' as it seems to be at first glance.

The authors will be grateful for all suggestions that may help to improve the book in future editions. They should be forwarded to this address: *СССР, 103012, Москва, Старопанский пер., 1/5, издательство «Русский язык».*

*Authors*

# CONTENTS

## Part I

# Part II

# PART I

## CHAPTER I

### § 1

General idea of Russian verb aspects. The main methods of formation of aspect pairs.

**1.**

(a) Read the English sentences and their Russian translations.

1. '*Have* you *read* this book?'
   'Yes, I *have*.'
2. I *was reading* this book for two days.
3. Take the journal. I *have read* it.
4. The boy *had been trying to solve* the problem for a long time and fiinally he *solved* it.

1. — Вы *читáли* э́ту кни́гу?
   — Да, *читáл*.
2. Я *читáл* э́ту кни́гу два дня.
3. Возьми́те журнáл, я *прочитáл* егó.
4. Мáльчик дóлго *решáл* задáчу и наконéц *реши́л* её.

(b) Is the verb 'to read' in sentences 1, 2 and 3 translated by the same verbs?

(c) Are the verbs in the English sentences in the same form? And in the Russian sentences?

**Note.**— As you see, one and the same English verb, for example 'to read', can be translated into Russian either by the verb читáть or by the verb прочитáть.

The different forms of the verbs in the English sentences are translated into Russian by the same past tense, but of different verbs (читáть and прочитáть in sentences 1, 2 and 3, and решáть and реши́ть in sentence 4). This is accounted for by the fact that Russian has a special grammatical category — *the verb aspect (imperfective* or *perfective)*.

The verb aspect underlies the entire class of verbs, i.e. each Russian verb belongs either to the imperfective or to the perfective aspect.

Most Russian verbs go in pairs of imperfective and perfective verbs [1] (for example, читáть is imperfective; and прочитáть, perfective). Such pairs are called *aspect pairs* [2]. The verbs

---

[1] For brevity's sake, we shall use the terms 'imperfective verb' and 'perfective verb' for 'verb of the imperfective aspect' and 'verb of the perfective aspect', respectively.

[2] When introducing verb pairs, we shall follow the practice of most Soviet textbooks of Russian, i. e. the first verb of the pair will be imperfective; and the second, perfective.

which make up an aspect pair generally have the same lexical meaning, i.e. they name one and the same real action (for example, reading); however, this action may be viewed from different standpoints: completion, 'wholeness', repetition and the manner of occurrence in time. (For this, see the following §§.)

In most cases the verbs of an aspect pair have a common root and differ either in the presence or absence of a prefix (чита́ть — **про**чита́ть) or in suffixes (реша́ть — реши́ть). The verbs of an aspect pair govern one and the same case (чита́ть *что?* — прочита́ть *что?*).

**2.**

(a) Read the following pairs of verbs. (You will need them when studying § 2.) Look up the meanings of the unfamiliar verbs in your dictionary. The first verb in each pair is imperfective; and the second, perfective. Printed in bold-face type are the formal language elements which differentiate the perfective verbs from their imperfective counterparts.

1. гото́вить — **при**гото́вить
2. есть — **съ**есть
3. за́втракать — **по**за́втракать
4. мыть — **вы́**мыть
5. обе́дать — **по**обе́дать
6. писа́ть — **на**писа́ть
7. пить — **вы́**пить
8. смотре́ть — **по**смотре́ть
9. рисова́ть — **на**рисова́ть
10. стро́ить — **по**стро́ить
11. у́жинать — **по**у́жинать
12. учи́ть — **вы́**учить
13. чита́ть — **про**чита́ть
14. отдыха́ть — отдохну́ть
15. реша́ть — реши́ть

(b) What differentiates the perfective verbs in pairs 1-13 from their imperfective counterparts? How do the perfective verbs in pairs 14-15 differ from their imperfective counterparts? What is this derivative element called?

**Note.**—As you have noticed, the verbs in the aspect pairs differ from each other in some *formal features*: the presence or absence of a prefix (pairs 1-13) or in suffixes (pairs 14-15).

### § 2

| | |
|---|---|
| The use of imperfective verbs to convey the process of an action.<br>The use of perfective verbs to convey a resultative (completed) action. | Я до́лго **чита́**л кни́гу.<br>Я **прочита́**л кни́гу. |

**3.**

(a) Look at the pictures and read the captions under them. What is the aspect of the verbs used in the captions on the left; and what of those used on the right?

Рабочие *строили* школу два ме́-
сяца.

Рабочие *постро́или* шко́лу.

Худо́жник *рисова́л* карти́ну ме́-
сяц.

Худо́жник *нарисова́л* карти́ну.

Ольга *писа́ла* письмо́ час.

Ольга *написа́ла* письмо́.

Игорь *чита́л* кни́гу весь ве́чер.

Игорь *прочита́л* кни́гу.

**(b)** In which column do the verbs convey the process of an action; and in which, a completed, resultative action? Are there any words in the sentences which have helped you to answer this question? If so, point them out.

**Note.**—*The imperfective* verbs (left-hand column) convey a *prolonged action, the process of an action* without any hint at its completion. On the other hand, *the perfective* verbs (right-hand column) convey *a completed action which has had a result.*

| | |
|---|---|
| Рабо́чие *стро́или* шко́лу. | The workers built a school. |
| Рабо́чие *стро́или* шко́лу два ме́сяца. | The workers were building the school for two months. |
| Рабо́чие *постро́или* шко́лу. | The workers have built the school. |

Sentences with imperfective verbs may contain words indicating how long the action continued (два ме́сяца, час, весь ве́чер, ско́лько вре́мени, etc.). However, such words may be dispensed with.

**Exercise 1.** Read the sentences. State the aspect of the italicised verbs. Translate the sentences into English and then compare your translation with that given on the right.

1. Я *учи́л* но́вые слова́ час. Я зна́ю но́вые слова́, потому́ что я хорошо́ *вы́учил* их.

   1. I spent an hour learning the new words. I know the new words because I learned them well.

2. Студе́нт до́лго *реша́л* зада́чу. Наконе́ц он *реши́л* её.

   2. The student spent a long time solving the problem. At last he solved it.

3. Ма́ша *за́втракала* полчаса́. Она́ не хо́чет есть, потому́ что она́ уже́ *поза́втракала*.

   3. Masha spent half an hour over her breakfast. She is not hungry, because she has already had breakfast.

4. Ве́ра *мы́ла* посу́ду пятна́дцать мину́т. Посу́да чи́стая, потому́ что Ве́ра *вы́мыла* её.

   4. Vera spent a quarter of an hour washing the dishes. The dishes are clean because Vera has washed them.

**Exercise 2.** Which of the sentences given below could be used as captions under the pictures?

1. Ма́льчик ел я́блоко. 2. Ма́льчик съел я́блоко. 3. Ма́ша чита́ла кни́гу. 4. Ма́ша прочита́ла кни́гу. 5. Юра пил молоко́. 6. Юра вы́пил молоко́. 7. Ма́ма гото́вила обе́д. 8. Ма́ма пригото́вила обе́д. 9. Де́вочка рисова́ла карти́нку. 10. Де́вочка нарисова́ла карти́нку. 11. Оля мы́ла посу́ду. 12. Оля вы́мыла посу́ду.

**Exercise 3.** Read the dialogues. Point out the verbs conveying the process of an action and those denoting resultative, completed actions. State the aspect of both verbs.

(a) — Ты до́лго *учи́л* но́вые слова́?
— Час.
— Ты *вы́учил* все слова́?
— Да, все.
(b) — Пойдём в столо́вую! Ты хо́чешь есть?
— Нет, я уже́ *пообе́дала*.
(c) — Интере́сно, ско́лько вре́мени худо́жник *рисова́л* э́ту карти́ну?
— Ду́маю, недо́лго.
(d) — Ско́лько вре́мени ты *переводи́л* текст?
— Два часа́.
— Ты *перевёл* весь текст?
— Да, весь.

**Exercise 4.** Read the sentences, supplying verbs of the required aspect.

1. Де́вочка до́лго (пила́ — вы́пила) чай, потому́ что он был горя́чий. 2. Это зда́ние (стро́или — постро́или) полго́да. 3. Ма́льчик весь ве́чер (учи́л — вы́учил) уро́ки. 4. Де́ти (отдыха́ли — отдохну́ли) в дере́вне ме́сяц. 5. Зада́ча была́ тру́дная, поэ́тому ученики́ до́лго (реша́ли — реши́ли) её. 6. Де́вочка (чита́ла — прочита́ла) ска́зку час. 7. Ната́ша (мы́ла — вы́мыла) посу́ду недо́лго.

13

**Exercise 5.** Complete the sentences, supplying verbs of the required aspect.

1. Суп на столе́. Ма́ма уже́ (гото́вила — пригото́вила) его́.
2. Это но́вый кинотеа́тр. Его́ (стро́или — постро́или) неда́вно.
3. Я могу́ дать вам э́ту газе́ту, потому́ что я уже́ (чита́л — прочита́л) её. 4. Ма́льчик зна́ет стихотворе́ние, он хорошо́ (учи́л — вы́учил) его́. 5. Сестра́ о́чень чи́сто (мы́ла — вы́мыла) окно́.

**Exercise 6.** Read the sentences, supplying verbs of the required aspect.

1. Зада́ча была́ нетру́дная, и Ми́ша (реша́л — реши́л) её недо́лго. Он (реша́л — реши́л) её пра́вильно. 2. Ученики́ (писа́ли — написа́ли) на уро́ке дикта́нт пятна́дцать мину́т. Они́ (писа́ли — написа́ли) дикта́нт, и учи́тель взял их тетра́ди. 3. Ма́льчик (рисова́л — нарисова́л) э́то зда́ние о́чень хорошо́. Он (рисова́л — нарисова́л) его́ три часа́. 4. Сего́дня ма́ма (гото́вила — пригото́вила) вку́сный обе́д. Она́ (гото́вила — пригото́вила) его́ недо́лго. 5. Этот мост (стро́или — постро́или) полго́да. Мост уже́ (стро́или — постро́или), и по нему́ иду́т маши́ны.

**Exercise 7.** Answer the questions.

1. Ско́лько вре́мени вы вчера́ за́втракали? Обе́дали? Ужи́нали? 2. Ско́лько вре́мени вы вчера́ отдыха́ли? 3. Ско́лько вре́мени вы чита́ли газе́ту? 4. Ско́лько вре́мени вы писа́ли письмо́?

**Exercise 8.** This is Igor Semyonov. This is what he did yesterday.

Find out from him how long he breakfasted, read the newspaper, cleaned his suit, listened to the lectures, dined, played football, studied at the library, watched TV. What will he tell you?

*Model:* — Ско́лько вре́мени ты за́втракал?
— Я за́втракал полчаса́.

**Exercise 9.** Compose dialogues between yourself and a friend who will say that yesterday he (a) wrote an essay, (b) translated an article, (c) solved a problem, (d) learned some new words, (e) read a novel, (f) wrote a letter.

*Model:* — Ты до́лго писа́л сочине́ние?
— Я писа́л его́ час.
— Ты написа́л его́?
— Да, написа́л.

**Exercise 10.** Say that you did the same, but give different times.

*Model:* — Андре́й переводи́л текст час.
— А я переводи́л текст два часа́.

1. Анто́н чита́л но́вый текст де́сять мину́т. 2. Юра учи́л но́вые слова́ час. 3. Ле́на писа́ла упражне́ние два́дцать мину́т. 4. Ми́тя реша́л зада́чу полчаса́. 5. Брат за́втракал пятна́дцать мину́т. 6. Семья́ обе́дала полчаса́.

**Exercise 11.** Say that you have done the same.

*Model:* — Оле́г перевёл статью́.
— Я то́же перевёл статью́.

1. Бори́с прочита́л кни́гу. 2. Оля вы́учила грамма́тику. 3. Мы пообе́дали. 4. Брат написа́л письмо́. 5. Они́ реши́ли все зада́чи. 6. Мы хорошо́ отдохну́ли ле́том. 7. Ира пригото́вила у́жин. 8. Мари́на нарисова́ла карти́ну.

**Exercise 12.** Answer the questions according to the model.

*Model:* — Вы прочита́ли э́ту кни́гу?
— Да, прочита́л, но я чита́л её о́чень до́лго.

1. Вы вы́учили но́вые слова́? 2. Вы написа́ли сочине́ние? 3. Вы реши́ли зада́чу? 4. Вы перевели́ статью́? 5. Он нарисова́л карти́ну? 6. В го́роде постро́или но́вый теа́тр?

**Exercise 13.** Answer the questions according to the model.

*Model:* — Вы до́лго чита́ли э́ту кни́гу?
— Да, я до́лго чита́л э́ту кни́гу, но я всё-таки прочита́л её.

1. Вы до́лго писа́ли сочине́ние? 2. Ни́на до́лго реша́ла зада́чу? 3. Оле́г до́лго учи́л стихотворе́ние? 4. Худо́жник до́лго рисова́л э́тот портре́т? 5. Вы до́лго переводи́ли текст? 6. Андре́й до́лго чита́л э́тот рома́н?

## § 3

| | |
|---|---|
| The main methods of formation of aspect pairs (*Continued.*) The use of imperfective verbs to convey repeated actions. The use of perfective verbs to convey completed semelfactive actions. | Ка́ждое у́тро я **встава́л** в семь часо́в. Сего́дня я **встал** в во́семь часо́в. |

15

**4.**

(a) Read the following pairs of verbs. (You will need them when studying this chapter.) Look up the meanings of unfamiliar verbs in your dictionary.

1. де́лать — **с**де́лать
2. звони́ть — **по**звони́ть
3. слу́шать — **по**слу́шать
4. теря́ть — **по**теря́ть
5. фотографи́ровать — **с**фотографи́ровать
6. возвраща́ться — возврати́ться
7. встава́ть — встать
8. встреча́ть — встре́тить
9. опа́здывать — опозда́ть
10. отвеча́ть — отве́тить
11. открыва́ть — откры́ть
12. покупа́ть — купи́ть
13. получа́ть — получи́ть
14. приглаша́ть — пригласи́ть
15. умыва́ться — умы́ться
16. понима́ть — поня́ть
17. посыла́ть — посла́ть
18. говори́ть — сказа́ть
19. ложи́ться — лечь
20. находи́ть — найти́
21. переводи́ть — перевести́

(b) What differentiates the perfective verbs in these pairs from their imperfective counterparts?

**Note.**—As you see, besides the features dealt with in Note 2—the presence or absence of prefixes and different suffixes (see pairs 1-15)—the imperfective verb of an aspect pair may differ from its perfective counterpart in another feature: it may have a different root (see pairs 16-21). There are very few such verbs, though.

**5.**

(a) Read the following sentences. What is the aspect of the verbs used in the left-hand column? And in the right-hand column?

1. Ле́том я ка́ждый день *встава́л* в во́семь часо́в, *умыва́лся, де́лал* гимна́стику, *купа́лся* в о́зере, а пото́м *за́втракал.*

2. Ле́том я ча́сто *получа́л* пи́сьма от бра́та.

1. Сего́дня я *встал* в семь часо́в, *умы́лся, сде́лал* гимна́стику и *поза́втракал.*

2. Вчера́ я *получи́л* письмо́ от бра́та.

(b) In which column do the sentences speak of repeated actions: and in which, of semelfactive [1] actions? Are there any words in the text which have helped you to answer this question? If so, point them out.

(c) In which number (singular or plural) does the word письмо́ stand in the left-hand column; and in which, in the right-hand column? Why is this so?

**Note.**—As you can see from the sentences you have analysed, besides the meaning dealt with in § 2 (the process of an action), *imperfective* verbs may have the meaning of *repeated completed actions,* whereas *perfective* verbs may have the meaning of *completed semelfactive actions.* In such cases the imperfective verbs may de accompanied by adverbial words of the type ка́ждый день, ча́сто, обы́чно, ре́дко, всегда́, etc., the object of the imperfective verbs not infrequently taking the plural.

---

[1] i. e. actions which are single in their occurrence without repetition or continuation.

**Exercise 1.** Read the sentences and state the aspect of the italicised verbs. Translate the sentences into English and then compare your translations with those given on the right.

1. Я ча́сто *покупа́л* проду́кты в э́том магази́не. Сего́дня я то́же *купи́л* там сыр и ма́сло.

1. I often bought food in that shop. Today I also bought some cheese and butter there.

2. Брат ча́сто *получа́л* пи́сьма от дру́га. И вчера́ он *получи́л* от него́ письмо́.

2. My brother often received letters from a friend. Yesterday, too, he received a letter from him.

3. Обы́чно де́ти *ложи́лись* спать в во́семь часо́в, а сего́дня они́ *легли́* в де́вять.

3. The children usually went to bed at eight o'clock, but today they went to bed at nine.

**Exercise 2.** Read the dialogues. Which of the verbs convey repeated actions; and which, semelfactive ones? State the aspect of both.

(a) — Когда́ ты *встал* сего́дня?
— Вчера́ я *лёг* спать по́здно, поэ́тому *встал* сего́дня в во́семь часо́в.

(b) — Ты зимо́й *де́лал* гимна́стику до́ма и́ли на во́здухе?
— Я *де́лал* гимна́стику до́ма, но всегда́ *открыва́л* окно́.

(c) — Ты ча́сто *приглаша́л* Ми́шу в го́сти?
— Ча́сто.
— А ты *пригласи́л* его́ на день рожде́ния?
— Да, я *пригласи́л* его́ ещё вчера́.

(d) — Ты ка́ждую неде́лю *посыла́л* пи́сьма домо́й?
— Да, коне́чно. Сего́дня я то́же *посла́л* большо́е письмо́ и *рассказа́л* о на́шей после́дней экску́рсии.

**Exercise 3.** Read the sentences, supplying verbs of the required aspect.

1. Сего́дня Юля (покупа́ла — купи́ла) на у́жин сыр и фру́кты. 2. Вчера́ он (ложи́лся — лёг) спать в оди́ннадцать часо́в. 3. Ольга вчера́ ве́чером (получа́ла — получи́ла) откры́тку от бра́та. 4. Вчера́ Ва́ля (теря́ла — потеря́ла) ключ. 5. В суббо́ту я (встреча́л — встре́тил) Игоря в теа́тре.

**Exercise 4.** Read the sentences, supplying verbs of the required aspect.

1. Обы́чно я (встава́л — встал) в семь часо́в, а (ложи́лся — лёг) спать в оди́ннадцать часо́в. 2. Са́ша (получа́л — получи́л) пи́сьма от ма́тери ка́ждую неде́лю. 3. Ни́на (приглаша́ла — пригласи́ла) нас в го́сти не́сколько раз. 4. Иногда́ я (встреча́л — встре́тил) Ольгу в метро́. 5. Они́ обы́чно (покупа́ли — купи́ли) фру́кты в э́том магази́не.

**Exercise 5.** Read the sentences, supplying verbs of the required aspect.

1. Вчера́ Игорь был в теа́тре, поэ́тому он (ложи́лся — лёг) спать по́здно. 2. Па́вел ча́сто (приглаша́л — пригласи́л) Мари́ну в теа́тр, а в суббо́ту он (приглаша́л — пригласи́л) её на конце́рт. 3. Он мно́го раз (покупа́л — купи́л) ей ро́зы, а сего́дня (покупа́л — купи́л) ли́лии. 4. Сего́дня Андрей (встреча́л — встре́тил)

17

Лизу на стадио́не. 5. Ле́на ча́сто (теря́ла — потеря́ла) тетра́ди, но пото́м всегда́ (находи́ла — нашла́) их.

**Exercise 6.** Say that you did the same.

*Model:* — Ле́том мы ка́ждый день (ча́сто, обы́чно, etc.) купа́-
 лись в мо́ре.
 — Ле́том я то́же ка́ждый день купа́лся в мо́ре.

1. Ле́том я ка́ждый день де́лал гимна́стику на во́здухе. 2. Ле́-
том я встава́л в во́семь часо́в. 3. Брат ча́сто получа́л пи́сьма.
4. Он обы́чно по́здно ложи́лся спать. 5. Он ка́ждый день покупа́л
цветы́ в э́том кио́ске. 6. Мы ча́сто покупа́ли проду́кты в э́том
магази́не.

**Exercise 7.** Say that the same happened today too. Do not fail to alter the
object, if any.

*Model:* — Сестра́ ча́сто получа́ла пи́сьма.
 — Сего́дня она́ то́же получи́ла письмо́.

1. Бори́с обы́чно встава́л ра́но. 2. Ка́ждое у́тро мой брат де́лал
гимна́стику. 3. Ва́ля ча́сто покупа́ла кни́ги о теа́тре. 4. Мы мно́го
раз встреча́ли И́горя в па́рке. 5. А́лла ча́сто посыла́ла пи́сьма
домо́й. 6. Обы́чно я ложи́лся спать по́здно.

**Exercise 8.** Say that the same thing took place on more than one occasion.

*Model:* — Сего́дня она́ получи́ла письмо́ от сестры́.
 — Она́ ча́сто (обы́чно, не раз, etc.) получа́ла пи́сьма
 от сестры́.

1. Сего́дня брат купи́л журна́л «Ша́хматы». 2. Мы вста́ли
сего́дня по́здно. 3. Сего́дня я встре́тил дру́га в це́нтре го́рода.
4. Вчера́ Оле́г посла́л письмо́ домо́й. 5. В суббо́ту Ле́на легла́
спать по́здно. 6. Са́ша сде́лал у́тром гимна́стику.

## Revision I

**Assignment 1.** Say that you know what you have been told and add your
supposition.

*Model:* — Я до́лго чита́л э́тот журна́л.
 — Да, я зна́ю, что вы до́лго чита́ли э́тот журна́л. Я
 ду́маю, что вы уже́ прочита́ли его́.

1. Я до́лго переводи́л статью́. 2. Са́ша два часа́ учи́л но́вые
слова́. 3. Я це́лый час писа́л письмо́. 4. Мари́на до́лго гото́вила
у́жин. 5. Стадио́н стро́или це́лый год.

**Assignment 2.** Answer the questions, stating that the actions concerned have
been completed. You may need the Russian equivalents of the following English
verbs: to read, to prepare, to wash, to receive, to translate.

*Model:* — Где твоё письмо́? На столе́?
 — Да, на столе́. Я уже́ написа́л его́.

1. Где но́вый журна́л? На по́лке? 2. Где у́жин? На столе́?
3. Где чи́стая посу́да? В шкафу́? 4. Где све́жие газе́ты? На столе́?
5. Где но́вая статья́? В портфе́ле?

**Assignment 3.** Look at the pictures and say: (a) what Andrei usually did on Sunday; (b) what he did yesterday.

*Model: (a)* Обы́чно Андре́й встава́л в воскресе́нье по́здно.
Вчера́ он то́же встал по́здно.

**Assignment 4.** Make up a story, using the series of pictures given below, and write it down. Begin your story with these words: Ле́том Серге́й отдыха́л на ю́ге. Ка́ждый день он...

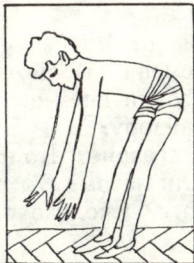

**Assignment 5. (a)** Listen to the text and say whether Oleg is a punctual young man or not. What makes you think so?

Сегóдня Олéг опоздáл на лéкцию. Обы́чно он никогдá не опáздывал. Сегóдня он опоздáл в пéрвый раз.

**(b)** Listen to the text once more and write it down.

**Assignment 6.** Listen to the joke and say what the result of the pupil's study was.

О т é ц: — Ты приготóвил урóки?
С ы н: — Да, я ужé вы́учил весь алфави́т.
О т é ц: — Какáя бýква идёт пóсле «А»?
С ы н: — Все остальны́е.

**Assignment 7.** Read the text and say whether it was a working day or a day off. What makes you think so?

Вчерá мы цéлый день отдыхáли в пáрке. Мы игрáли в волейбóл, слýшали мýзыку, мнóго фотографи́ровали. Потóм мы пообéдали в ресторáне и пошли́ в кинó. Мы вернýлись домóй пóздно. Мы хорошó отдохнýли.

**Assignment 8.** Read the text. What did Victor say about John? What made him say that?

Джон и Ви́ктор ýчатся в Москóвском университéте. Вчерá Ви́ктор позвони́л Джóну по телефóну и сказáл, что у негó есть билéты в кинó. Там шёл нóвый совéтский фильм. Актёры говори́ли по-рýсски, но Джон понимáл их довóльно хорошó. Егó друг сказáл, что Джон сдéлал больши́е успéхи.

**Assignment 9.** Let's have a chat.

1. Вы купи́ли газéту «Прáвда»? Вы ужé прочитáли её? Вы дóлго читáли её? Скóлько врéмени вы обы́чно читáете газéту? Когдá вы обы́чно читáете газéты?

2. Вы лю́бите смотрéть телеви́зор? Вчерá вéчером вы дóлго смотрéли телеви́зор? Скóлько врéмени вы смотрéли телеви́зор? Вы чáсто смóтрите телеви́зор? Сегóдня днём вы ужé посмотрéли спорти́вные соревновáния по телеви́зору?

3. Что вы обы́чно покупáете в магази́не? Что вы купи́ли вчерá?

4. Скóлько врéмени вы отдыхáли лéтом? Вы хорошó отдохнýли? Вы мнóго раз отдыхáли на ю́ге? Скóлько раз вы отдыхáли в дерéвне? А в горáх?

# CHAPTER II

## § 1

The aspect and tense system of the Russian verb.

**6.**

**(a)** Read the table.

| Tense | Imperfective Aspect | Perfective Aspect |
|---|---|---|
| Past | Я до́лго *чита́л* кни́гу.<br>Я *чита́л* э́ту кни́гу не́-<br>сколько раз. | Ученики́ *написа́ли* дик-<br>та́нт, и учи́тель *взял*<br>их тетра́ди.<br>Сего́дня я *получи́л*<br>письмо́. |
| Present | Я сейча́с *чита́ю*.<br>Я ча́сто *получа́ю*<br>пи́сьма. | |
| Future | Я *бу́ду чита́ть* э́ту<br>кни́гу два дня.<br>Я *бу́ду де́лать* гим-<br>на́стику ка́ждый<br>день. | За́втра я *позвоню́* тебе́.<br><br>Ско́ро я *решу́* э́ту за-<br>да́чу. |

(b) What is the aspect of the verbs used in the past tense? In the present tense? In the future tense?

**Note.**—You may have deduced from the table that *imperfective* verbs are used *in any tense* (i. e. the present, past and the future), whereas *perfective* verbs are used *only in the past and the future.*

**7.**
(a) Read the table. Note future tense form of the imperfective and perfective verbs.
(b) Verbs of which aspect have a simple future tense (i. e. a form consisting of one word); and of which, a compound future tense form (i. e. a form consisting of two words)?
(ç) How is the future tense form of perfective verbs obtained? Compare it with the present tense form of imperfective verbs.

| Tense | Imperfective Aspect | | Perfective Aspect | |
|---|---|---|---|---|
| Past | чита́ть | | прочита́ть | |
| | (он) чита́л<br>(она́) чита́ла<br>(они́) чита́ли | газе́ту | (он) прочита́л<br>(она́) прочита́ла<br>(они́) прочита́ли | газе́ту |
| Present | я чита́ю<br>ты чита́ешь<br>он чита́ет<br>мы чита́ем<br>вы чита́ете<br>они́ чита́ют | газе́ту | | |

| Tense | Imperfective Aspect | | Perfective Aspect | |
|---|---|---|---|---|
| Future | я бу́ду<br>ты бу́дешь<br>он бу́дет<br>мы бу́дем<br>вы бу́дете<br>они́ бу́дут | чита́ть<br>газе́ту | я прочита́ю<br>ты прочита́ешь<br>он прочита́ет<br>мы прочита́ем<br>вы прочита́ете<br>они́ прочита́ют | газе́ту |

**Note.**—As you may have noticed, *imperfective* verbs have *a compound future tense form* (бу́ду чита́ть), whereas *perfective* verbs have *a simple future tense form* (прочита́ю).

The future tense form of imperfective verbs is obtained by combining a personal form of the verb *быть* and the infinitive of the conjugated verb: бу́ду чита́ть, бу́дешь чита́ть. The future tense form of the perfective verbs, on the other hand, is obtained in the same way as the present tense form of the imperfective verbs (прочита́ю, прочита́ешь, etc.), which you know.

Consequently, the sentence Я чита́ю кни́гу means 'I am reading a book', i. e. it denotes an action taking place at the present time, whereas the sentence Я прочита́ю кни́гу means 'I shall read the book', i. e. it denotes an action which will take place in the future.

**Exercise 1. (a)** Read the following pairs of verbs and try to remember them. You will need them when studying § 1.

**(b)** Make up a table like the one on p. 21, using a few verbs chosen from those below.

выи́грывать/вы́играть (матч); выполня́ть/вы́полнить (зада́ние); гото́виться/подгото́виться (к семина́ру); гуля́ть/погуля́ть (в па́рке); звони́ть/позвони́ть (по телефо́ну); открыва́ть/откры́ть (окно́); принима́ть/приня́ть (лека́рство); проверя́ть/прове́рить (тетра́ди); сажа́ть/посади́ть (де́рево); черти́ть/начерти́ть (чертёж); чини́ть/почини́ть (о́бувь); чи́стить/почи́стить (о́бувь); убира́ть/убра́ть (ко́мнату).

**Exercise 2.** Read the sentences. List the numbers of the sentences in which the verbs are (a) in the present tense, (b) in the future tense. Indicate the aspect of the verbs.

*Model:* (a) 2 (imperf.); (b) 1 (perf.); 3 (imperf.)

1. Ма́льчик вы́учит стихотворе́ние че́рез полчаса́. 2. Он у́чит но́вые слова́. 3. Он бу́дет учи́ть ру́сский язы́к три го́да. 4. Ты ку́пишь но́вые ту́фли? 5. Я обяза́тельно куплю́ но́вый альбо́м. 6. Я всегда́ покупа́ю таки́е откры́тки. 7. Вы бу́дете пить молоко́?

8. Если оно́ горя́чее, вы́пью с удово́льствием. 9. Я всегда́ пью горя́чее молоко́ ве́чером. 10. В го́роде стро́ят но́вый стадио́н. 11. В го́роде постро́ят но́вый кинотеа́тр. 12. Ви́ктор обяза́тельно позвони́т мне сего́дня ве́чером. 13. Он звони́т мне ка́ждый ве́чер. 14. Ско́ро де́ти ля́гут спать. 15. Де́ти всегда́ ложа́тся спать в во́семь часо́в ве́чера.

**Exercise 3.** Read the sentences and list the numbers of the sentences in which verbs (a) of the imperfective aspect, (b) of the perfective aspect are used. What is the tense of these verbs?

1. Здесь бу́дут стро́ить но́вый стадио́н. 2. Я обяза́тельно куплю́ э́ту кни́гу. 3. За́втра Оле́г вста́нет в во́семь часо́в. 4. Зимо́й студе́нты бу́дут отдыха́ть две неде́ли. 5. За́втра у́тром с десяти́ до двена́дцати я бу́ду переводи́ть статью́. 6. Я переведу́ э́ту статью́. 7. В сре́ду я пошлю́ письмо́ домо́й. 8. Я бу́ду посыла́ть пи́сьма домо́й ка́ждую неде́лю.

**Exercise 4.** Read the sentences and translate them into English.

1. Учи́тель проверя́ет тетра́ди шко́льников. 2. Оте́ц ку́пит сы́ну велосипе́д. 3. Андре́й реша́ет кроссво́рд. 4. Никола́й Ива́нович чита́ет но́вый рома́н. 5. Де́ти гуля́ют в па́рке. 6. Архите́ктор рабо́тает над прое́ктом клу́ба. 7. На́ша футбо́льная кома́нда вы́играет э́тот матч. 8. Его́ роди́тели отдыха́ют на мо́ре. 9. Я вы́полню ва́шу про́сьбу. 10. Сестра́ позвони́т врачу́.

**Exercise 5.** Read the sentences and add continuations, saying that the action will have been completed in the future. Specify the future, using the words and phrases of the type за́втра, че́рез два́дцать мину́т, че́рез два часа́, etc.

*Model:* Ма́льчик у́чит уро́ки.
       Он вы́учит уро́ки че́рез час.

1. Ма́льчик рису́ет самолёт. 2. Семья́ за́втракает. 3. Ольга перево́дит статью́. 4. Ма́ма гото́вит у́жин. 5. Пе́тя реша́ет зада́чу. 6. Ве́ра чита́ет но́вый журна́л. 7. Де́ти пи́шут дикта́нт. 8. Сестра́ убира́ет кварти́ру. 9. Брат чи́стит о́бувь. 10. Ле́на мо́ет посу́ду.

**Exercise 6.** Read the sentences which tell of future actions. Add continuations, saying that the actions concerned will be completed.

*Model:* Де́ти бу́дут реша́ть зада́чу.
       Де́ти реша́т зада́чу.

1. Мы бу́дем гото́виться к семина́ру. 2. Учи́тель бу́дет составля́ть расписа́ние уро́ков. 3. Мать бу́дет чита́ть сы́ну ска́зку. 4. Де́ти бу́дут сажа́ть цветы́ о́коло до́ма. 5. Оте́ц бу́дет писа́ть письмо́ сы́ну. 6. Ири́на бу́дет де́лать гимна́стику.

**Exercise 7.** Translate into English.

1. Я позвоню́ тебе́ за́втра. 2. Са́ша бу́дет ча́сто писа́ть пи́сьма ма́тери. 3. Ната́ша ка́ждое у́тро бу́дет принима́ть холо́дный душ. 4. Де́ти уберу́т свои́ игру́шки в шкаф. 5. По́сле обе́да Ната́ша бу́дет игра́ть на пиани́но. 6. Ива́н Ива́нович почи́нит ваш велосипе́д. 7. Мы реши́м э́ти приме́ры че́рез час.

**8.**

(a) Read the sentences, translate them into English and compare your translations with those given on the right.

I. 1. Ле́том це́лый ме́сяц я *бу́-ду отдыха́ть* в до́ме о́тды-ха. 2. Я *перевожу́* э́ту ста-тью́ час. 3. Студе́нты *писа́-ли* дикта́нт два́дцать мину́т.

I. 1. In summer I will spend a whole month in a holiday centre. 2. I've been translating this article for an hour. 3. The students spent twenty minutes, writing the dictation.

II. 1. Ле́том Бори́с *бу́дет ку-па́ться* в мо́ре ка́ждый день. 2. Я ча́сто *получа́ю* пи́сьма из до́ма. 3. Я ча́сто *посыла́л* пи́сьма домо́й.

II. 1. In summer Boris will bathe in the sea every day. 2. I often receive letters from home. 3. I often sent letters home.

III. 1. Посу́да чи́стая, сестра́ *вы́мыла* её. 2. Зада́ча не-тру́дная, ты легко́ *реши́шь* её.

III. 1. The dishes are clean: my sister has washed them. 2. The problem isn't difficult: you'll solve it easily.

IV. Вчера́ я *встал* в семь ча-со́в утра́, за́втра я *вста́ну* в во́семь часо́в.

IV. Yesterday I got up at seven o'clock in the morning; to-morrow I'll get up at eight o'clock.

(b) What is the aspect of the verbs used in the sentences in Group I? What is the tense of the verbs? Why are verbs of this aspect used in the sentences?

(c) Answer the questions given in (b), analysing the sentences in II, III and IV.

**Note.**—As you see, in each group of sentences verbs of the same aspect, but of different tenses, are used. In all the tenses the verbs of the same aspect in each group are used to convey *the same meaning*: the imperfective verbs in Group I convey the process of an action, the imperfective verbs in Group II convey repeated actions, the perfective verbs in Group III convey completed resultative actions, and the perfective verbs in Group IV convey completed semelfactive actions.

**Exercise 8.** Read the dialogues. Underline the verbs in the present tense. Point out the verbs which convey (a) the process of an action; (b) repeated actions.

*Model:* (a) 1. де́лаешь, пишу́; (b) 1. пи́шешь

1. — Мари́на, здра́вствуй! Что ты сейча́с де́лаешь?
   — Пишу́ письмо́ ба́бушке.
   — Ты ча́сто пи́шешь ей пи́сьма?
   — Да, ча́сто, ка́ждую неде́лю.
2. — Где Бори́с?
   — Он смо́трит телеви́зор.
   — Он ка́ждый ве́чер смо́трит телеви́зор?
   — Нет, не ка́ждый, то́лько когда́ спорти́вные переда́чи.

3. — Ольга читáет?
   — Нет, онá отдыхáет.
   — Онá всегдá отдыхáет пóсле обéда?
   — Нет, тóлько сегóдня: у неё болит головá.

**Exercise 9.** Answer the questions, making it clear that the action concerned is taking place now.

*Model:* — Олéг прочитáл книгу?
         — Нет, он читáет её сейчáс.

1. Вы написáли письмó? 2. Сáша выпил молокó? 3. В вáшем гóроде пострóили нóвый стадиóн? 4. Игорь перевёл эту статью? 5. Вы выучили нóвые словá? 6. Олéг решил задáчу? 7. Нина приготóвила зáвтрак? 8. Худóжник нарисовáл картину, о котóрой он нам расскáзывал? 9. Дéти ужé поýжинали? 10. Виктор ужé сдéлал гимнáстику?

**Exercise 10.** Answer the questions, making it clear that the action concerned has been completed.

*Model:* — Ты читáешь эту книгу?
         — Нет, я ужé прочитáл её.

1. Вы ещё читáете нóвый ромáн? 2. Игорь ýжинает? 3. Лéна пишет письмó? 4. Андрéй перевóдит статью? 5. Ирина мóет посýду? 6. Мáма готóвит ýжин? 7. Дéти ложáтся спать? 8. Ты ещё решáешь задáчу?

**Exercise 11.** Supply the word сегóдня or зáвтра to show when the action takes place (or will be taking place).

*Model:* Я бýду переводить статью.
         Зáвтра я бýду переводить статью.

1. Студéнт готóвится к экзáменам. 2. Ольга переведёт этот расскáз. 3. Отéц кýпит сыну велосипéд. 4. Мы бýдем катáться на лыжах. 5. Серёжа ýчит стихотворéние. 6. Учитель прочитáет дéтям интерéсный расскáз. 7. Дéвочка убирáет свою кóмнату.

**Exercise 12.** Answer the questions, making it clear that the action will be completed tomorrow.

*Model:* — Вы прочитáли эту книгу?
         — Нет, я прочитáю её зáвтра.

1. Олéг решил задáчу? 2. Мáльчик выучил стихотворéние? 3. Нина написáла письмó? 4. Ира перевелá статью? 5. Серёжа купил фрýкты? 6. Игорь послáл письмó? 7. Онá получила на пóчте посылку? 8. Вáша сестрá посмотрéла этот фильм? 9. Вы позвонили домóй? 10. Вы выполнили домáшнее задáние?

**Exercise 13.** Answer the questions, saying how long the action will last in the future.

*Model:* — Вы читáете этот ромáн?
         — Да, читáю и бýду читáть его ещё два дня.

1. Олéг перевóдит текст? 2. Игорь ýчит нóвые словá? 3. Нина решáет задáчи? 4. Здесь стрóят дéтский сад? 5. Худóжник рисýет

карти́ну? 6. Ка́тя за́втракает? 7. Ма́ша гото́вит обе́д? 8. Ле́на пи́шет сочине́ние?

**Exercise 14.** Complete the sentences, making it clear that in the future the action will be repeated.

*Model:* — Сейча́с я встаю́ в семь часо́в, а ле́том...
    ...а ле́том я бу́ду встава́ть в во́семь часо́в.

1. Сейча́с Оле́г встаёт в шесть часо́в, а ле́том... 2. Сейча́с Оле́г за́втракает в семь часо́в, а ле́том... 3. Сейча́с он обе́дает в двена́дцать часо́в, а ле́том... 4. Сейча́с он у́жинает в шесть часо́в, а ле́том... 5. Сейча́с он ложи́тся спать в оди́ннадцать часо́в, а ле́том...

## § 2

| The use of imperfective verbs to convey the occurrence of an action. | — Вы **чита́ли** э́ту кни́гу? <br> — Да, **чита́л**. Очень интере́сная кни́га. |
|---|---|

**9.**

**(a)** Read the sentences.

1. Вчера́ в клу́бе *бы́ло выступле́ние* де́тского хо́ра.
2. С оди́ннадцати до двух у хиру́рга *был приём* больны́х.
3. По́сле переры́ва *бы́ло обсужде́ние* докла́да.

1. Вчера́ в клу́бе *выступа́л* де́тский хор.
2. С оди́ннадцати до двух хиру́рг *принима́л* больны́х.
3. По́сле переры́ва *обсужда́ли* докла́д.

**(b)** Compare the meanings of the sentences in the left and right-hand columns.

**(c)** Compare the structure of the sentences in the left and right-hand columns. What linguistic features convey the reports that the actions concerned took place, in the left and right-hand columns?

**(d)** What is the aspect of the verbs used in the right-hand column to convey the fact that the action concerned took place?

**Note.**—*Imperfective* verbs may be used to convey the occurrence of an action in the past (to state the fact of an action.)[1]

**Exercise 1.** Read the sentences. Point out the numbers of the sentences in which the imperfective verbs are used (a) to convey the process of an action, (b) to convey repeated actions, (c) to convey the occurrence of an action.

1. Студе́нты на́шей гру́ппы вчера́ весь день сдава́ли экза́мен по англи́йской литерату́ре. 2. Студе́нты на́шей гру́ппы уже́ сдава́ли экза́мен по исто́рии. 3. Обы́чно Серге́й встава́л о́чень ра́но. 4. Я уже́ ви́дела э́тот фильм. 5. Ве́ра мно́го раз расска́зывала нам об экску́рсии в Но́вгород. 6. Ве́ра весь ве́чер расска́зывала нам об экску́рсии в Но́вгород. 7. Ве́ра уже́ расска́зывала нам об экску́рсии в Но́вгород.

---

[1] Imperfective verbs are used with this meaning less frequently in the future than in the past.

**Exercise 2.** Answer the questions, saying that the action concerned did take place.

*Model:* — Вы ви́дели э́тот фильм?
— Да, ви́дел.

1. Вы слу́шали пе́сни э́того компози́тора? 2. Мари́на учи́ла уро́ки? 3. Де́ти гуля́ли сего́дня? 4. Ты ви́дел но́вый фильм Фелли́ни? 5. Брат расска́зывал тебе́ о свое́й пое́здке? 6. Никола́й Петро́вич выступа́л на конфере́нции? 7. Ко́ля за́втракал сего́дня? 8. Вы обе́дали? 9. Мари́я Ива́новна вызыва́ла врача́ к больно́й до́чери? 10. Све́та звони́ла подру́ге? 11. Врач вчера́ принима́л больны́х?

**Exercise 3.** Answer the questions, saying that the action concerned has already taken place.

*Model:* — Ты бу́дешь чита́ть э́ту статью́?
— Нет, я уже́ чита́л её.

1. Ты бу́дешь у́жинать? 2. Ты бу́дешь звони́ть отцу́? 3. Ты бу́дешь сего́дня ката́ться на лы́жах? 4. Ты бу́дешь мыть ру́ки? 5. Ты бу́дешь слу́шать но́вую пласти́нку? 6. Ты бу́дешь смотре́ть фильм «Степь» сего́дня ве́чером?

**Exercise 4.** Read the sentences. Confirm that the action concerned did take place in the past.

*Model:* (принима́ть — приня́ть) — У врача́ у́тром был приём больны́х.
— Да, врач у́тром принима́л больны́х.

1. (выступа́ть — вы́ступить) В клу́бе бы́ло выступле́ние хо́ра. 2. (чита́ть — прочита́ть) В понеде́льник была́ ле́кция профе́ссора Орло́ва. 3. (отвеча́ть — отве́тить) В конце́ ле́кции бы́ли отве́ты профе́ссора на вопро́сы студе́нтов. 4. (писа́ть — написа́ть) Вчера́ у шко́льников была́ контро́льная рабо́та. 5. (де́лать — сде́лать) На конфере́нции был докла́д аспира́нта Петро́ва.

**Exercise 5.** Listen to each question. Reply that the action concerned has already taken place.

*Model:* — Почему́ ты не хо́чешь прочита́ть э́ту кни́гу?
— Я чита́л её.

1. Почему́ ты не хо́чешь посмотре́ть э́тот фильм? 2. Почему́ ты не хо́чешь позвони́ть бра́ту? 3. Почему́ ты не хо́чешь послу́шать но́вые пласти́нки? 4. Почему́ ты не хо́чешь показа́ть им но́вые фотогра́фии? 5. Почему́ ты не объясни́л сы́ну зада́чу? 6. Почему́ ты не хо́чешь поигра́ть с сы́ном в ша́хматы? 7. Почему́ ты не хо́чешь рассказа́ть друзья́м о своём путеше́ствии?

**Exercise 6.** You are wondering whether the action you are interested in has taken place. Ask your conversation partner questions, using the phrases given below. What are his answers likely to be?

*Model:* — Вы чита́ли э́ту кни́гу?
— Да, чита́л. *Or:* — Нет, (ещё) не чита́л.

1. чита́ть сего́дняшнюю газе́ту. 2. де́лать докла́д. 3. переводи́ть

статью. 4. звони́ть преподава́телю. 5. расска́зывать об экску́рсии. 6. гуля́ть с соба́кой.

## § 3

| The use of imperfective verbs to convey the fact that the agent is engaged in doing something (or that the period of time concerned is/was filled with an action). | — Что ты **де́лал** вчера́ ве́чером?<br>— **Писа́л** письмо́ родны́м.<br>— А что ты **бу́дешь де́лать** за́втра?<br>— За́втра я **бу́ду занима́ться.**<br>— Что ты сейча́с **де́лаешь?**<br>— **Чита́ю** но́вый журна́л. |

## 10.

(a) Read the dialogue.

Н. — Здра́вствуй, Бори́с!
Б. — Здра́вствуй, Ната́ша! Что ты *де́лала* в воскресе́нье?
Н. — *Отдыха́ла.* До обе́да *ката́лась* на лы́жах, ве́чером *смотре́ла* телеви́зор. А ты что *де́лал?*
Б. — Я *гото́вился* к зачёту, а ве́чером *писа́л* поздрави́тельные пи́сьма: ведь ско́ро Но́вый год!

(b) What is the aspect of the verbs used in answer to the question Что ты де́лал?

**Note.**—As is seen from the dialogue you have read, in answer to the question Что ты де́лал? (i.e. What were you busy doing?) *imperfective* verbs are used, since the speakers are interested in the people's activities and not in the result of their actions.

**Exercise 1.** Read the sentences, supplying verbs of the required aspect.

1. — Чем вы бы́ли за́няты в пя́тницу?—Я (гото́вился — подгото́вился) к экза́мену. 2. — Пе́тя, что вы сего́дня де́лали на стадио́не?— Мы (игра́ли — поигра́ли) в футбо́л. 3. — Ты был в библиоте́ке?—Да, я (чита́л — прочита́л) ну́жные для докла́да кни́ги. 4. — Ле́на, я тебя́ ви́дела вчера́ в на́шем магази́не. — Да, я (покупа́ла — купи́ла) проду́кты. 5. — Что вы де́лали в ию́ле? — У меня́ был о́тпуск, и я (отдыха́л — отдохну́л) на ю́ге.

**Exercise 2.** (a) Read the dialogue.

А. — Где ты был вчера́, Бори́с?
Б. — В библиоте́ке. Я гото́вился к докла́ду.

(b) Make up other dialogues on the pattern of the preceding one, using the following words and phrases:

столо́вая, стадио́н, кино́, теа́тр, друг, магази́н, лаборато́рия, университе́т;

обе́дать, игра́ть в те́ннис (футбо́л, etc.), смотре́ть но́вый фильм, слу́шать но́вые пласти́нки, покупа́ть кни́ги, смотре́ть но́вый спекта́кль, де́лать о́пыты, слу́шать ле́кции, etc.

**Exercise 3.** Answer the questions, according to the model.

*Model:* — Почему́ Оле́г не́ был в кино́?
— (Он не́ был в кино́), потому́ что гото́вился к экза́мену.

You may need the following verbs:

занима́ться/позанима́ться; гото́виться/подгото́виться (к экза́мену, к докла́ду); переводи́ть/перевести́ (статью́); слу́шать/послу́шать (но́вые пласти́нки); ходи́ть/пойти́ (к врачу́); гото́вить/пригото́вить (обе́д).

1. Почему́ Ири́на не ходи́ла в воскресе́нье в теа́тр? 2. Почему́ Мари́я не позвони́ла Серге́ю? 3. Почему́ Анто́н не пришёл вчера́ к нам? 4. Почему́ Рома́н не помо́г бра́ту реши́ть зада́чу? 5. Почему́ ма́ма была́ на ку́хне? 6. Почему́ Бори́с взял у бра́та словарь? 7. Почему́ Светла́на включи́ла прои́грыватель?

**Exercise 4.** Look at the pictures and say what these people were busy doing. Do you remember that in this case imperfective verbs should be used?

**Exercise 5.** Answer the questions, saying what you were (will be) busy doing.

*Model:* — Что вы де́лали вчера́ ве́чером?
— Чита́л но́вый журна́л.
— А что вы бу́дете де́лать ве́чером?
— Я бу́ду смотре́ть телеви́зор. Ог: — Я то́же бу́ду чита́ть журна́л.

1. Что вы де́лали во вто́рник? — А что вы бу́дете де́лать в сре́ду? 2. Что вы де́лали в э́то воскресе́нье? — А что вы

бу́дете де́лать в сле́дующее воскресе́нье? 3. Что вы де́лали вчера́ на стадио́не? — А что вы бу́дете де́лать там за́втра? 4. Что де́лали де́ти в па́рке? — А что они́ бу́дут де́лать там за́втра? 5. Что де́лали студе́нты в лаборато́рии? — Что они́ бу́дут де́лать там за́втра? 6. Что де́лали де́ти в шко́ле? — Что они́ бу́дут де́лать там за́втра? 7. Что вы де́лали на уро́ке? — А что вы бу́дете де́лать на уро́ке за́втра?

**Exercise 6.** Answer the questions, saying that the people concerned did something different and stating when they will be doing what the questioner is interested in.

*Model:* — Оле́г вчера́ переводи́л статью́? (отдыха́л)
— Нет, Оле́г вчера́ отдыха́л, а переводи́ть статью́ бу́дет за́втра.

1. Де́ти у́тром гуля́ли? (у них бы́ли музыка́льные заня́тия) 2. Вы вчера́ гото́вились к докла́ду? (ходи́ли в теа́тр) 3. Профе́ссор вчера́ выступа́л на заседа́нии ка́федры? (чита́л ле́кцию студе́нтам) 4. Серёжа вчера́ учи́л но́вые слова́? (писа́л сочине́ние) 5. Ве́ра у́тром мы́ла о́кна? (убира́ла кварти́ру) 6. Вы в суббо́ту де́лали дома́шнее зада́ние? (чита́л но́вый рома́н)

**Exercise 7.** Listen to the questions and answer them, choosing the correct sentence for your reply.

(a) Я гото́вился к экза́мену *or* Я подгото́вился к экза́мену.

1. Что ты де́лал в воскресе́нье? 2. Что ты де́лал в библиоте́ке? 3. Почему́ ты не бои́шься идти́ за́втра на экза́мен? 4. Почему́ ты уста́л? 5. Почему́ ты ду́маешь, что полу́чишь хоро́шую отме́тку на экза́мене?

(b) Я помога́л бра́ту реша́ть зада́чу *or* Я помо́г бра́ту реши́ть зада́чу.

1. Что ты де́лал ве́чером? 2. Почему́ ты не позвони́л мне вчера́? 3. Почему́ твой брат получи́л хоро́шую отме́тку? 4. Почему́ ты не смотре́л вчера́ телеви́зор? 5. Почему́ твой брат бы́стро сде́лал дома́шнее зада́ние по матема́тике?

## Revision II

**Assignment 1.** Say that you know what you have been told and add that you will do (will be doing) the same tomorrow.

*Model:* — Я купи́л себе́ но́вую пласти́нку.
— Да, я зна́ю, что ты купи́л но́вую пласти́нку. Я за́втра то́же куплю́ э́ту пласти́нку.

1. Вчера́ я позвони́л Ве́ре и поздра́вил её. 2. Вчера́ я весь ве́чер учи́л но́вые слова́. 3. Вчера́ я три часа́ ката́лся на лы́жах. 4. Я уже́ написа́л пи́сьма родны́м. 5. Вчера́ я переводи́л но́вый текст. 6. Я уже́ посла́л поздрави́тельную телегра́мму ма́тери. 7. Я вчера́ мно́го занима́лся.

**Assignment 2.** Answer the questions in the negative and say that you will certainly do what you have so far had no time to do.

*Model:* — Вы уже́ прочита́ли э́ту статью́?

— Нет ещё, но я обяза́тельно прочита́ю её.

1. Вы уже́ посмотре́ли но́вый фильм? 2. Вы уже́ подгото́вились к докла́ду? 3. Вы уже́ купи́ли слова́рь? 4. Вы уже́ помогли́ сестре́ реши́ть зада́чу? 5. Вы уже́ показа́ли бра́ту свои́ но́вые ма́рки? 6. Вы уже́ посла́ли сестре́ телегра́мму? 7. Вы уже́ о́тдали кни́гу в библиоте́ку?

**Assignment 3.** Describe your daily routine in the summer and now. You may need the following verbs and verb-phrases for this:

встава́ть, де́лать гимна́стику, за́втракать, рабо́тать, занима́ться, купа́ться, загора́ть, гуля́ть по́ лесу, обе́дать, отдыха́ть, ката́ться на велосипе́де, игра́ть в те́ннис (в волейбо́л), у́жинать, ложи́ться спать, etc.

**Assignment 4.** Look at the pictures and say: (a) What are the people in the picture doing? (b) how often do they do it? You will need the following words for your answers: ча́сто, ка́ждое у́тро, ре́дко, в свобо́дное вре́мя, etc.

**Assignment 5.** What questions will you ask your conversation partner if you want to know whether the action you are interested in took place. How is he likely to answer you?

*For example:* — Вы переводи́ли вчера́ статью́?

— Да, переводи́л. (Нет, не переводи́л.)

You may use the following phrases:

учи́ть/вы́учить стихотворе́ние; писа́ть/написа́ть докла́д; чита́ть/прочита́ть сего́дняшнюю газе́ту; реша́ть/реши́ть кроссво́рд; расска́зывать/рассказа́ть (*кому?*) о футбо́льном ма́тче; дари́ть/подари́ть (*кому?*) ма́рки.

Now ask your conversation partner questions in such a way that it should be clear that you want to know whether the action has been completed. How will he answer your questions now?

*For example:* — Вы подари́ли бра́ту но́вые ма́рки?
— Да, подари́л.

**Assignment 6. (a)** Read the text.

Вчера́ бы́ло воскресе́нье. Я встал ра́но. Вся на́ша семья́ была́ до́ма. Мы за́втракали вме́сте. Пото́м моя́ сестра́ вы́мыла посу́ду и мы все вме́сте пошли́ гуля́ть в парк. Мы гуля́ли в па́рке три часа́. Мы пообе́дали в рестора́не.

Ве́чером мои́ роди́тели смотре́ли телеви́зор. Моя́ сестра́ вяза́ла шарф.

Я пригласи́л друзе́й. Мы игра́ли в ша́хматы, разгова́ривали, пи́ли чай.

Я лёг спать в оди́ннадцать часо́в.

**(b)** Write out the text, beginning it with these words: За́втра бу́дет воскре-се́нье... (You will have to make certain necessary changes.)

**(c)** Retell one of the two variants of the text.

**Assignment 7.** Describe the first picture, saying what every member of this family was busy doing: the father, the mother, the eldest brother, the younger children. Begin with the words: Ве́чером вся семья́ была́ до́ма... (You may need the following words besides the ones you know: вяза́ть, смотре́ть по телеви́зору футбо́льный матч.)

**Assignment 8.** Describe this series of pictures, saying what all these people were doing. Begin with this: Днём де́ти бы́ли в шко́ле...

**Assignment 9.** (a) Listen to and write down the following phrases: мыть посу́ду 'to wash the dishes', вытира́ть посу́ду 'to dry the dishes', собира́ть оско́лки 'to collect the splinters', разби́ть посу́ду 'to break the dishes'.

**(b)** Listen to the joke.

Мать пришла́ домо́й и спроси́ла свои́х дочере́й:
— Что ты де́лала, Ка́тя?
— Я мы́ла посу́ду, ма́ма.
— А ты что де́лала, Аня?
— Я вытира́ла посу́ду.
— А ты что де́лала, моя́ ма́ленькая?
— А я собира́ла оско́лки.

**(c)** Do you think the mother was happy with the result of her daughters' efforts? Why?

**Assignment 10. (a)** Read the text.

### Стари́к и стару́ха
*(Folk-tale)*

Жи́ли-бы́ли стари́к и стару́ха. Жи́ли они́ непло́хо, но ча́сто спо́рили. Одна́жды стару́ха гото́вила обе́д: она́ вари́ла суп, ка́шу, пекла́ пиро́г.

Была́ о́сень. Дул си́льный ве́тер. Дверь до́ма откры́лась.
— Жена́, закро́й дверь,— сказа́л стари́к.
— Нет, ты закро́й!— отве́тила стару́ха. Они́ до́лго спо́рили, кто закро́ет дверь, а пото́м реши́ли, что дверь закро́ет тот, кто пе́рвый ска́жет сло́во. Они́ сра́зу замолча́ли.

Стару́ха пригото́вила обе́д и се́ла у окна́. Наступи́л ве́чер.
Шли ми́мо два челове́ка. Они́ уви́дели, что дверь откры́та, и вошли́ в дом. Ви́дят — на столе́ суп, ка́ша, пиро́г.
— Кто здесь живёт?— спроси́ли незнако́мцы.
Стари́к и стару́ха молча́ли.
Лю́ди се́ли за стол, съе́ли суп, ка́шу и на́чали есть пиро́г.
— А пиро́г сыро́й,— вдруг сказа́л оди́н из них.
— Непра́вда,— кри́кнула стару́ха,— мой пиро́г не сыро́й.
— Жена́, закро́й дверь,— сказа́л стари́к.

**(b)** Tell how the old man and the old woman lived. What was the old woman cooking for dinner? Why was the door of the house open? Who had to close it? Who closed it? Why?

## CHAPTER III
### § 1

| | |
|---|---|
| The use of imperfective verbs to denote simultaneous (parallel) actions. | Я **чита́л** (чита́ю, бу́ду чита́ть) журна́л, а мой брат **смотре́л** (смо́трит, бу́дет смотре́ть) телеви́зор. |
| The use of perfective verbs to denote consecutive non-repeated actions. | Я **прочита́л** (прочита́ю) журна́л и **о́тдал** (отда́м) его́ бра́ту. |

## 11.

(a) Read the sentences.

1. Муж *читал* газе́ту, а жена́ в э́то вре́мя *писа́ла* письмо́.
2. Когда́ Оле́г *смотре́л* телеви́зор, Ви́ктор *рисова́л*.
3. У́тром де́ти *бу́дут гуля́ть,* а мать *бу́дет гото́вить* обе́д.
4. Обы́чно когда́ мать *гото́вит* обе́д, де́ти *гуля́ют*.

1. Муж *прочита́л* газе́ту и *дал* её жене́.
2. Когда́ Оле́г *посмотре́л* телеви́зор, он *вы́ключил* его́.
3. Мать *пригото́вит* обе́д и *позовёт* дете́й обе́дать.

(b) In which column do the sentences speak of simultaneous actions? What is the aspect of the verbs used in these sentences?

(c) In which column do the sentences speak of consecutive actions? What is the aspect of the verbs used in this case?

**Note.**—To convey actions which took place (are taking place, will be taking place) *simultaneously, imperfective* verbs are used (see the left-hand column).

On the other hand, to convey actions which took place *consecutively* (i.e. each succeeding action began after the preceding action had been completed) or will occur one after another *perfective* verbs are used (see the right-hand column). In such cases one of the principal meanings of the perfective aspect is realised, that of the completion of an action: a succeeding action can begin only after the completion of the preceding one.

**Exercise 1.** Read the sentences. Point out the numbers of the sentences which speak of (a) simultaneous actions, and (b) consecutive actions.

1. Друзья́ сиде́ли и слу́шали му́зыку. 2. Оле́г встал и включи́л свет. 3. Де́вушка вошла́ в ко́мнату и поздоро́валась. 4. Я чита́л газе́ту, а мои́ де́ти игра́ли на полу́. 5. Когда́ де́ти рисова́ли, мать ши́ла. 6. Жена́ гото́вила у́жин, а муж расска́зывал ей но́вости. 7. О́льга откры́ла окно́ и включи́ла телеви́зор. 8. Учи́тель вошёл в класс, и де́ти вста́ли.

**Exercise 2.** Complete the sentences, adding the words which stress the fact the actions concerned took place (will be taking place) simultaneously.

*Model:* Жена́ гото́вила у́жин, а муж ей расска́зывал но́вости.
Жена́ гото́вила у́жин, а муж в э́то вре́мя расска́зывал ей но́вости.

1. Ве́чером де́ти бу́дут игра́ть, а мать бу́дет отдыха́ть. 2. Брат чита́л кни́гу, а сестра́ реша́ла зада́чу. 3. Учи́тель объясня́л уро́к, но не все ученики́ внима́тельно слу́шали его́. 4. Ири́на разгова́ривала по телефо́ну, а мла́дший брат меша́л ей. 5. Ири́на и Оле́г бесе́довали о литерату́ре, а Михаи́л и Серге́й спо́рили о футбо́ле. 6. Де́ти спа́ли, а мать ши́ла.

**Exercise 3.** Read the sentences, supplying verbs of the required aspect to show that the actions concerned took place (will be taking place) simultaneously.

1. Брат реша́л зада́чи, а сестра́ (писа́ла — написа́ла) сочине́-
ние. 2. Де́душка расска́зывал вну́чке ска́зку, а она́ ве́село (смея́-
лась — засмея́лась). 3. Учи́тель объясня́л но́вое пра́вило, и де́ти
внима́тельно его́ (слу́шали — послу́шали). 4. Де́ти купа́лись в ре-
ке́, а мать в э́то вре́мя (загора́ла — загоре́ла). 5. По́сле у́жина
Оле́г бу́дет чита́ть рома́н, а Серге́й (бу́дет переводи́ть — переведёт) текст. 6. Сестра́ сиде́ла за столо́м, а брат (рисова́л — нари-
сова́л) её портре́т. 7. Когда́ ста́рший брат занима́лся, мла́дший
брат (игра́л — поигра́л) в футбо́л. 8. Когда́ друзья́ отдыха́ли, они́
(пи́ли — вы́пили) ко́фе и разгова́ривали.

**Exercise 4.** Answer the questions, using the verbs of the required aspect.

*Model:* — Что де́лали де́ти, когда́ мать гото́вила за́втрак?
(умыва́ться — умы́ться)
— Когда́ мать гото́вила за́втрак, де́ти умыва́лись.

1. Что де́лала Ири́на, когда́ Ната́ша слу́шала магнитофо́н?
(писа́ть — написа́ть пи́сьма) 2. Что бу́дут де́лать студе́нты, когда́
профе́ссор бу́дет чита́ть ле́кцию? (запи́сывать — записа́ть ле́кцию)
3. Что де́лают ученики́, когда́ учи́тель объясня́ет но́вое пра́вило?
(слу́шать — послу́шать его́) 4. Что де́лали же́нщины, когда́ муж-
чи́ны спо́рили о футбо́ле? (бесе́довать — побесе́довать о де́тях)
5. Что де́лали мужчи́ны, когда́ же́нщины бесе́довали о мо́дах?
(обсужда́ть — обсуди́ть после́дние изве́стия) 6. Что де́лала се-
стра́, когда́ брат чита́л но́вый рома́н? (перепи́сывать — перепи-
са́ть стихи́ люби́мого поэ́та)

**Exercise 5.** Look at the pictures and describe what you see in them. Say that
the actions are taking place now.

*Model:* Ма́льчик рису́ет, а де́вочка игра́ет на пиани́но.

**Exercise 6.** Say that the actions depicted in the pictures in Exercise 5 took place in the past.

*Model:* Ма́льчик рисова́л, а де́вочка игра́ла на пиани́но.

**Exercise 7.** Say that the actions depicted in the pictures in Exercise 5 will be taking place in the future.

*Model:* Ма́льчик бу́дет рисова́ть, а де́вочка бу́дет игра́ть на пиани́но.

**Exercise 8.** Complete the sentences, using words which stress the fact that the actions concerned took place, or will be taking place, consecutively.

*Model:* Оле́г послу́шал после́дние изве́стия и лёг спать.
Оле́г снача́ла послу́шал после́дние изве́стия и пото́м (по́сле э́того) лёг спать.

1. Де́ти пообе́дали и пошли́ гуля́ть. 2. Ольга вы́брала в магази́не пла́тье и заплати́ла де́ньги в ка́ссу. 3. Друзья́ купи́ли биле́ты на но́вый фильм и пошли́ в зал. 4. На́дя пригото́вила обе́д и пошла́ на по́чту. 5. Серге́й сде́лает гимна́стику и при́мет душ. 6. Ма́льчик вы́учит стихотворе́ние и пойдёт к това́рищу. 7. Сестра́ прочита́ет журна́л и пойдёт в бассе́йн.

**Exercise 9.** Read the sentences, supplying the required verbs so that it is clear that the actions they designate are consecutive ones. What should the aspect of the verbs be?

1. Врач осмотре́л больно́го и (дава́л — дал) ему́ ну́жное лека́рство. 2. Де́ти вошли́ в ко́мнату и ве́жливо (здоро́вались — поздоро́вались) со все́ми. 3. Брат прочита́л кни́гу и (ста́вил — поста́вил) её в шкаф. 4. Переда́ча ко́нчилась, и я (выключа́л — вы́ключил) телеви́зор. 5. Де́ти принесли́ цветы́ и (отдава́ли — о́тдали) их ма́тери. 6. Мы (бу́дем у́жинать — поу́жинаем) и пойдём в теа́тр. 7. Профе́ссор ко́нчил ле́кцию и (отвеча́л — отве́тил) на вопро́сы студе́нтов.

**Exercise 10.** Complete the sentences, supplying verbs of the required aspect.

1. Когда́ мы (у́жинали — поу́жинали) в рестора́не, мы (слу́шали — послу́шали) му́зыку. 2. Мы (у́жинали — поу́жинали) и пошли́ домо́й. 3. Ве́чером муж (писа́л — написа́л) письмо́, а жена́ (чита́ла — прочита́ла) газе́ту. 4. Когда́ он (писа́л — написа́л) письмо́, он положи́л его́ в конве́рт. 5. Жена́ (чита́ла — прочита́ла) газе́ту и отдала́ её му́жу. 6. Преподава́тель (объясня́л — объясни́л) но́вый уро́к, а студе́нты (слу́шали — послу́шали) его́. 7. Когда́ преподава́тель (объясня́л — объясни́л) уро́к, студе́нты на́чали чита́ть текст. 8. Когда́ они́ (чита́ли — прочита́ли) текст, они́ пошли́ в лаборато́рию.

**Exercise 11.** Say that you have not yet done what your conversation partner is asking you about, but that you will certainly do it after you have done something else.

*Model:* — Вы уже́ о́тдали журна́лы Никола́ю? (прочита́ть)
— Нет ещё, не о́тдал, но отда́м. Я их отда́м ему́ по́сле того́, как прочита́ю.

1. Вы уже́ сде́лали докла́д? (подгото́виться к докла́ду) 2. Вы уже́ посла́ли бра́ту де́ньги? (получи́ть де́ньги) 3. Вы уже́ получи́ли де́ньги за перево́д? (перевести́ статью́) 4. Вы уже́ прочита́ли но́вый журна́л? (взять в библиоте́ке) 5. Вы уже́ посла́ли дру́гу письмо́? (узна́ть его́ но́вый а́дрес) 6. Ва́ша сестра́ уже́ получи́ла дипло́м? (ко́нчить институ́т) 7. Вы уже́ позвони́ли дру́гу? (позанима́ться) 8. Вы уже́ поу́жинали? (посмотре́ть по телеви́зору футбо́л) 9. Вы уже́ показа́ли друзья́м свои́ но́вые фотогра́фии? (сде́лать фотогра́фии)

**Exercise 12.** Complete the sentences so that they convey simultaneous actions.

*Model:* Я бу́ду писа́ть пи́сьма роди́телям, когда́... (отдыха́ть)
Я бу́ду писа́ть пи́сьма роди́телям, когда́ вы бу́дете отдыха́ть.

1. Я бу́ду переводи́ть статью́, когда́... (занима́ться) 2. Я бу́ду отдыха́ть, когда́... (рабо́тать) 3. Я бу́ду рисова́ть, когда́... (чита́ть журна́л) 4. Я бу́ду занима́ться, когда́... (гуля́ть) 5. Я бу́ду чита́ть э́тот журна́л, когда́... (смотре́ть телеви́зор) 6. Я бу́ду учи́ть но́вые слова́, когда́... (писа́ть сочине́ние) 7. Я бу́ду гуля́ть, когда́... (гото́виться к заня́тиям)

## § 2

| The use of the imperfective infinitive after the verbs *начина́ть/нача́ть, продолжа́ть, конча́ть/ко́нчить.* | Он | на́чал продолжа́л ко́нчил | рабо́тать. |
|---|---|---|---|

## 12.

**(a)** Read the sentences.

1. Мой брат на́чал *изуча́ть* англи́йский язы́к год наза́д. 2. Ка́ждый день студе́нты начина́ют *занима́ться* в де́вять часо́в. 3. Ско́ро все начну́т *гото́виться* к пра́зднику. 4. Ве́ра продолжа́ет *чита́ть* рома́н Толсто́го «Война́ и мир». 5. Че́рез не́сколько дней она́ ко́нчит *чита́ть* э́тот рома́н. 6. Друзья́ ко́нчили *обе́дать* и вы́шли из столо́вой.

**(b)** State the aspect of the italicised verbs.
**(c)** What words in the sentences are these verbs related to?
**(d)** There is a certain regularity in the use of the italicised verbs. Can you formulate it?

**Note.**—The verbs *начина́ть/нача́ть, конча́ть/ко́нчить* and *продолжа́ть* (imperf.) can be followed *only by imperfective infinitives*, whereas these verbs themselves can be either perfective (1, 3, 5, 6) or imperfective (2, 4), depending on what the speaker wants to say.

**Exercise 1.** Read the sentences, supplying verbs of the required aspect.

1. По́сле у́жина де́ти на́чали (смотре́ть — посмотре́ть) телеви́зор. 2. Ско́ро худо́жник ко́нчит (рисова́ть — нарисова́ть) портре́т

этого арти́ста. 3. Тури́сты продолжа́ли (осма́тривать — осмот-
ре́ть) го́род три часа́. 4. В э́том году́ здесь начну́т (стро́ить —
постро́ить) го́род. 5. Когда́ Рома́н ко́нчит (чита́ть — прочита́ть)
журна́л, он начнёт (реша́ть — реши́ть) зада́чи. 6. Ви́ктор на́чал
(пока́зывать — показа́ть) ма́рки свои́м друзья́м. 7. По́сле обе́да
друзья́ продолжа́ли (слу́шать — послу́шать) му́зыку. 8. Де́вушка
ко́нчила (петь — спеть) пе́сню.

**Exercise 2.** Change the sentences according to the model.

*Model:* Магази́н рабо́тает с восьми́ утра́ до семи́ часо́в ве́чера.
Магази́н начина́ет рабо́тать в во́семь и конча́ет рабо́-
тать в семь часо́в.

1. Библиоте́ка рабо́тает с десяти́ до трёх часо́в. 2. Студе́нты
занима́ются с девяти́ часо́в до двух часо́в. 3. Ольга гото́вила
обе́д с оди́ннадцати часо́в до двена́дцати часо́в. 4. Де́ти смотре́ли
телеви́зор с четырёх часо́в до шести́ часо́в. 5. Ви́ктор слу́шал по
ра́дио конце́рт с девяти́ часо́в до десяти́ часо́в. 6. Это зда́ние
стро́или с 1987 по 1988 год. 7. Писа́тель писа́л рома́н с 1985 по
1987 год.

**Exercise 3.** Answer the questions, saying that the action has been completed.

*Model:* — Вы прочита́ли э́тот журна́л?
— Да, я ко́нчил его́ чита́ть.

1. Ви́ктор уже́ сде́лал дома́шнее зада́ние? 2. Ири́на вы́мыла
посу́ду? 3. В го́роде постро́или но́вый стадио́н? 4. Вы уже́ пообе́-
дали? 5. Врач уже́ осмотре́л больно́го? 6. Учи́тель уже́ прове́рил
тетра́ди? 7. Ольга уже́ пригото́вила за́втрак? 8. Ма́льчик реши́л
зада́чи?

**Exercise 4.** Answer the questions according to the model.

*Model:* — Ви́ктор ко́нчил чита́ть газе́ту?
— Нет, он ещё продолжа́ет чита́ть газе́ту (её).
*or:* — Ви́ктор на́чал чита́ть газе́ту?
— Нет, он уже́ ко́нчил чита́ть газе́ту (её).

1. Анна начала́ гото́вить за́втрак? 2. Тури́сты продолжа́ют
осма́тривать музе́й? 3. Ма́льчики ко́нчили игра́ть в футбо́л? 4. Ва́-
ша сестра́ продолжа́ет занима́ться му́зыкой? 5. Ири́на начала́
писа́ть письмо́ подру́ге? 6. Ма́ша ко́нчила гото́вить обе́д? 7. Де́ти
на́чали реша́ть зада́чи? 8. Вы уже́ ко́нчили изуча́ть ру́сский язы́к?

**Exercise 5.** Answer the questions according to the model.

*Model:* — Вы изуча́ете ру́сский язы́к?
— Да, я на́чал (продолжа́ю) изуча́ть ру́сский язы́к.
*or:* — Нет, я ко́нчил изуча́ть ру́сский язы́к.

1. Вы чита́ете э́ту кни́гу? 2. Андре́й ещё слу́шает но́вые пла-
сти́нки? 3. Ва́ша подру́га собира́ет ма́рки? 4. Ваш брат ку́рит?
5. Ва́ша сестра́ у́чится в шко́ле? 6. Де́ти у́жинают? 7. Ви́ктор ещё
за́втракает?

**Exercise 6.** Answer the questions, expressing doubt that the action concerned has been carried out.

*Model:* — Ви́ктор уже́ перевёл статью́?
— Не зна́ю. Ка́жется, он ещё не ко́нчил её переводи́ть.

1. Никола́й прочита́л э́тот журна́л? 2. Ни́на написа́ла сочине́ние? 3. Докла́д уже́ обсуди́ли? 4. Худо́жник уже́ нарисова́л его́ портре́т? 5. Тури́сты уже́ осмотре́ли го́род? 6. Ната́ша уже́ пригото́вила у́жин? 7. Серге́й уже́ вы́учил стихи́? 8. Хиру́рг уже́ сде́лал опера́цию?

**Exercise 7.** Express surprise at what you have been told.

*Model:* — Ви́ктор ещё не ко́нчил сдава́ть экза́мены.
— Как? Ра́зве он всё ещё продолжа́ет сдава́ть экза́мены?

1. Андре́й ещё не ко́нчил черти́ть схе́му. 2. О́ля и Зи́на ещё не ко́нчили рисова́ть. 3. Серге́й ещё не ко́нчил занима́ться. 4. Ири́на ещё не ко́нчила переводи́ть э́ту статью́. 5. Оле́г ещё не ко́нчил гото́виться к докла́ду. 6. Никола́й ещё не ко́нчил рабо́тать. 7. Мари́на ещё не ко́нчила чита́ть э́ту кни́гу.

**Exercise 8. (a)** Read the text.

Два ме́сяца наза́д Ви́ктор и Оле́г на́чали изуча́ть англи́йский язы́к. Они́ мно́го занима́ются, поэ́тому они́ уже́ на́чали немно́го понима́ть англи́йскую речь. Сейча́с они́ продолжа́ют изуча́ть англи́йский язы́к. Ско́ро друзья́ начну́т чита́ть по-англи́йски интере́сные кни́ги. Ви́ктор и Оле́г ко́нчат изуча́ть англи́йский язы́к че́рез три го́да, но они́ бу́дут продолжа́ть чита́ть, писа́ть и говори́ть по-англи́йски.

**(b)** Answer the questions, using the verbs нача́ть, продолжа́ть, ко́нчить.

1. Когда́ Ви́ктор и Оле́г на́чали изуча́ть англи́йский язы́к? 2. Они́ уже́ понима́ют англи́йскую речь? 3. Сейча́с они́ продолжа́ют изуча́ть англи́йский язы́к? 4. Они́ уже́ чита́ют по-англи́йски интере́сные кни́ги? 5. Когда́ друзья́ ко́нчат изуча́ть англи́йский язы́к? 6. По́сле э́того они́ бу́дут продолжа́ть чита́ть, писа́ть и говори́ть по-англи́йски?

## § 3

| | |
|---|---|
| The use of perfective verbs to denote the beginning of an action or the inception of a state. | Арти́ст вы́шел на сце́ну и **запе́л.** Э́та кни́га мне сра́зу **понра́вилась.** Фильм око́нчился, и все **пошли́** домо́й. |

# 13.

(a) Read the sentences.

1. Арти́стка вы́шла на сце́ну и *начала́ петь.*
2. Ребёнок упа́л и *на́чал пла́кать.*

1. Арти́стка вы́шла на сце́ну и *запе́ла.*
2. Ребёнок упа́л и *запла́кал.*

(b) In what way is the beginning of an action expressed in the left-hand column? And in the right-hand column? What is the aspect of the verbs used in the sentences in the right-hand column?

**Note.**—The beginning of an action can be expressed by 'the verb нача́ть (начина́ть) + an imperfective infinitive' construction or by a verb belonging to a limited group of perfective verbs with the prefix **за-**, the most common ones being: заболе́ть, **заговори́ть, заигра́ть, закрича́ть, закури́ть, замаха́ть, замолча́ть, запе́ть, запла́кать, запры́гать, засмея́ться, засну́ть, зашуме́ть.**

**Exercise 1.** Change the sentences, expressing the meaning of the beginning of an action by the required perfective verbs with the prefix **за-**

*Model:* Де́вочка испуга́лась и начала́ пла́кать.
Де́вочка испуга́лась и запла́кала.

1. Арти́ст вы́шел на сце́ну и на́чал петь. 2. Арти́ст ко́нчил петь, и зри́тели на́чали аплоди́ровать. 3. Де́вочка уви́дела соба́ку и начала́ крича́ть. 4. Дирижёр дал знак, и хор на́чал петь. 5. Ири́на прочита́ла письмо́ о боле́зни ма́тери и начала́ пла́кать. 6. Поду́л ве́тер, и ли́стья на дере́вьях на́чали шуме́ть. 7. Ната́ша се́ла за пиани́но и начала́ игра́ть. 8. Во вре́мя антра́кта мы пошли́ в кури́тельную ко́мнату и на́чали кури́ть. 9. По́езд тро́нулся, и провожа́ющие на́чали маха́ть рука́ми.

**Exercise 2.** Change the sentences, expressing the meaning of the beginning of an action by the 'нача́ть + an imperfective infinitive' construction.

*Model:* Де́вочка испуга́лась и запла́кала.
Де́вочка испуга́лась и начала́ пла́кать.

1. Де́вочка посмотре́ла на себя́ в зе́ркало и засмея́лась. 2. Серге́й вы́шел в коридо́р и закури́л. 3. Дирижёр дал знак, и орке́стр заигра́л. 4. Де́ти вы́бежали на у́лицу и закрича́ли. 5. Учи́тель вы́шел из кла́сса, и де́ти зашуме́ли. 6. Ви́ктор уви́дел в окне́ ваго́на сестру́ и замаха́л руко́й. 7. Де́ти получи́ли пода́рки и запры́гали от ра́дости. 8. В за́ле ста́ло ти́хо и докла́дчик заговори́л.

**Exercise 3.** Complete the sentences, reporting the beginning of an action. You may need the verbs запе́ть, замаха́ть, запла́кать, зашуме́ть, заигра́ть.

*Model:* Де́вочка испуга́лась и...
Де́вочка испуга́лась и запла́кала.

1. Арти́ст вы́шел на сце́ну и... 2. Дирижёр дал знак, и орке́стр... 3. Уро́к ко́нчился, и де́ти... 4. По́езд тро́нулся, и провожа́ющие... 5. Де́вочка уви́дела соба́ку и...

**Exercise 4.** Answer the questions, saying that the action has just begun.

*Model:* — Ребёнок давно́ пла́чет?
— Нет, он то́лько что (неда́вно) запла́кал.

1. Вы давно́ ку́рите? 2. Она́ давно́ поёт? 3. Он давно́ спит?
4. Де́ти давно́ шумя́т? 5. Он давно́ бо́лен?

**14.**

(a) Read the sentences and their English translations.

1. Но́вый рома́н мне *понра́вил-ся* с пе́рвой страни́цы, и я его́ бы́стро прочита́ла.

1. I liked the new novel from the very first page and I read it quickly.

2. Я уве́рен, что но́вый рома́н *понра́вится* тебе́ с пе́рвой страни́цы, и ты бы́стро прочита́ешь его́.

2. I am sure you will like the new novel from the very first page and you will read it quickly.

**Note.**—Besides the perfective verbs with the prefix **за-** (закрича́ть, заговори́ть, etc.) mentioned above, the beginning of an action or the inception of a state can be conveyed by perfective verbs with the prefix **по-**: **полюби́ть, понра́виться, почу́вство-вать, пове́рить.**

However, whereas verbs with the prefix **за-** can be replaced by a synonymous construction (на́чал говори́ть = заговори́л), the preceding verbs with the prefix **по-** cannot be replaced by the same construction.

**Exercise 5.** Translate the sentences. Keep in mind that the italicised verbs with the prefixes **по-** and **за-** convey the beginning of an action or the inception of a state.

1. — Вам нра́вится э́та кни́га?
— Да, о́чень. Я прочита́л её ещё в де́тстве, и она́ сра́зу мне *понра́вилась*.

2. — Ваш брат лю́бит Се́вер?
— Да, о́чень. Он был там впервы́е в де́тстве и *полюби́л* его́ навсегда́. Поэ́тому он стал поля́рным лётчиком.

3. — У вас си́льно боли́т зуб?
— Да, о́чень.
— Когда́ *заболе́л* у вас э́тот зуб?
— Он *заболе́л* вчера́.

4. — Вы ве́рите расска́зу де́вочки?
— Да, коне́чно. Хотя́ расска́з её и ка́жется стра́нным, но я ей *пове́рил* с пе́рвых слов.

5. — Ма́льчик спит?
— Да. Он до́лго пла́кал, но наконе́ц *засну́л*.

**Exercise 6.** Complete the sentences, using the correct verb chosen from those given in (a) and (b)

(a) нра́виться — понра́виться.

1. Друг познако́мил меня́ со свое́й сестро́й, и она́ мне о́чень ... .
2. Я хожу́ на все конце́рты э́той арти́стки, потому́ что она́ мне

о́чень ... . 3. Ма́тери не ... но́вые друзья́ её сы́на, с кото́рыми он вчера́ её познако́мил. 4. Мне ... пе́сня, кото́рую я вчера́ слы́шал по ра́дио, и я хочу́ обяза́тельно записа́ть её на магнитофо́н. 5. У меня́ есть все пласти́нки э́того певца́, потому́ что его́ го́лос мне о́чень ... .

(b) люби́ть — полюби́ть

1. Он ... э́ту де́вушку с пе́рвого взгля́да. 2. Мои́ роди́тели познако́мились в ю́ности и ... друг дру́га на всю жизнь. 3. Моя́ сестра́ хоте́ла стать врачо́м, но пото́м ... то́чные нау́ки, и сейча́с она́ инжене́р. 4. — Ты ... литерату́ру? — Да, я ... её ещё в шко́ле. 5. У меня́ мно́го пласти́нок с за́писями наро́дных пе́сен, потому́ что я ... наро́дную му́зыку.

**Exercise 7.** Read the sentences, supplying verbs of the required aspect.

1. Когда́ мой сын был ма́леньким, он о́чень (люби́л — полюби́л) слу́шать ска́зки. 2. Когда́ мы отдыха́ли на мо́ре, нам (нра́вилось — понра́вилось) купа́ться ра́но у́тром. 3. В де́тстве она́ (ве́рила — пове́рила) всему́, о чём чита́ла в кни́гах. 4. Когда́ мать смотре́ла на ребёнка, она́ (чу́вствовала — почу́вствовала) огро́мное сча́стье. 5. В шко́ле он (люби́л — полюби́л) уро́ки исто́рии. 6. Ра́ньше мне (нра́вились — понра́вились) карти́ны э́того худо́жника, а тепе́рь я к ним равноду́шен. 7. Мой брат поступи́л в медици́нский институ́т, потому́ что ему́ всегда́ (нра́вилась — понра́вилась) медици́на. 8. В де́тстве его́ сын о́чень (люби́л — полюби́л) футбо́л. 9. Всю неде́лю больно́й (чу́вствовал — почу́вствовал) себя́ пло́хо, а сего́дня ему́ ста́ло лу́чше.

**Exercise 8.** Read the sentences, supplying verbs of the required aspect.

1. Вчера́ я посмотре́л но́вый фильм, и он мне (нра́вился — понра́вился). 2. Он рассказа́л друзья́м о́чень стра́нную исто́рию, но они́ (ве́рили — пове́рили) ему́. 3. Он (люби́л — полюби́л) э́ту де́вушку с пе́рвого взгля́да. 4. Профе́ссор прочита́л рабо́ту своего́ аспира́нта, и она́ ему́ (нра́вилась — понра́вилась). 5. На у́лице сестра́ неожи́данно (чу́вствовала — почу́вствовала) себя́ пло́хо. 6. Она́ приняла́ лека́рство и (чу́вствовала — почу́вствовала) себя́ лу́чше.

**Exercise 9.** Complete the sentences, supplying apprpriate words stressing the inception of the state concerned, such as с пе́рвого взгля́да, с пе́рвых страни́ц, с пе́рвых слов, с пе́рвой мину́ты, с пе́рвых шаго́в, с пе́рвых ка́дров, (не) сра́зу.

1. Они́ полюби́ли друг дру́га. 2. Кни́га понра́вилась ма́льчику. 3. Я пове́рил де́вочке. 4. Серге́й почу́вствовал себя́ в э́той семье́ как до́ма. 5. Па́вел упа́л, встал и пошёл, но почу́вствовал боль. 6. Фильм мне понра́вился. 7. Мари́я пове́рила э́тому стра́нному челове́ку.

**Exercise 10.** Express agreement with your conversation partner's opinion.

*Model:* — Э́то о́чень хоро́шая кни́га. Она́ мне о́чень нра́вится.
— Да, вы пра́вы. Я прочита́л её в пе́рвый раз, и мне она́ то́же о́чень понра́вилась.

1. Это о́чень интере́сный фильм. Мне он о́чень нра́вится. 2. Ви́ктор — хоро́ший челове́к. Он мне о́чень нра́вится. 3. Это краси́вый го́род. Он мне о́чень нра́вится. 4. Ната́ша — прекра́сная де́вушка. Она́ мне о́чень нра́вится. 5. Это стари́нное зда́ние. Оно́ мне о́чень нра́вится. 6. «Лебеди́ное о́зеро» — прекра́сный бале́т. Он мне о́чень нра́вится. 7. Это интере́сное путеше́ствие. Оно́ мне о́чень нра́вится.

**Exercise 11.** Answer the questions according to the model.

(a) *Model:* — Почему́ вы купи́ли э́ту су́мку?
    — Я купи́ла э́ту су́мку, потому́ что она́ мне понра́-
      вилась.

1. Почему́ вы купи́ли э́тот костю́м? 2. Почему́ вы ещё раз чита́ете э́ту кни́гу? 3. Почему́ вы опя́ть смо́трите э́тот фильм? 4. Почему́ вы опя́ть идёте на э́ту вы́ставку? 5. Почему́ вы подари́ли сестре́ э́ти часы́?

(b) *Model:* — Почему́ вы хоти́те жить в Арха́нгельске?
    — Я хочу́ жить в Арха́нгельске, потому́ что я по-
      люби́л Се́вер.

1. Почему́ вы хоти́те отдыха́ть в Крыму́? 2. Почему́ вы хоти́те жить в э́том го́роде? 3. Почему́ вы хоти́те изуча́ть ру́сский язы́к? 4. Почему́ Ви́ктор хо́чет жени́ться на Мари́не?

**Exercise 12.** Answer the questions, using the sentence Он (она́) мне (не) понра́вился (-ась) or Он (она́) мне (не) нра́вится.

1. Что вы ска́жете о фи́льме, кото́рый вы ви́дели вчера́? 2. Что вы ска́жете об э́том режиссёре? Ведь вы ви́дели мно́го его́ фи́льмов. 3. Почему́ вы не дочита́ли э́ту кни́гу и верну́ли её в библиоте́ку? 4. Почему́ ты ча́сто перечи́тываешь стихи́ Пу́шкина? 5. Почему́ ты дру́жишь с Серге́ем? 6. Что вы ска́жете об э́той молодо́й певи́це, кото́рую вы впервы́е слы́шали вчера́?

## 15.

(a) Read the sentences and their English translations.

| | |
|---|---|
| 1. Заня́тия око́нчились, и он *пошёл* домо́й. | 1. The lessons over, he went home. |
| 2. Он *пойдёт* домо́й, когда́ ко́нчатся заня́тия. | 2. When the lessons are over, he will go home. |

(b) What meaning is conveyed by the italicised verbs?
(c) You probably remember that these verbs belong to the group of the so-called verbs of motion.

**Note.**—Besides the cases you already know (see Notes 13 and 14), the beginning of an action can also be expressed by the verbs of motion of Group I with the prefix **по-** (**пойти́**, **пое́хать**, **по**везти́, etc.), which are perfective, too. Sentences with these verbs generally contain one more perfective verb preceding these verbs, i. e. the verb of motion with the prefix **по-** shows that the movement began after the action of the preceding verb had been completed (*Поза́втракаю* и пойду́ на рабо́ту).

**Exercise 13.** Read the sentences and translate them into English. Pay particular attention to the translation of the italicised verbs.

1. Мы шли ме́дленно, пото́м *пошли́* быстре́е. 2. Он сел в маши́ну и *пое́хал* в Ленингра́д. 3. Де́вочка уви́дела соба́ку и *побежа́ла* к маши́не. 4. Разда́лся звоно́к. Ири́на вста́ла и *пошла́* к телефо́ну.

**Exercise 14.** Complete the sentences, supplying appropriate verb forms.

1. Са́ша встал из-за стола́ и ... к шка́фу. 2. Ма́льчик бро́сился в во́ду и ... к ло́дке. 3. Де́ти уви́дели отца́ и ... к нему́. 4. Все се́ли, и авто́бус ... 5. Ма́ша уви́дела ту́чу и ... к до́му.

**Exercise 15.** Complete the sentences, supplying verbs of the required aspect.

1. Мы до́лго (шли — пошли́) ле́сом. 2. Ста́ло хо́лодно, и мы (шли — пошли́) быстре́е. 3. Пассажи́ры за́няли места́, и авто́бус (е́хал — пое́хал). 4. До дере́вни авто́бус (е́хал — пое́хал) два часа́. 5. По у́лице шёл прохо́жий, за ним (бежа́ла — побежа́ла) соба́ка. 6. Хозя́ин позва́л соба́ку, и она́ (бежа́ла — побежа́ла) к нему́.

## § 4

| The use of perfective verbs to convey a momentaneous action. | В толпе́ я вдруг **уви́дел** знако́мое лицо́. |
|---|---|

**16.**

(a) Read the sentences.

1. Вчера́ мы до́лго *слу́шали* му́зыку.
2. Ма́льчик до́лго *вспомина́л* ле́тние кани́кулы.
3. Де́вочка гро́мко *крича́ла*, звала́ бра́та, но он не слы́шал её.

1. Вдруг я *услы́шал* на у́лице своё и́мя: кто́-то звал меня́.
2. Ма́льчик уви́дел на экра́не мо́ре и сра́зу *вспо́мнил* ле́тние кани́кулы.
3. Де́вочка *вскри́кнула* от испу́га.

(b) In which column do the verbs convey prolonged (durative) actions? What is the aspect of these verbs?

(c) In which column do the verbs convey momentaneous actions? What is the aspect of these verbs? What adverbials in these sentences stress the momentaneous character of the actions?

**Note.**—To convey momentaneous actions, perfective verbs are used, often with the prefixes **вс- (вз-), вос- (воз-), у-** or the suffix **-ну-**. Sentences with these verbs may contain the words вдруг, внеза́пно, сра́зу, мгнове́нно, etc.

**Exercise 1.** Translate the sentences into English.

1. В за́ле зажёгся свет, и де́ти сра́зу вскочи́ли со свои́х мест. 2. В ко́мнате пога́с свет, и у де́вочки вдруг возни́кло чу́вство

стра́ха. 3. Внеза́пно гря́нул гром, и пошёл дождь. 4. По́здно но́чью в мое́й ко́мнате вдруг разда́лся телефо́нный звоно́к, и я вздро́гнул от неожи́данности. 5. Он взгляну́л на её лицо́ и сра́зу всё по́нял.

**Exercise 2.** Complete the sentences, supplying verbs of the required aspect which convey momentaneous actions.

1. В класс вошёл учи́тель, и де́ти мгнове́нно (умолка́ли — умо́лкли). 2. Уро́к ко́нчился, зазвене́л звоно́к, и де́ти сра́зу (броса́лись — бро́сились) к две́ри. 3. В дверя́х вдруг (появи́лся — появля́лся) оте́ц, кото́рого никто́ не ждал.

**Exercise 3.** Read the sentences, supplying verbs of the required aspect.

1. Мы до́лго (вспомина́ли — вспо́мнили) ле́то, кото́рое провели́ на ю́ге. 2. Я вдруг (вспомина́л — вспо́мнил), что забы́л позвони́ть бра́ту о своём прие́зде. 3. В за́ле вдруг (раздава́лся — разда́лся) дру́жный смех. 4. В за́ле до́лго (раздава́лись — раздали́сь) голоса́ дете́й, кото́рые игра́ли вокру́г нового́дней ёлки. 5. Никола́й всегда́ (каза́лся — показа́лся) мне серьёзным челове́ком. 6. Никола́й (каза́лся — показа́лся) мне вдруг сего́дня о́чень уста́лым.

# 17.

**(a)** Read the sentences and their English translations.

| | |
|---|---|
| 1. Мать сра́зу *заме́тила* беспоря́док в ко́мнате. | 1. The mother immediately noticed the disorder in the room. |
| 2. Мать сра́зу *замеча́ла* беспоря́док в ко́мнате. | 2. The mother used to notice the disorder in the room at once. |
| 3. Во вре́мя сна она́ вдруг *вскри́кнула.* | 3. All of a sudden she cried out in her sleep. |
| 4. Она́ пло́хо спала́ и во сне иногда́ вдруг *вскри́кивала.* | 4. She was a poor sleeper and sometimes cried out in her sleep. |
| 5. Ребёнок вдруг тяжело́ *вздохну́л.* | 5. The child suddenly heaved a sigh. |
| 6. Больно́й был споко́ен, но иногда́ вдруг тяжело́ *вздыха́л.* | 6. The patient was quiet, but occasionally he suddenly heaved a sigh. |

**(b)** Point out the numbers of the sentences in which the verbs convey momentaneous semelfactive actions. What is the aspect of these verbs?

**(c)** Point out the numbers of the sentences in which the verbs convey repeated momentaneous actions. What is the aspect of these verbs?

**Note.**—As you know, momentaneous semelfactive actions are conveyed by perfective verbs (see sentences 1, 3 and 5). On the other hand, momentaneous *repeated* actions (see sentences 2, 4 and 6) are conveyed by *imperfective* verbs.

**Exercise 4.** Read the sentences, supplying verbs of the required aspect.

1. Во вре́мя разгово́ра Андре́й ча́сто (встава́л — встал) и под-ходи́л к окну́. 2. Он вдруг (встава́л — встал) и подошёл к окну́. 3. Вдруг ме́жду туч (появля́лось — появи́лось) со́лнце. 4. Он всегда́ (явля́лся — яви́лся) на ле́кции без опозда́ния. 5. Мы обы́чно легко́ (замеча́ем — заме́тим) оши́бки други́х. 6. Са́ша вдруг (замеча́л — заме́тил), что забы́л до́ма ключи́. 7. Ребёнку бы́ло стра́шно, и при ка́ждом шо́рохе он (вздра́гивал — вздро́гнул). 8. От неожи́данного сту́ка в дверь он (вздра́гивал — вздро́гнул).

**Exercise 5.** Read the sentences. Change them to make it clear that the momentaneous actions concerned took place on one occasion only.

*Model:* Иногда́ вдруг сверка́ла мо́лния.
       Вдруг сверкну́ла мо́лния.

1. Изредка ребёнок взгля́дывал на мать. 2. Иногда́ Мари́я вспомина́ла проше́дшее ле́то. 3. Во вре́мя разгово́ра Серге́й иногда́ вска́кивал. 4. Учи́тельница сра́зу замеча́ла оши́бки ученико́в. 5. Не́сколько раз в ко́мнате раздава́лся звоно́к телефо́на.

**Exercise 6.** Complete the sentences, supplying the appropriate phrases chosen from those given on the right.

| | |
|---|---|
| 1. Когда́ я шёл по у́лице, я вдруг... | сверкну́ла мо́лния |
| 2. Он писа́л письмо́, когда́ вдруг... | изображе́ние исче́зло |
| | уви́дел стра́нное зда́ние |
| 3. Мы смотре́ли по телеви́зору но́вый фильм, но вдруг... | заме́тила на полу́ но́вый ковёр |
| | разда́лся звоно́к в дверь |
| 4. Не́бо потемне́ло... | бро́сились к две́ри |
| 5. Когда́ Ма́ша вошла́ в ко́мна-ту, она́ сра́зу... | пошёл си́льный дождь |
| 6. Когда́ Са́ша вы́шел на у́ли-цу, вдру́г... | |
| 7. Когда́ ко́нчился уро́к, де́ти сра́зу... | |

# Revision III

**Assignment 1.**

1. How will you say: Мне нра́вилась му́зыка э́того компози́тора or Мне понра́вилась му́зыка э́того компози́тора, if (a) you liked the composer's music some years ago and are now indifferent to it; (b) you are speaking about the music of a composer previously unfamiliar to you, which you heard at a concert yesterday?

2. How will you say: Он чу́вствовал себя́ пло́хо or Он по-чу́вствовал себя́ пло́хо, if (a) your friend had been ill for a long time; (b) he fell ill yesterday?

3. How will you say: Я люби́л фигу́рное ката́ние or Я полюби́л фигу́рное ката́ние, if (a) you were keen on figure skating in your childhood and are still keen on it; (b) you are no longer keen on it?

**Assignment 2.** Look at the pictures and say what Victor is doing. And what is Natasha doing at the same time? Follow the model (picture 1): Ма́льчик чита́ет, а де́вочка пи́шет.

**Assignment 3.** Say what you did when (a) you had your holidays, (b) you were doing your homework, (c) were translating an article, (d) were travelling. Begin with this: Когда́ я отдыха́л, я купа́лся в мо́ре и загора́л.

**Assignment 4.** Look at the pictures and say what these people did and in what sequence.

*Model:* Михаи́л купи́л кни́гу и вы́шел из магази́на.

Assignment 5. (a) Read the joke.

### «Где я остановился?»

Мой муж — óчень рассéянный человéк. Когдá он впервы́е приéхал в Москвý, он поéхал в гости́ницу и снял нóмер. Потóм он пошёл на пóчту и послáл мне телегрáмму, в котóрой сообщи́л мне свой москóвский áдрес. Вéчером мой муж был в теáтре. Когдá кóнчился спектáкль, он хотéл поéхать в свою́ гости́ницу, но оказáлось, что он забы́л назвáние гости́ницы и где онá нахóдится.

Тогдá он пошёл на телегрáф и позвони́л мне по телефóну: «Я забы́л, где я останови́лся, и не знáю, кудá мне нáдо éхать. Прочитáй мне мою́ телегрáмму». Когдá я услы́шала егó прóсьбу, я засмея́лась, но не óчень удиви́лась, потомý что хорошó знáла своегó мýжа.

(b) Answer the questions.

1. Что сдéлал муж, когдá приéхал в Москвý? 2. Что сдéлал муж, пóсле тогó как снял нóмер в гости́нице? 3. Кудá хотéл поéхать муж, когдá кóнчился спектáкль? 4. Что он сдéлал, когдá пóнял, что забы́л свой москóвский áдрес? 5. Почемý женá не удиви́лась, когдá услы́шала прóсьбу своегó мýжа?

Assignment 6. Make up a story according to these pictures. For this you may need the following verbs:

просыпáться/проснýться, опáздывать/опоздáть, вставáть/встать, надевáть/надéть, одевáться/одéться, брать/взять, бежáть/побежáть, ви́деть/уви́деть, читáть/прочитáть.

**Assignment 7.** Read this poem in prose by Ivan Turgenev and underline the inchoative verbs (expressing the beginning of action).

## Ты заплакал...

Ты заплакал о моём горе, и я заплакал из сочувствия к твоей жалости обо мне.

Но ведь ты заплакал о своём горе: только ты увидел его во мне.

**Assignment 8. (a)** Read this fable by Leo Tolstoy.

## Три калача (padlock-shaped white bread loaf) и одна баранка (ring-shaped dry biscuit)

Один крестьянин захотел есть. Он купил калач и съел; он всё ещё хотел есть. Он купил другой калач и съел; он всё ещё хотел есть. Он купил третий калач и съел, и он всё ещё хотел есть. Потом он купил баранки и, когда съел одну, стал сыт.

Тогда крестьянин ударил себя по голове и сказал:

— Какой я дурак! Зачем же я напрасно съел три калача? Мне надо было сначала съесть одну баранку.

**(b)** Point out the sentences which speak of non-repeated consecutive actions.
**(c)** Retell the fable.

**Assignment 9. (a)** Read the text.
**(b)** Point out the numbers of the sentences telling of: 1) consecutive non-repeated actions; 2) simultaneous (parallel) actions; 3) momentaneous actions; 4) the beginning of an action.

## Голуби
### (after Ivan Turgenev)

(1) *Я вышел из леса и остановился.* Вокруг было тихо. Тёмно-синяя туча закрыла половину неба.

Ветра не было. (2) *Всё замерло.* И не слышно было ни одной птицы. (3) *Даже воробьи все попрятались.* (4) *Я смотрел на синюю громадную тучу и думал:* (5) *сейчас сверкнёт молния, загремит гром и начнётся сильная буря.*

Но туча не двигалась. (6) *Она по-прежнему давила на землю и постепенно темнела.*

(7) *И вдруг я увидел,* как (8) *по тёмному небу замелькало что-то светлое,* как белый платочек.

То летел со стороны деревни белый голубь.

Летел, летел всё прямо, и (9) *скрылся за лесом.*

Прошло несколько минут. Вокруг стояла всё та же тишина. И вот уже мелькают в небе два платка: то летят домой в деревню два белых голубя.

(10) *Наконец подул сильный ветер,* (11) *сверкнула молния,* (12) *загремел гром — началась буря.*

Я едва добежал домой.

Под крышей, на самом краю окна сидели два белых голубя: тот, который летел за товарищем, и тот, кого он привёл и, может быть, спас. (13) *Они сидели рядом и чувствовали каждый своим крылом крыло соседа. Им было хорошо!*

**(c)** Describe the beginning of the storm.

**(d)** Speak about the doves, using the verbs from the text.

**Assignment 10. (a)** Read this extract from the autobiography of the well-known Soviet writer Anatoly Rybakov.

Я око́нчил Моско́вский институ́т инжене́ров тра́нспорта и на́чал рабо́тать инжене́ром.

Я по́здно на́чал писа́ть, но ра́но на́чал чита́ть — с пяти́ лет. На́ша дома́шняя библиоте́ка была́ дово́льно обши́рна и хорошо́ подо́брана. К шестна́дцати года́м я прочита́л почти́ всё, что представля́ется мне лу́чшим в ру́сской и мирово́й кла́ссике.

Писа́ть я на́чал в конце́ тридца́тых годо́в, когда́ жил в Ряза́ни. Писа́л без определённой це́ли, для себя́, никому́ не пока́зывал, стыди́лся. Писа́л о де́тстве, что́-то лири́ческое, гру́стное.

Пото́м начала́сь война́, и я ушёл на фронт.

Воева́л я на ра́зных фронта́х, ко́нчил воева́ть в Берли́не. Война́ не оставля́ла вре́мени да́же для дневника́, я был не журнали́ст, а строево́й офице́р, но ко́е-каки́е запи́ски всё же де́лал.

В со́рок шесто́м году́ я демобилизова́лся и верну́лся в Москву́. Бы́ло мне три́дцать пять лет — во́зраст не́сколько великова́тый для литерату́рного дебю́та. И всё же с э́того вре́мени начина́ется моя́ литерату́рная биогра́фия. С пе́рвой же кни́ги я стал профессиона́льным писа́телем. Им сде́лала меня́ жизнь.

**(b)** Tell how Anatoly Rybakov became a writer.

**Assignment 11.** Let's have a chat.

(a) Что вы обы́чно де́лаете ве́чером? А что де́лает ва́ша семья́ в э́то вре́мя?

Что вы на́чали де́лать вчера́, когда́ пришли́ домо́й? Куда́ вы пошли́, когда́ поу́жинали? Куда́ вы пойдёте в воскресе́нье, когда́ поза́втракаете?

(b) Когда́ вы на́чали изуча́ть ру́сский язы́к? Ско́лько вре́мени вы продолжа́ете его́ изуча́ть? А когда́ вы ко́нчите изуча́ть ру́сский язы́к?

Когда́ вы на́чали учи́ться в шко́ле? Ско́лько вре́мени вы продолжа́ли учи́ться там? Когда́ вы ко́нчили учи́ться в шко́ле?

Когда́ вы на́чали сего́дня занима́ться? Ско́лько вре́мени вы продолжа́ете занима́ться? Когда́ вы ко́нчите занима́ться?

(c) Вам нра́вится ру́сская наро́дная му́зыка? Вам понра́вились ру́сские пе́сни, кото́рые вы слы́шали по ра́дио? Вам нра́вятся карти́ны ру́сских худо́жников? В на́шей стране́ бы́ли вы́ставки ру́сской жи́вописи? Они́ вам понра́вились?

Что вы почу́вствовали, когда́ пе́рвый раз пришли́ на конце́рт класси́ческой му́зыки?

(d) Как вы себя́ чу́вствовали, когда́ бы́ли больны́? Как вы себя́ почу́вствовали, когда́ заболе́ли? А как вы себя́ почу́вствовали, когда́ вы́здоровели?

## § 1

| The use of the imperfective imperative to convey repeated actions and of the perfective imperative to convey semelfactive actions. | **Открыва́йте** окно́ ка́ждое у́тро!<br>**Откро́йте** окно́: в ко́мнате ду́шно. |
| --- | --- |

**18.**

(a) Read the sentences.

1. Он *откры́л* окно́, потому́ что в ко́мнате бы́ло ду́шно.

1. Он *открыва́л* о́кна не́сколько раз в день, потому́ что люби́л све́жий во́здух.

2. *Откро́йте* окно́: в ко́мнате ду́шно.

2. *Открыва́йте* о́кна не́сколько раз в день: в ко́мнате до́лжен быть всегда́ чи́стый во́здух.

(b) The sentences in which column speak of repeated actions; and in which, of semelfactive actions?

(c) What is the aspect of the verbs used in the first case? And in the second case?

**Note.**—To convey a request, advice or command to perform an action *only once, perfective* imperatives are used; whereas to convey a request, advice or command to perform an action *repeatedly or regularly, imperfective* imperatives are used.

Exercise 1. Read the sentences, supplying verbs of the required aspect.

(a) 1. (пиши́те — напиши́те) ва́шей сестре́ ча́ще! 2. (принима́йте — прими́те) э́то лека́рство ка́ждое у́тро. 3. (пе́йте — вы́пейте) молоко́ ка́ждый ве́чер! 4. (приноси́те — принеси́те) на все уро́ки англи́йского языка́ слова́рь. 5. (ложи́тесь — ля́гте) ка́ждый ве́чер спать не поздне́е оди́ннадцати часо́в.

(b) 1. (звони́те — позвони́те) мне сего́дня ве́чером. 2. Ве́ра, посу́да гря́зная, (мой — вы́мой) её. 3. (пе́йте — вы́пейте) ещё ча́шку ча́я. 4. (покупа́йте — купи́те) э́ту кни́гу, она́ о́чень интере́сная. 5. (помога́йте — помоги́те) мне перевести́ э́тот текст. 6. Сего́дня бу́дет интере́сная переда́ча. Обяза́тельно (включи́те — включа́йте) ве́чером телеви́зор.

(c) 1. Са́ша, (выключа́й — вы́ключи) телеви́зор, когда́ сади́шься занима́ться! 2. О́ля, (мой — вы́мой) ру́ки: посмотри́, каки́е они́ у тебя́ гря́зные. 3. Оле́г, (выключа́й — вы́ключи), пожа́луйста, телеви́зор: он меша́ет мне занима́ться. 4. Ты не зна́ешь э́то сло́во? Тогда́ (находи́ — найди́) его́ перево́д в словаре́. 5. (дава́йте — да́йте) мне, пожа́луйста, ру́чку: я забы́л свою́ до́ма. 6. Дождь ко́нчился, (открыва́йте — откро́йте) окно́. 7. (звони́те — позвони́те) мне ча́ще. 8. (де́лайте — сде́лайте) гимна́стику ка́ждое у́тро. 9. (принима́йте — прими́те) э́то лека́рство сего́дня перед сном. А лека́рство, кото́рое я дал вам вчера́, (принима́йте — прими́те) регуля́рно пе́ред едо́й. 10. (говори́те — скажи́те) со свои́ми друзья́ми то́лько по-ру́сски. 11. (говори́те — скажи́те), как бу́дет по-ру́сски сло́во table? 12. Всегда́ внима́тельно (слу́шайте — послу́шайте) преподава́теля. 13. (слу́шайте — послу́шайте), как поёт певе́ц: я уве́рен, что он займёт на ко́нкурсе пе́рвое ме́сто.

**Exercise 2.** Say that the actions concerned should be performed regularly. For this you may need the words ка́ждое у́тро, ка́ждый день, ка́ждый ве́чер, ка́ждую неде́лю, ча́сто, ча́ще.

*Model:* сде́лать у́треннюю гимна́стику — Де́лайте у́треннюю гимна́стику ка́ждое у́тро.

1. пить молоко́. 2. принима́ть холо́дный душ. 3. писа́ть роди́телям пи́сьма. 4. гуля́ть. 5. повторя́ть но́вые слова́. 6. открыва́ть о́кна.

**Exercise 3.** Say that the actions concerned should be performed only once.

*Model:* посла́ть телегра́мму Андре́ю — За́втра пошли́те телегра́мму Андре́ю.

1. вы́ключить телеви́зор. 2. позвони́ть сестре́. 3. встать в семь часо́в утра́. 4. приня́ть лека́рство. 5. вы́пить молоко́. 6. принести́ на уро́к слова́рь. 7. сообщи́ть студе́нтам об экску́рсии.

**Exercise 4.** Make a request, or give a command or advice.

*Model:* Ну́жно поли́ть э́ти цветы́. —
Поле́йте, пожа́луйста, цветы́.

1. Ну́жно откры́ть окно́. 2. Ну́жно включи́ть телеви́зор. 3. Необходи́мо посла́ть поздрави́тельную телегра́мму друзья́м. 4. Сле́дует поста́вить но́вые кни́ги на по́лки. 5. Ну́жно позвони́ть врачу́. 6. На́до пригото́вить у́жин. 7. Ну́жно вы́пить э́то лека́рство.

### § 2

| | |
|---|---|
| The use of imperfective imperative to convey an injunction to begin an action. | Уже́ семь часо́в. **Встава́й!** |

## 19.

(a) Read the sentences and their English translations.

1. *Разбуди́* меня́, пожа́луйста, за́втра в семь часо́в.
Please wake me up tomorrow at seven o'clock.

1. Семь часо́в. *Буди́* дете́й!
It's seven o'clock. Wake up the children.

2. До́ма *прочита́йте* расска́з Че́хова «Шу́точка».
At home read Chekhov's story *A Joke*.

2. Ко́нчили писа́ть упражне́ние? Тепе́рь *чита́йте* текст.
Have you finished writing the exercise? Now read the text.

3. Перед сном *выпей* молоко!
Drink the milk before going to bed.

3. Не разговаривай, *пей* молоко!
Don't talk; drink the milk!

**(b)** In the sentences of which column does the imperative convey a specific request, advice or command to perform an action in the future? What is the aspect of the verbs in these sentences?

**(c)** In the sentences of which column does the imperative convey an injunction to begin an action at the moment of speaking? What is the aspect of the verbs in these sentences?

**Note.**—As you know, to convey a specific request, advice or command to perform an action, the perfective imperative is used, the speaker's attention being centred on the completion of the action, on its result (see the sentences in the left-hand column).

However, if the speaker's attention is centred exclusively on *urging somebody to begin an action, the imperfective* imperative is used (see the sentences in the right-hand column).

**Exercise 1.** Read the sentences. Point out the numbers of the sentences in which the imperative conveys (a) a specific request, advice or command to perform an action; (b) an injunction to begin an action.

1. Дети, ложитесь спать! 2. Перепишите ещё раз вашу работу, в ней есть ошибки. 3. Выключи, пожалуйста, телевизор, он мешает мне заниматься. 4. Идите к доске! 5. Уже поздно! Спи! 6. Спойте нам что-нибудь! 7. Кончили читать рассказ? Теперь пишите упражнение. 8. Уже пять часов. Садись и учи уроки. 9. Выучи стихотворение Лермонтова «Парус».

**Exercise 2.** Answer your conversation partner's remarks, urging him to begin an action.

*Model:* — Пора вставать. — Вставай(те)!

1. Пора ложиться спать. 2. Пора будить Сашу. 3. Читальный зал закрывается, пора сдавать книги. 4. Пора садиться за уроки. 5. Мы опаздываем в театр, пора одеваться. 6. До отхода поезда осталось мало времени. Пора вызывать такси. 7. Уже два часа. Пора обедать.

**Exercise 3.** Address your conversation partners, urging them to begin an action in accordance with the situation. If you should have difficulty with the verbs, refer to the word list at the end of the exercise.

*Model:* Мальчик спит, хотя ему пора в школу.
— Вставай! Уже семь часов.

1. Уже двенадцать часов ночи, а ваш брат сидит и читает. 2. Уже вечер, а ваш сын ещё не делал уроки. 3. Обед на столе, а дети стоят и разговаривают. 4. Нина сидит и смотрит телевизор, хотя ей нужно учить стихотворение. 5. Библиотека закрывается, а ваш друг ещё не сдал книги.

Verbs to be used:

ложиться (спать), делать (уроки), садиться (есть), учить (стихотворение), сдавать (книги).

## 20.

(a) Read the dialogues.

1. — Здра́вствуйте, Ве́ра Никола́евна!
   — Здра́вствуйте, ра́да вас ви́деть! Входи́те, раздева́йтесь. Прохо́дите в ко́мнату. Сади́тесь, отдыха́йте.
2. — Мо́жно поста́вить сюда́ чемода́н?
   — Ста́вьте, пожа́луйста.
3. В магази́не.
   — Покажи́те, пожа́луйста, мужски́е ша́рфы!
   — Пожа́луйста, выбира́йте.

(b) What is the aspect of the imperatives used in the dialogues?
(c) How do you picture to yourself the situations in which these sentences were used?

> **Note.**—One type of situation in which imperfective imperatives are generally used is *an invitation to perform an action*. This may be an invitation from a hostess receiving guests (раздева́йтесь, проходи́те, сади́тесь) or a shop-assistant's invitation to a customer to perform an action (выбира́йте, плати́те).
>
> The use of perfective imperatives in such situations is impossible, for they would sound impolite or even rude. However, in other situations (for example, in a doctor's consulting-room) the relevant perfective imperatives (разде́ньтесь, ся́дьте, вста́ньте) would sound natural, since they convey a specific request or command. Imperfective imperatives are generally also used in situations where permission or consent is given for somebody to perform an action (see Dialogue 2). In such cases perfective imperatives can also be used, imperfective imperatives having a nuance of a polite invitation to perform the action; and perfective imperatives, a nuance of permission (Мо́жно закры́ть окно́? — Закрыва́йте! or Закро́йте!)

**Exercise 4.** Read the sentences, supplying verbs of the required aspect.

1. В ко́мнате ду́шно (открыва́йте — откро́йте), пожа́луйста, окно́. 2. — Мо́жно откры́ть окно́? — (открыва́йте — откро́йте). 3. — Я хочу́ рассказа́ть вам о своём сы́не.— (расска́зывайте — расскажи́те), я вас слу́шаю. 4. (расска́зывайте — расскажи́те) нам, пожа́луйста, о свои́х де́тях. 5. — Ма́ма, я хочу́ включи́ть телеви́зор, сейча́с бу́дут мультфи́льмы.— (включа́й — включи́), пожа́луйста. 6. (включа́й — включи́) телеви́зор, я хочу́ посмотре́ть спорти́вную переда́чу. 7. — Ле́на, мо́жно я позвоню́ вам ве́чером? — (звони́те — позвони́те), пожа́луйста, я бу́ду до́ма.

**Exercise 5.** You are receiving visitors. Ask them to take off their coats, invite them into the room and offer them something to eat or drink. You can use the imperatives of the following verbs: входи́ть, раздева́ться, проходи́ть, сади́ться, кури́ть, брать, есть.

| The use of the imperfective imperative to convey an injunction, advice or request not to perform an action. | **Не открывáйте** óкна по вечерáм. |
|---|---|

**21.**

(a) Read the sentences.

| | |
|---|---|
| 1. *Открывáйте* окнó кáждое ýтро! | 1. *Не открывáйте* óкна по вечерáм! |
| 2. *Открóйте* окнó, в кóмнате дýшно. | 2. *Не открывáйте* окнó, мне хóлодно. |
| 3. *Звонúте* мне чáще. | 3. *Не звонúте* мне чáсто. |
| 4. *Позвонúте* мне сегóдня. | 4. *Не звонúте* мне сегóдня. |

(b) What is the aspect of the imperatives used in the sentences in the left-hand column? Why is this so?

(c) In which column are the sentences conveying the undesirability of an action or advice not to do something? What is the aspect of the verbs in these sentences?

**Note.**—As you know, affirmative sentences (i. e. sentences without the negative particle) may contain either an imperfective or a perfective imperative, depending on the meaning of the verbs concerned. Thus, in sentences 1 and 3 in the left-hand column imperfective verbs are used because these sentences speak of repeated actions, whereas in sentences 2 and 4 perfective verbs are used because these sentences speak of semelfactive actions. In the corresponding sentences to be found in the right-hand column, which speak of the undesirability of the same repeated actions (sentences 1 and 3) and of semelfactive actions (sentences 2 and 4), *only imperfective* imperatives may be used.

**Exercise 1.** Replace the sentences by synonymous ones according to the model.

*Model:* Не курúте! — Не нýжно (не нáдо) курúть!
Не шумúте! — Нельзя́ шумéть!

1. Не молчúте! 2. Не расскáзывайте об э́том никомý! 3. Не звонú сестрé! 4. Не пóйте грóмко! 5. Не пéйте сырýю вóду! 6. Не пишú брáту об э́том! 7. Не покупáйте э́ту кнúгу. 8. Не берúте на экскýрсию фотоаппарáт! 9. Не кричúте! 10. Не спóрь о том, чегó не знáешь. 11. Не стой на сквозняке́.

**Exercise 2.** Replace the sentences by synonymous ones according to the model.

*Model:* Не нýжно смотрéть э́тот фильм.—
Не смотрúте э́тот фильм.

1. Не нýжно включáть телевúзор. 2. Не нýжно плáкать! 3. Не нýжно закрывáть окнó! 4. Нельзя́ рвать цветы́! 5. Не нýжно кричáть! 6. Не нýжно спешúть! 7. Не нýжно принимáть э́то ле-

ка́рство! 8. Не ну́жно есть мно́го сла́дкого! 9. Нельзя́ чита́ть при слабом све́те. 10. Нельзя́ шуме́ть.

**Exercise 3.** Advise your friend not to do what he is going to.

*Model:* — Взять мяч на прогу́лку?
         — Нет, не бери́(те).

1. Дать де́тям конфе́ты? 2. Проводи́ть вас на вокза́л? 3. Сказа́ть им всю пра́вду? 4. Купи́ть э́ту ку́ртку? 5. Снять со стены́ э́ту карти́ну? 6. Написа́ть сестре́ о свои́х пла́нах? 7. Наде́ть мне тёплое пальто́? 8. Заказа́ть вам биле́ты в теа́тр на воскресе́нье? 9. Рассказа́ть им о на́шем несча́стье?

**Exercise 4.** Answer the questions, refusing to give permission to perform the actions concerned.

*Model:* — Мо́жно откры́ть окно́?
         — Нет, не открыва́йте!

1. Мо́жно взять ваш слова́рь? 2. Мо́жно вы́ключить свет? 3. Мо́жно позвони́ть ва́шей сестре́? 4. Мо́жно закры́ть дверь? 5. Мо́жно вы́пить э́то молоко́? 6. Мо́жно дать Са́ше моро́женое? 7. Мо́жно написа́ть вам письмо́? 8. Мо́жно помо́чь вам?


# Revision IV

**Assignment 1. (a)** Do you think it is very good for the health to get up early, to open the window, to do morning exercises, to take a cold shower, to go to bed quite early, to take a walk before going to bed, to go in for sport? If you do, advise your friends to do all this regularly.

*Model:* Встава́йте ра́но у́тром!

**(b)** What else can you advise your friends to do regularly?

**Assignment 2.** What would you say if:

1. Ва́ши де́ти слу́шают ра́дио, а э́то меша́ет вам занима́ться. 2. В ко́мнате ду́шно, а окно́ закры́то. 3. В ко́мнате темно́, а свет не включён. 4. У вас нет ру́чки, а у ва́шего дру́га — две. 5. В ко́мнате светло́, а свет гори́т. 6. У вас ко́нчились сигаре́ты, а ваш друг идёт в магази́н.

*Model:* — В ко́мнате о́чень хо́лодно, а окно́ откры́то.
         — Закро́й(те), пожа́луйста, окно́!

You may need the following verbs:

включа́ть/включи́ть, выключа́ть/вы́ключить, открыва́ть/откры́ть, закрыва́ть/закры́ть, дава́ть/дать, покупа́ть/купи́ть.

**Assignment 3.** Give your conversation partner permission to do what he would like to.

*Model:* — Я хочу́ поста́вить сюда́ су́мку.
         — Ста́вьте, пожа́луйста.

1. Я хочу́ взять у вас слова́рь. 2. Я хочу́ закры́ть окно́. 3. Я хочу́ положи́ть на э́тот стол кни́ги. 4: Я хочу́ вам зада́ть оди́н

вопро́с. 5. Я хочу́ отве́тить на ваш вопро́с. 6. Я хочу́ позвони́ть по телефо́ну. 7. Я хочу́ сдать журна́л в библиоте́ку. 8. Я хочу́ прие́хать к вам сего́дня ве́чером.

**Assignment 4.** Try to persuade your conversation partner not to do what he is set on doing, explaining why he should not do so.

*Model:* — Я хочу́ купи́ть э́ту кни́гу.
— Не покупа́й(те), она́ неинтере́сная.

1. Я хочу́ откры́ть окно́. 2. Я ду́маю купи́ть сы́ну но́вые часы́. 3. На́до посла́ть сестре́ телегра́мму. 4. Сейча́с я налью́ вам чай. 5. Я хочу́ взять на прогу́лку соба́ку. 6. Я хочу́ пойти́ в кино́ сего́дня ве́чером.

**Assignment 5.** While walking about Moscow, you may come across such posters:

Смотри́те но́вый худо́жественный фильм «Покая́ние».
По́льзуйтесь услу́гами Аэрофло́та!
Храни́те де́ньги в сберега́тельных ка́ссах.
Проводи́те свой о́тпуск на туристи́ческих ба́зах Кры́ма и Кавка́за!

Translate them into English. Note that in these cases imperfective verbs are used. Why is this so?

**Assignment 6.** Listen to the jokes.

1. Ма́льчик впервы́е пошёл в шко́лу. Когда́ он верну́лся домо́й, он с ра́достью на́чал расска́зывать ма́тери о шко́ле.
— А сего́дня учи́тельница всё вре́мя со мной разгова́ривала.
— И о чём же она́ с тобо́й разгова́ривала?
— Она́ всё вре́мя повторя́ла: «Сиди́ ти́хо, ма́льчик».

Answer the questions: Что всё вре́мя повторя́ла учи́тельница? Почему́?

2. Одна́ же́нщина сказа́ла врачу́:
— До́ктор, я хочу́ похуде́ть. Скажи́те, пожа́луйста, каки́е упражне́ния лу́чше выполня́ть?
— Повора́чивайте го́лову спра́ва налево и сле́ва напра́во,— отве́тил врач.
— Когда́?
— Когда́ вас угоща́ют.

Answer the questions: Како́й сове́т дал врач же́нщине? Почему́?

3. — Дай мне, пожа́луйста, твою́ ру́чку,— попроси́ла де́вочка своего́ бра́та.
— Почему́ ты не хо́чешь писа́ть свое́й ру́чкой?
— Потому́ что моя́ ру́чка де́лает мно́го оши́бок.

Answer the question: О чём попроси́ла де́вочка?

4. — Ва́шему му́жу нужны́ о́тдых и тишина́,— сказа́л врач одно́й же́нщине. — Вот успока́ивающее лека́рство. Пе́йте его́ че́рез ка́ждые два часа́.

Answer the questions: Что сказа́л врач же́нщине? Кто бу́дет пить успока́ивающее лека́рство? Почему́?

5. Дире́ктор говори́т секретарю́:

— Бу́дьте добры́, пошли́те ко мне домо́й телегра́мму, что́бы до́чка на мину́ту прекрати́ла разгово́р по телефо́ну. Мне на́до поговори́ть с жено́й.

Answer the questions: О чём попроси́л дире́ктор? Почему́?

**Assignment 7.** (a) Read this story by Leo Tolstoy.
(b) Point out the numbers of the sentences which convey (a) consecutive non-repeated actions; (b) the undesirability of actions.

### Де́вочка и грибы́

Две де́вочки шли домо́й с гриба́ми.

Им на́до бы́ло переходи́ть че́рез желе́зную доро́гу.

Они́ ду́мали, что по́езд далеко́, и пошли́ че́рез ре́льсы.

Вдруг зашуме́л по́езд. Ста́ршая де́вочка побежа́ла наза́д, а мла́дшая перебежа́ла че́рез доро́гу.

Ста́ршая де́вочка закрича́ла сестре́:

(1) — *Не ходи́ наза́д!*

Но по́езд был так бли́зко и так шуме́л, что мла́дшая де́вочка не расслы́шала; она́ поду́мала, что ей веля́т бежа́ть наза́д.

(2) *Она́ побежа́ла наза́д че́рез ре́льсы, споткну́лась, рассы́пала грибы́ и начала́ собира́ть их.*

По́езд уже́ был бли́зко.

Ста́ршая де́вочка крича́ла:

(3) — *Не собира́й грибы́!* — а мла́дшая де́вочка ду́мала, что ей веля́т собира́ть грибы́, и по́лзала по доро́ге.

Машини́ст не смог останови́ть по́езд. Ста́ршая де́вочка крича́ла и пла́кала. Все пассажи́ры смотре́ли из о́кон ваго́на, а конду́ктор побежа́л в коне́ц по́езда, что́бы уви́деть, что сде́лалось с де́вочкой.

(4) *Когда́ по́езд прошёл, все уви́дели*, что де́вочка лежи́т ме́жду ре́льсами. (5) *Пото́м*, когда́ по́езд отъе́хал далеко́, *де́вочка подняла́ го́лову, вскочи́ла на коле́ни, собрала́ грибы́ и побежа́ла к сестре́.*

(c) Tell what happened to the children when the train was very near them. Do not forget to repeat the older girl's words addressed to the younger one.

**Assignment 8.** (a) Read this fable by Leo Tolstoy.

### Оте́ц и сыновья́

Оте́ц прика́зывал сыновья́м:

(1) — *Живи́те в согла́сии!* (2) *Не ссо́рьтесь!*

Они́ не слу́шались. Вот он веле́л принести́ ве́ник и говори́т:

(3) — *Слома́йте!*

Сыновья́ о́чень стара́лись, но не смогли́ слома́ть.

Тогда́ оте́ц развяза́л ве́ник и сказа́л:

(4) — *Лома́йте по одному́ пру́ту!*

Они́ легко́ слома́ли пру́тья поодино́чке.

Оте́ц и говори́т:

— Так и вы, е́сли в согла́сии жить бу́дете, никто́ вас не одоле́ет, а е́сли бу́дете ссо́риться, да все врозь — вас вся́кий легко́ погу́бит.

**(b)** Point out the numbers of the sentences in which the imperative is used to convey (a) the undesirability of an action; (b) repeated actions; (c) an injunction to perform a prolonged action; (d) semelfactive actions.

**(c)** Say what the father advised his sons to do. (Use direct speech.)

**Assignment 9.** Let's have a chat.

1. Что вы говори́те ва́шим друзья́м, е́сли хоти́те пригласи́ть их в го́сти? Что вы говори́те им, когда́ они́ пришли́ к вам? Что вы говори́те им за столо́м, когда́ хоти́те угости́ть их? Что вы говори́те, е́сли хоти́те, что́бы ваш друг (подру́га) сыгра́л(а) на гита́ре, спел(а), показа́л(а) вам свои́ фотогра́фии, ма́рки, колле́кцию репроду́кций?

2. Что вы говори́те дру́гу, когда́ объясня́ете ему́, как дое́хать к вам от це́нтра? Как дойти́ к вам от ближа́йшей ста́нции метро́?

3. Что вы говори́те, е́сли хоти́те позва́ть к телефо́ну ва́шего дру́га? Переда́ть ему́, что́бы он позвони́л вам, когда́ придёт домо́й?

4. Что вы говори́те в магази́не, е́сли хоти́те купи́ть кни́гу (ру́чку, перча́тки, га́лстук, шарф, etc.)? Что вы говори́те в ка́ссе теа́тра и́ли кинотеа́тра, е́сли хоти́те купи́ть биле́т в теа́тр (в кино́)? Что вы говори́те, е́сли хоти́те купи́ть биле́т на самолёт (на по́езд)?

5. Что вы говори́те сы́ну (до́чери, мла́дшему бра́ту), е́сли не хоти́те, что́бы они́ шуме́ли (гро́мко крича́ли, бра́ли ва́ши кни́ги, слу́шали магнитофо́н, кла́ли свои́ ве́щи на ваш стол), когда́ вы занима́етесь? Что вы говори́те сы́ну (до́чери, дру́гу), е́сли не хоти́те, что́бы они́ ходи́ли гуля́ть по́здно ве́чером, смотре́ли плохо́й фильм, ходи́ли в дождь без зонта́?

## CHAPTER V

### § 1

| | |
|---|---|
| The use of imperfective verbs with temporal constructions of the *два часа́* type. | Ученики́ **реша́ли** зада́чу два часа́. |
| The use of perfective verbs with temporal constructions of the *за два часа́* type. | Ученики́ **реши́ли** зада́чу за два часа́. |

## 22.

**(a)** Read the sentences.

Ученики́ *реша́ли* зада́чи два часа́.

Ученики́ *реша́ют* зада́чи уже́ два часа́.

Ученики́ *бу́дут реша́ть* зада́чи два часа́.

Ученики́ *реши́ли* зада́чи за два часа́.

Ученики́ *реша́т* зада́чи за два часа́.

**(b)** The sentences of which column convey the process of an action; and of which column, completed, resultative actions? What are the aspects of the verbs used in the first and second cases?

**(c)** What constructions denoting the time of an action are used with imperfective verbs and what constructions are used with perfective verbs?

**Note.**—With constructions of the *два часá* type, denoting a period of time during which an action proceeds *only imperfective* verbs are used (see the sentences in the left-hand column). The adverbial modifiers of time are nouns or numeral + noun phrases in the accusative without a preposition (полчасá, недéлю, мéсяц, два гóда, etc.). With constructions of the *за два часá* type denoting a period of time in which an action is completed, *perfective* verbs are used (see the sentences in the right-hand column). The adverbial modifiers of time are nouns or numeral + noun phrases in the accusative with the preposition **за** (за полчасá, за недéлю, за мéсяц, за два гóда, etc.).

**Exercise 1.** Answer the questions in the affirmative.

*Model:*   — Вы читáли э́ту кни́гу два дня?
           — Да, я читáл э́ту кни́гу два дня.

*or:*      — Вы прочитáли э́ту кни́гу за два дня?
           — Да, я прочитáл э́ту кни́гу за два дня.

1. Вы писáли пи́сьма час? 2. Вы написáли пи́сьма за час? 3. Вы зáвтракали двáдцать мину́т? 4. Вы позáвтракали за двáдцать мину́т? 5. Вы изучáли ру́сский язы́к нéсколько лет? 6. Вы изучи́ли ру́сский язы́к за нéсколько лет? 7. Вы переводи́ли э́ту статью́ цéлый вéчер? 8. Вы перевели́ э́ту статью́ за вéчер? 9. Писáтель писáл э́тот расскáз пять мéсяцев? 10. Писáтель написáл э́тот расскáз за пять мéсяцев?

**Exercise 2.** Read the sentences, supplying verbs of the required aspect.

1. Мáльчик (учи́л — вы́учил) стихотворéние час. 2. Мáша (убирáла — убралá) кóмнату всё у́тро. 3. Николáй Ивáнович (читáл — прочитáл) газéту полчасá. 4. Брат (готóвился — подготóвился) к доклáду недéлю. 5. Сестрá (мы́ла — вы́мыла) посýду двáдцать мину́т. 6. Врач (осмáтривал — осмотрéл) больнóго полчасá. 7. Машини́стка (бýдет печáтать — напечáтает) статью́ три часá. 8. Учи́тель (проверя́л — провéрил) тетрáди шкóльников полторá часá. 9. Гости́ницу (стрóили — пострóили) год.

**Exercise 3.** Read the sentences, supplying verbs of the required aspect.

1. Мать (готóвила — приготóвила) зáвтрак за полчасá. 2. Отéц (мыл — вы́мыл) маши́ну за сóрок минýт. 3. Шкóльники (бýдут осмáтривать — осмóтрят) музéй за два часá. 4. Дéти (поливáли — поли́ли) цветы́ в садý за час. 5. Мы (éли — поéли) за двáдцать мину́т. 6. Серёжа (решáл — реши́л) задáчу за чéтверть чáса. 7. Мне (ремонти́ровали — отремонти́ровали) маши́ну за три дня. 8. Дéти (дéлали — сдéлали) урóки за час. 9. Студéнт (пере-

води́л — перевёл) статью́ за 25 мину́т. 10. Друзья́ (игра́ли — сыгра́ли) па́ртию в ша́хматы за два часа́.

**Exercise 4.** Read the sentences, supplying the appropriate adverbials.

1. Рабо́чие постро́ят шко́лу (всё ле́то — за ле́то). 2. Врач осмотре́л больно́го (полчаса́ — за полчаса́). 3. Мой това́рищ изучи́л ру́сский язы́к (два го́да — за два го́да). 4. Тури́сты бу́дут осма́тривать го́род (полдня́ — за полдня́). 5. На́ша гру́ппа сдала́ экза́мен (за три часа́ — три часа́). 6. Рабо́чие постро́или э́тот стадио́н (год — за год). 7. Тури́сты осмо́трят достопримеча́тельности го́рода (три часа́ — за три часа́). 8. На́ша гру́ппа сдава́ла экза́мен по геогра́фии (три часа́ — за три часа́). 9. Он изуча́л ру́сский язы́к (два го́да — за два го́да). 10. Она́ выбира́ла себе́ ту́фли в магази́не (це́лый час — за час). 11. Я дое́хал на такси́ до университе́та (де́сять мину́т — за де́сять мину́т). 12. Она́ выбира́ла пода́рки де́тям (це́лый час — за час). 13. Вы дое́дете на такси́ до це́нтра (два́дцать мину́т — за два́дцать мину́т).

**Exercise 5.** Read the sentences, supplying verbs of the required aspect.

1. Профе́ссор (чита́л — прочита́л) ле́кцию за полтора́ часа́. 2. Этот рома́н я (чита́л — прочита́л) две неде́ли. 3. Сын (выбира́л — вы́брал) пода́рок ма́тери це́лый день. 4. Оле́г (выбира́л — вы́брал) ну́жную ему́ кни́гу в библиоте́ке за пять мину́т. 5. Де́ти (собира́ли — собра́ли) по́лную корзи́ну грибо́в за два часа́. 6. Вчера́ мы всё у́тро (собира́ли — собра́ли) грибы́. 7. Ма́ма (гото́вила — пригото́вила) за́втрак че́тверть ча́са. 8. Брат (гото́вил — пригото́вил) уро́ки за полчаса́. 9. Теа́тр (стро́или — постро́или) два го́да.

**Exercise 6.** Answer the questions according to the model.

*Model:* — Ско́лько вре́мени вам (ему́...) ну́жно бы́ло, что́бы написа́ть э́то письмо́?
— Я (он...) написа́л его́ за час (за пятна́дцать мину́т).

1. Ско́лько вре́мени вам ну́жно бы́ло, что́бы дое́хать до це́нтра? 2. Ско́лько вре́мени ей ну́жно бы́ло, что́бы перевести́ э́ту статью́? 3. Ско́лько вре́мени ну́жно бы́ло учи́телю, что́бы прове́рить тетра́ди ученико́в? 4. Ско́лько вре́мени ну́жно бы́ло ва́шему сы́ну, что́бы сде́лать дома́шнее зада́ние? 5. Ско́лько вре́мени вам ну́жно бы́ло, что́бы свари́ть ко́фе? 6. Ско́лько вре́мени вам ну́жно бы́ло, что́бы вы́мыть маши́ну? 7. Ско́лько вре́мени ну́жно бы́ло ва́шей жене́, что́бы пригото́вить обе́д? 8. Ско́лько вре́мени ну́жно бы́ло ва́шей сестре́, что́бы дое́хать до университе́та?

**Exercise 7.** Answer the questions according to the model.

*Model:* — Ско́лько вре́мени ей (ему́...) (бу́дет) ну́жно, что́бы написа́ть э́то письмо́?
— Она́ (он...) бу́дет писа́ть его́ час.

1. Ско́лько вре́мени вам ну́жно, что́бы подгото́виться к докла́ду? 2. Ско́лько вре́мени вам ну́жно, что́бы вы́писать но́вые слова́

из те́кста? 3. Ско́лько вре́мени вам ну́жно, что́бы показа́ть друзья́м свой го́род? 4. Ско́лько вре́мени ну́жно ва́шему бра́ту, что́бы начерти́ть э́тот чертёж? 5. Ско́лько вре́мени ну́жно ва́шей до́чери, что́бы реши́ть э́ту зада́чу? 6. Ско́лько вре́мени ну́жно ва́шей сестре́, что́бы написа́ть дипло́мную рабо́ту? 7. Ско́лько вре́мени ну́жно учи́телю, что́бы объясни́ть ученика́м но́вое пра́вило?

**Exercise 8.** Answer the questions according to the model.

*Model:* — Ско́лько вре́мени вы де́лали э́ту рабо́ту? Два часа́?
— Да, я де́лал её два часа́, но мо́жно бы́ло её сде́лать и за час (полчаса́...).

1. Ско́лько вре́мени она́ гото́вила обе́д? Три часа́? 2. Ско́лько вре́мени дочь учи́ла но́вые слова́? Полчаса́? 3. Ско́лько вре́мени сын выполня́л дома́шнее зада́ние? Три часа́? 4. Ско́лько вре́мени вы гото́вились к докла́ду? Два ме́сяца? 5. Ско́лько вре́мени ваш брат писа́л дипло́мную рабо́ту? Полго́да? 6. Ско́лько вре́мени вы переводи́ли статью́? Це́лый ме́сяц? 7. Ско́лько вре́мени брат мыл маши́ну? Час? 8. Ско́лько вре́мени вы чита́ли э́тот рома́н? Две неде́ли?

## § 2

| | |
|---|---|
| The use of perfective verbs with the prefixes **по-** and **про-** to convey actions of limited duration. | Я ещё немно́го **позанима́юсь,** а пото́м бу́ду отдыха́ть.<br>Он **про́жил** всю свою́ жизнь в Москве́. |

## 23.

**(a)** Read the sentences.

1. Мы *бу́дем занима́ться* за́втра весь день, потому́ что ско́ро у нас бу́дет экза́мен.

1. Мы ещё немно́го *позанима́емся*, а пото́м бу́дем отдыха́ть.

2. Пого́да была́ плоха́я, и де́ти *гуля́ли* то́лько пятна́дцать мину́т.

2. Пого́да была́ плоха́я, де́ти *погуля́ли* пятна́дцать мину́т и верну́лись домо́й.

3. Ле́том он *жил* в дере́вне.

3. Всю жизнь его́ оте́ц *про́жил* в дере́вне.

4. Я ду́маю, что я *бу́ду* на вы́ставке недо́лго.

4. Я ду́маю, что (я) *пробу́ду* на вы́ставке до ве́чера.

**(b)** What is the aspect of the verbs used to convey the process of an action in the sentences in the left-hand column?

**(c)** What is the aspect of the verbs used to convey actions of limited duration in the sentences in the right-hand column? Point out the prefixes in these verbs.

**Note.**—Occasionally perfective verbs may convey actions of limited duration. In the preceding examples they are perfective verbs with the prefixes **по-** and **про-**. Both these prefixes add to perfective verbs the meaning of an action of limited duration, the prefixes **по-** and **про-** expressing different degrees of this duration.

The prefix **по-** connotes *briefness of an action*, i. e. it shows that the action lasted only a short time; therefore verbs with this prefix are often accompanied by the words *немно́го* and *недо́лго* (see sentences 1 and 2).

Verbs with the prefix **про-** convey *a prolonged action*, the period during which the action proceeded and in which it was completed being invariably indicated when such verbs are used (see sentences 3 and 4). Quite frequently these verbs are accompanied by adverbials incorporating the word *весь* or the preposition *до* (Я проживу́ здесь *весь* сентя́брь. Я проживу́ здесь *до зимы́*, etc.). Thus, one can say Я пойду́ погуля́ю or Я пойду́ погуля́ю немно́го, but only: Ма́льчик прогуля́л весь день и не успе́л вы́учить уро́ки.

There are not so many verbs with the prefixes **по-** and **про-** having the preceding meaning. Here are some of these verbs: **погуля́ть**, **прогуля́ть**, **прожда́ть**, **полежа́ть**, **пролежа́ть**, **посиде́ть**, **просиде́ть**, **постоя́ть**, **простоя́ть**, **поговори́ть**, **проговори́ть**, **побы́ть**, **пробы́ть**, **пожи́ть**, **прожи́ть**, **поспа́ть**, **проспа́ть**, and the verbs of motion of Group II **походи́ть**, **проходи́ть**, **побе́гать**, **пробе́гать**, etc.

**Exercise 1.** Read the sentences, supplying verbs of the required aspect.

1. По́сле обе́да ма́льчик немно́го (гуля́л — погуля́л), а пото́м сел де́лать уро́ки. 2. Пе́ред сном (я чита́л — почита́л) немно́го, а пото́м лёг спать. 3. Подру́ги (говори́ли — поговори́ли) о де́тях, об их воспита́нии и приня́лись за свои́ дела́. 4. Я вчера́ был в библиоте́ке. Но у меня́ заболе́ла голова́, я (рабо́тал — порабо́тал) немно́го и ушёл домо́й. 5. Что я де́лал вчера́? Немно́го (рабо́тал — порабо́тал) над перево́дом и на́чал гото́виться к семина́ру. 6. Ве́чером я (слу́шал — послу́шал) немно́го ра́дио и лёг спать: я о́чень уста́л за́ день. 7. Боле́знь ва́ша несерьёзная: (бу́дете лежа́ть — полежи́те) не́сколько дней, и всё пройдёт. 8. Вы непло́хо зна́ете програ́мму. Но я сове́тую вам ещё немно́го (реша́ть — пореша́ть) зада́чи пе́ред экза́меном. 9. Зада́ча нетру́дная: (ду́май — поду́май) немно́го, и ты реши́шь её без труда́.

**Exercise 2.** Read the sentences, supplying verbs of the required aspect.

1. Де́ти (гуля́ли — погуля́ли) в лесу́ и гро́мко крича́ли. 2. Я (чита́л — прочита́л) газе́ту и слу́шал ра́дио. 3. Мужчи́ны (говори́ли — поговори́ли) о после́днем футбо́льном ма́тче и разошли́сь. 4. Ни́на (смотре́ла — посмотре́ла) телеви́зор и вяза́ла. 5. Опозда́вший ма́льчик (стоя́л — постоя́л) немно́го у две́ри кла́сса и ушёл. 6. Опозда́вший ма́льчик (стоя́л — постоя́л) у две́ри кла́сса и ждал звонка́. 7. Ты не хо́чешь по́сле обе́да немно́го (игра́ть — поигра́ть) в футбо́л? 8. Они́ (говори́ли — поговори́ли) о футбо́ле так гро́мко, что меша́ли мне занима́ться. 9. Я ве́чером (чита́л — почита́л) газе́ту и лёг спать.

**Exercise 3.** Read the sentences, supplying verbs with the required prefix.

1. Я так увлёкся подготовкой к докладу, что (посидел — просидел) в библиотеке до её закрытия. 2. Ребёнок сильно простудился и (поболел — проболел) всю весну. 3. Осень в этом году прекрасная: солнечные дни (постояли — простояли) весь октябрь. 4. Друзья (поговорили — проговорили) о работе, о семьях и продолжали прерванную работу. 5. Дети увлеклись и (поиграли — проиграли) в футбол до вечера. 6. Ленивому ученику хочется хотя бы немного (поболеть — проболеть), чтобы не ходить в школу. 7. Друзья так увлеклись воспоминаниями, что (поговорили — проговорили) до глубокой ночи. 8. Лето в этом году плохое: тёплая погода (постояла — простояла) всего две недели. Остальное время шли дожди и было холодно. 9. Я вчера пошёл в библиотеку, но у меня болела голова, я немного (посидел — просидел) и ушёл домой.

**Exercise 4.** Read the sentences, supplying the words до самого вечера, весь день, всё утро, немного, два месяца, всю жизнь.

1. Мать разрешила детям перед сном ... посмотреть телевизор. 2. Дети увлеклись и проиграли в футбол... . 3. Я люблю в свободное время поиграть ... в теннис. 4. Болезнь брата была очень серьёзной, и он проболел ... . 5. Мой дед крестьянин прожил ... в деревне и не хотел переезжать в город. 6. Во время отпуска я поживу ... у брата в Киеве, а потом поеду к морю. 7. «Побегали ..., и хватит. Пора браться за уроки»,— сказала мать. 8. Мы прождали ... товарища, который хотел с нами поехать в центр, но он так и не пришёл; мы уехали без него. 9. Девочка поплакала ... и снова стала играть с подругами. 10. Он прождал Лену ...: она как всегда опоздала на свидание. 11. Мать долго не приходила, и девочка проплакала ... .

**Exercise 5.** Read the sentences and translate them into English. Pay attention to the translation of the italicised verbs.

1. Ребёнок испугался и *заплакал.* 2. Ребёнок *поплакал* немного и успокоился. 3. Он *плакал* до тех пор, пока не пришла мать. 4. Он *проплакал* почти всё утро: ему было скучно одному. 5. В докладе было много спорных вопросов, и все сразу *заговорили,* как только докладчик кончил его. 6. Пойдём отдохнём, покурим, *поговорим.* 7. Мы вспоминали юность, *говорили* о студенческих годах, о друзьях. Это нас так увлекло, что мы *проговорили* до позднего вечера. 8. Этот учёный начал *работать* в университете сразу после его окончания. Сначала он *поработал* немного на кафедре органической химии, а потом тридцать лет *проработал* на кафедре химического анализа. 9. Брат *заболел,* но не очень серьёзно. Он *проболел* всю неделю. 10. Ленивому ученику очень хочется *поболеть,* чтобы не ходить в школу. 11. Наша семья *живёт* в Москве. Здесь всю жизнь *прожили* мои родители. 12. «*Поживите* немного в деревне,— посоветовал врач больному,— вам необходим свежий воздух». 13. От волнения он вскочил и *заходил* по комнате. Он

*походил* немного и успокоился. 14. Фильм был смешным, и дети весело *смеялись*. 15. Увидев на экране клоуна, дети *засмеялись*. 16. Приходи сегодня в клуб. Потанцуем, поговорим, *посмеёмся*.

## § 3

| | |
|---|---|
| The use of imperfective verbs to convey a cancelled result. | Окно закрыто, но в комнате холодно. Вероятно, кто-то **открывал** окно. |
| The use of perfective verbs to convey the relevance of the result at the moment of speaking. | Окно открыто. Кто **открыл** его? |

## 24.

(a) Read the sentences and their English translations.

1. В комнате холодно, потому что окно открыто. Кто *открыл* окно?
It is cold in the room because the window is open. Who opened the window?

2. Здравствуйте! Вот я и *пришёл!*

Hello! Here I am!

1. Окно закрыто, а в комнате холодно. Кто *открывал* окно?
The window is closed, but it is cold in the room. Who opened the window?

2. В комнате никого нет, а на столе — цветы. Кто же *приходил* сюда без меня?
The room is empty, but there are flowers on the table. Whoever could have been here while I was out?

**Note.**—There is a group of *imperfective* Russian verbs whose *past tense* may convey *cancellation of the result of an action* performed in the past and its replacement before the moment of speaking by the opposite action.

Read the first sentence on the right. The window is now closed, but it is cold in the room, so the window was opened, i. e. it was first opened and then closed (the result of the action had been cancelled before the moment of speaking). Read the second sentence on the right. The room is empty, but the flowers on the table bear witness to the fact that there was somebody in the room, i. e. somebody came and then left (the result of the action of the verb прийти had been cancelled by the moment of speaking).

This group of verbs includes открывать, закрывать, выключать, включать, брать, класть, давать, надевать, снимать, подниматься, спускаться, ложиться, садиться, ставить, оставлять, просыпаться and a number of others, and also the verbs

65

of motion приезжа́ть, приходи́ть, уезжа́ть, уходи́ть, прилета́ть, приноси́ть, привози́ть, etc.

All these verbs permit *the idea of the return to the initial position.*

Я *дава́л* э́тот уче́бник Са́ше (now the textbook is once more with me, the result of the action дать 'to lend' having been cancelled).

The verbs of this group have antonyms which convey the idea of the cancellation of the result (открыва́ть ≠ закрыва́ть, приходи́ть ≠ уходи́ть, дава́ть ≠ брать, etc.); therefore these verbs combine two actions, as it were: Он *открыва́л* окно́ = 1. Он *откры́л* окно́ + 2. Он закры́л окно́, as a result the window is closed, i. e. it returned to the initial position. Он *приходи́л* = 1. Он *пришёл* + 2. Он *ушёл*, and, as a result, he is not here.

The corresponding perfective verbs, on the contrary, convey the preservation of the result of the action at the moment of speaking (see the sentences on the left).

Кто́-то *откры́л* окно́. — At the moment of speaking the window is open.

Я *дал* уче́бник Са́ше. — At the moment of speaking the textbook is with Sasha.

**Exercise 1.** Read the sentences, translate them into English and compare your translations with those given below.

1. Он открыва́л окно́, чтобы прове́трить ко́мнату. (Now the window is closed.)
   Он откры́л окно́, прове́трил ко́мнату и закры́л его́.

1. He opened the window to air the room.

   He opened the window, aired the room and closed it.

2. Она́ надева́ла пальто́, чтобы приме́рить его́. (The coat is not on her now; she has given it back to the shop-assistant.)
   Она́ наде́ла пальто́, чтобы приме́рить, а пото́м сняла́ его́.

2. She tried on the coat.

   She tried on the coat and then took it off.

3. Я брал но́вый рома́н в библиоте́ке. (I don't have it now.)
   Я взял рома́н в библиоте́ке, а пото́м верну́л его́.

3. I borrowed the new novel from the library.
   I borrowed the novel from the library and then returned it.

4. Мой друг дава́л мне чита́ть э́ту кни́гу. (Now it is with my friend.)
   Мой друг дал мне кни́гу, а пото́м взял.

4. My friend lent me this book to read.

   My friend lent me the book and then took it back.

5. Я включа́л телеви́зор, чтобы посмотре́ть фильм. (The TV is off now.)

5. I switched on the TV to see a film.

Я включи́л телеви́зор, а пото́м вы́ключил его́.

I switched on the TV and then I switched it off.

6. Почтальо́н приноси́л вам заказно́е письмо́. Но вас не́ было. (The letter is at the post-office now.)

Почтальо́н принёс вам заказно́е письмо́.

6. The postman brought you a registered letter, but you were out.

The postman has brought you a registered letter.

7. Ребёнок просыпа́лся, но сейча́с он опя́ть спит.

Ребёнок просну́лся и опя́ть засну́л.

7. The child woke up, but now it is asleep again.
The child woke up and fell asleep again.

**Exercise 2.** Read the sentences, supplying verbs of the required aspect.

1. Я чита́л э́ту кни́гу, но у меня́ её сейча́с нет: я (брал — взял) её у дру́га. 2. У меня́ есть э́та кни́га. Но сейча́с я не могу́ её вам дать, потому́ что её (брал — взял) мой друг. 3. Врач сказа́л, что тебе́ ну́жно лежа́ть. Почему́ ты стои́шь у откры́того окна́? Почему́ ты (встава́л — встал)? 4. Я ви́жу, что ты сам взял по́чту из почто́вого я́щика. Заче́м ты (встава́л — встал)? Ведь врач сказа́л, что тебе́ на́до лежа́ть. 5. Почему́ ты (надева́л — наде́л) но́вый костю́м? Ра́зве сего́дня пра́здник? 6. Твой костю́м виси́т не на ме́сте. Ты его́ (надева́л — наде́л)? 7. Мать вы́шла ненадо́лго и́з дому и (оставля́ла — оста́вила) ма́льчика у сосе́дки. 8. Ма́льчика не́ было не́которое вре́мя до́ма: мать (оставля́ла — оста́вила) его́ у сосе́дки. 9. Подойдя́ к дверя́м, я услы́шал му́зыку: э́то мой сын (включа́л — включи́л) ра́дио. 10. Почему́ утю́г горя́чий? Кто его́ (включа́л — включи́л)? 11. На стене́ нет карти́ны, кото́рая всегда́ здесь висе́ла. Кто её (снима́л — снял)? 12. Карти́на виси́т не на том ме́сте, что ра́ньше. Вы не зна́ете, заче́м её (снима́ли — сня́ли)?

**Exercise 3.** Change the sentences, replacing two verbs by one.

*Model:* Он взял э́ту кни́гу в библиоте́ке, а пото́м верну́л её.—
Он брал э́ту кни́гу в библиоте́ке.

1. Брат дал мне но́вые пласти́нки на вре́мя, а пото́м взял. 2. Я взял но́вые пласти́нки у бра́та, а пото́м верну́л ему́ их. 3. Во вре́мя переры́ва мы включи́ли ра́дио, а пото́м вы́ключили его́. 4. Во вре́мя дождя́ мы закры́ли о́кна, а пото́м откры́ли их. 5. Во вре́мя дождя́ он наде́л плащ, а пото́м снял его́. 6. Когда́ де́ти бе́гали по бе́регу мо́ря, они́ сня́ли ту́фли, а пото́м сно́ва наде́ли их. 7. На вре́мя о́тпуска мы оста́вили соба́ку у друзе́й, а пото́м взя́ли её наза́д.

**Exercise 4.** Answer the questions, using the required verbs.

*Model:* — Я не нашёл свой слова́рь на ме́сте. Почему́?
— Потому́ что кто́-то взял его́.

(а) брать — взять

1. Мои́ кни́ги лежа́т не так, как я их сложи́л. Почему́? 2. Я не могу́ найти́ сего́дняшнюю газе́ту. Почему́? 3. Я не могу́ найти́ свои́ кра́ски. Почему́?

(b) запира́ть — запере́ть

1. В ко́мнате ду́шно, и балко́н закры́т. Почему́? 2. Я не могу́ откры́ть дверь. Почему́? 3. Сейча́с дверь откры́та, но пе́ред э́тим я не мог её откры́ть. Почему́?

(c) оставля́ть — оста́вить

1. Мой портфе́ль не до́ма, а на рабо́те. Почему́? 2. Во вре́мя о́тпуска ключ от кварти́ры был у сосе́дки. Почему́? 3. Во вре́мя о́тпуска мои́ де́ти бы́ли у мое́й ма́тери. Почему́? 4. Моя́ ма́ленькая дочь сейча́с у мое́й ма́тери. Почему́?

## Revision V

**Assignment 1.** Say that it took (will take) you less (or more) time to do something than your conversation partner supposes.

*Model:* — Вы чита́ли статью́ два часа́?
— Нет, я прочита́л её за час.

1. Вы бу́дете выполня́ть ва́шу рабо́ту две неде́ли? 2. Вы бу́дете писа́ть рефера́т три ме́сяца? 3. Вы просма́тривали газе́ту час? 4. Вы учи́лись води́ть маши́ну полго́да? 5. Вы бу́дете гото́виться к ле́кции весь ве́чер? 6. Вы е́хали до це́нтра полчаса́? 7. Вы осма́тривали вы́ставку три часа́? 8. Вы собира́ли ва́шу колле́кцию ма́рок мно́го лет? 9. Вы бу́дете переводи́ть э́тот расска́з ме́сяц?

**Assignment 2.** Answer your conversation partner's questions. For this you may need the following verbs: погуля́ть, порабо́тать, позанима́ться, поговори́ть, посиде́ть, почита́ть.

*Model:* — Серёжа, ты давно́ у́чишь э́ти стихи́. Когда́ же ты прочита́ешь их нам?
— Вот ещё немно́го поучу́ и тогда́ прочита́ю.

1. Ми́ша, ты уже́ давно́ гуля́ешь. Когда́ же ты пойдёшь домо́й? 2. Вы уже́ давно́ рабо́таете. Когда́ же вы бу́дете отдыха́ть? 3. Ребя́та, вы уже́ давно́ занима́етесь. Когда́ же вы пойдёте смотре́ть телеви́зор? 4. Та́ня, ты о́чень до́лго говори́шь по телефо́ну. Когда́ же ты ко́нчишь? Я то́же должна́ позвони́ть. 5. Вы уже́ давно́ сиди́те здесь. Когда́ же вы пойдёте домо́й? 6. Ми́ша, ты о́чень до́лго чита́ешь газе́ты. Когда́ же ты бу́дешь за́втракать?

**Assignment 3.** Answer your conversation partner's questions. For this you may need the following verbs: попе́ть, потанцева́ть, поигра́ть (в ша́хматы), посиде́ть, подыша́ть (све́жим во́здухом), попла́вать, погуля́ть, почита́ть (после́дние газе́ты и журна́лы), послу́шать (хоро́шую му́зыку).

*Model:* — Почему́ вы лю́бите быва́ть у ва́шего дру́га?
— Я люблю́ у него́ быва́ть, потому́ что с ним мо́жно поговори́ть о свои́х дела́х.

1. Почему́ вы лю́бите ходи́ть в э́тот клуб? 2. Почему́ вы лю́бите быва́ть в гостя́х у Казако́вых? 3. Почему́ вы лю́бите гуля́ть в э́том па́рке? 4. Почему́ вы лю́бите гуля́ть в лесу́? 5. Почему́ вы лю́бите э́ту библиоте́ку? 6. Почему́ вы лю́бите ходи́ть в консервато́рию?

**Assignment 4.** Answer your conversation partner's questions.

*Model:* — Вы до́лго жда́ли ва́шего дру́га?
— Я прожда́л его́ це́лый (то́лько) час.

1. Де́вушки до́лго говори́ли по телефо́ну? 2. Вы до́лго бы́ли вчера́ у друзе́й? 3. Вы до́лго жи́ли в э́том го́роде? 4. Вы до́лго гуля́ли в лесу́? 5. Ваш друг до́лго рабо́тал в э́том го́роде? 6. Они́ до́лго ходи́ли по магази́нам? 7. Вы до́лго занима́лись в библиоте́ке?

**Assignment 5.** Answer the questions, choosing the correct answer from the two given on the right.

*Model:* Почему́ э́ти ту́фли гря́зные? — 1b
- (a) Их кто́-то надева́л.
- (b) Это я их наде́ла.

1. Почему́ не рабо́тает телеви́зор?
- (a) Его́ кто́-то выключа́л.
- (b) Его́ вы́ключил Ви́ктор.

2. Где мой слова́рь? Его́ нет на столе́.
- (a) Я взял его́. Он был мне ну́жен.
- (b) Его́ кто́-то брал.

3. Вы бы́ли на телеба́шне? Вы ви́дели отту́да наш го́род?
- (a) Да, мы поднима́лись туда́.
- (b) Да, мы подняли́сь туда́.

4. Отку́да в ва́зе таки́е краси́вые цветы́?
- (a) Серге́й поста́вил э́ти цветы́ в ва́зу.
- (b) Серге́й ста́вил э́ти цветы́ в ва́зу.

5. Где ты прочита́л э́ту статью́? У тебя́ нет э́того журна́ла?
- (a) Нет, мне дава́л его́ Оле́г.
- (b) Нет, мне дал его́ Оле́г.

6. Где ва́ша сестра́?
- (a) Она́ ушла́ к подру́ге.
- (b) Она́ уходи́ла к подру́ге.

7. Где вы бы́ли? Я жду вас уже́ пятна́дцать мину́т.
- (a) Я отнёс кни́ги в библиоте́ку.
- (b) Я относи́л кни́ги в библиоте́ку.

**Assignment 6.** Read the jokes and translate the italicised sentences into English.

### Диало́г

— Могу́ вам сказа́ть, что с ва́шей боле́знью (1) *вы проживёте до 80 лет.*

— До́ктор, ра́зве моё здоро́вье уху́дшилось? (2) *В про́шлом году́ вы мне говори́ли, что я проживу́ до ста лет.*

### Поучи́тельная исто́рия

— Вам понра́вился э́тот пейза́ж? — спроси́л он, когда́ подошёл к карти́не, кото́рая меня́ заинтересова́ла.

— Типи́чный Дон-Жуа́н! Не отвеча́й ему́,— шепну́ла мне подру́га и отверну́лась.

«Пожа́луй, она́ права́»,— поду́мала я и то́же отверну́лась.

— Вы лю́бите жи́вопись? — обрати́лся он ко мне опя́ть.

— Мо́жно бы́ло бы приду́мать бо́лее оригина́льный предло́г для знако́мства! — отве́тила за меня́ подру́га. (3) *Мы походи́ли ещё немно́го по вы́ставке и пошли́ домо́й.*

— Вы́брось его́ из головы́! Он тебе́ не подхо́дит,— сказа́ла она́, когда́ мы шли домо́й.

Я согласи́лась с ней и «вы́бросила» его́ из головы́. Вспо́мнила я о нём то́лько весно́й, когда́ встре́тила его́ с мое́й подру́гой в кино́.

— Как э́то понима́ть? — удиви́лась я.

— А что тебя́ удивля́ет? — пожа́ла она́ плеча́ми. — Тебе́ же он не понра́вился.

**Assignment 7. (a)** Read the text.

Зна́ете ли вы, что от ру́сского го́рода Оренбу́рга, кото́рый лежи́т на грани́це Евро́пы и А́зии, до Карпа́т протяну́лся газопрово́д «Сою́з» длино́й в 2750 киломе́тров. Одно́ из крупне́йших в ми́ре сооруже́ний тако́го ро́да постро́или социалисти́ческие стра́ны, чле́ны Сове́та Экономи́ческой Взаимопо́мощи.

Дава́йте предста́вим, что э́то тако́е.

Е́сли челове́к спеши́т, то он прохо́дит пять-шесть киломе́тров в час. Ско́лько ему́ ну́жно дней, что́бы пройти́ 2750 киломе́тров? 15 ты́сяч строи́телей газопрово́да «Сою́з» прошли́ э́ти киломе́тры за три го́да. Они́ проходи́ли 7—8 киломе́тров в су́тки. Ма́ло? Нет, о́чень мно́го. Они́ ведь не про́сто шли — они́ стро́или. И при э́том они́ преодоле́ли 168 во́дных прегра́д (среди́ них таки́е ре́ки, как Во́лга, Дон, Днепр), 160 киломе́тров боло́т, они́ пересекли́ 17 железнодоро́жных и 262 автомоби́льные доро́ги, прошли́ 110 киломе́тров в гора́х.

**(b)** Answer the questions.

1. Ско́лько вре́мени стро́или газопрово́д «Сою́з»? За ско́лько вре́мени его́ постро́или? 2. Ско́лько киломе́тров проходи́ли строи́тели в су́тки? За ско́лько вре́мени они́ прошли́ 2750 киломе́тров? 3. Ско́лько во́дных прегра́д (рек), боло́т, железнодоро́жных и автомоби́льных доро́г преодоле́ли строи́тели на своём пути́?

**Assignment 8. (a)** Read these extracts from the Soviet press.

### Се́меро на верши́не плане́ты

(1) *3 ма́я 1979 го́да поля́рная лы́жная экспеди́ция в соста́ве семи́ москвиче́й преодоле́ла за 76 дней 1500 киломе́тров ледяны́х аркти́ческих пусты́нь* и вы́шла к то́чке географи́ческого Се́верного по́люса Земли́.

Свой путь по льда́м Се́верного Ледови́того океа́на экспеди́ция, кото́рую организова́ла «Комсомо́льская пра́вда», начала́ 16 ма́рта с о́строва Генрие́тты, располо́женного о́коло побере́жья Яку́тии.

(2) *Се́меро парне́й в костю́мах,* похо́жих на костю́мы космона́втов, *наде́ли лы́жи, взя́ли тяжёлые рюкзаки́, бро́сили после́дний взгляд на зе́млю,* кото́рую не ско́ро уви́дят, *проща́льно взмахну́ли рука́ми.*

Семеро идут к полюсу... А зачём? Вопрос такой же старый, как и вся история человечества. (3) *Всегда кто-то шёл по непроторённым тропам, обрекал себя на лишения и даже на гибель, а кто-то сидел в тепле и спрашивал: «Зачём?»*

Тех, кто спрашивал, никто не помнит. Тех, кто шёл, история знает. Колумб, Магеллан, Гагарин, Армстронг — имена из самого первого ряда.

Так вот, группа энтузиастов поставила перед собой цель: доказать, что человек на лыжах, с рюкзаком за спиной может чувствовать себя и в Арктике уверенно, путешествовать по ней в любом направлении.

И они не просто шли. (4) *Они выполняли научные исследования, проводили тесты на психологическую совместимость.*

Вся группа — москвичи. Руководил на маршруте Дмитрий Шпаро. Он математик, преподаёт в институте. Штурман экспедиции — Юрий Хмелевский — тоже математик. Ответственный за снаряжение — Владимир Леденёв, работает инженером в пищевой промышленности. Вадим Давыдов — врач. Радист — Анатолий Мельников, по специальности радиоинженер. Второй штурман — Владимир Рахманов — инженер-строитель, проектирует гидроэлектростанции. Второй радист — Василий Шишкарёв.

Свои арктические походы они совершают во время отпусков. У них немало спортивных достижений. (5) *Три года назад лыжники «навестили» полярную станцию «Северный полюс-23».* (6) *Тогда они прошли на лыжах по льдам 300 километров.*

Как проходила экспедиция?

Вот какие сообщения присылали с маршрута лыжники в редакцию газеты «Комсомольская правда».

«Самым трудным был первый день пути. (7) *Весь день шла непрерывная борьба с движущимся льдом.* (8) *За первый день прошли только 500 метров.*

Вот режим дня, который мы обязательно выполняем. В 4.30 — подъём дежурного; в 5.30 — завтрак; в 7.30 — выход на маршрут; в 12.20 — обед (ставим палатку, готовим горячий обед, и (9) *спим 30 минут;* с 15.00 до 20.00 ещё пять переходов — (10) *50 минут идём, 10 — отдыхаем;* в 21.30 — ужин, радиосвязь. В среднем проходим 20 километров в сутки.

21 марта. Ночью мороз. Температура — минус 37 градусов Цельсия.

5 апреля. Проходим 24 километра в день.

22 апреля. Сильно устаём, но идём быстро.

27 мая. Показалось солнце. Определяем координаты.

31 мая. (11) *После 22-часового марша экспедиция вышла к точке географического Северного полюса Земли».*

(12) *Когда на полюс прилетели журналисты, они увидели уставших, но жизнерадостных людей.* (13) *Они даже поиграли на вершине Земли в футбол!*

Известный норвежский путешественник Тур Хейердал сказал:

— Пройти на лыжах свыше полутора тысяч километров могли

то́лько отли́чно подгото́вленные, спа́янные кре́пкой дру́жбой и о́бщей це́лью лю́ди.

**(b)** Point out the numbers of the sentences which speak of (a) consecutive non-repeated actions; (b) repeated and parallel actions; (c) resultative actions; (d) actions lasting a definite period of time; (e) resultative actions completed over a definite period of time; (f) actions of limited duration.

**(c)** Translate the italicised sentences.

**Assignment 9.** Fill in the blanks in the following text, supplying the missing verbs (you have come across them in Assingment 8).

31 ма́я 1979 го́да поля́рная экспеди́ция в соста́ве семи́ москвиче́й ... за 76 дней 1500 киломе́тров ледяны́х аркти́ческих пусты́нь и ... к то́чке географи́ческого Се́верного по́люса Земли́. Они́ не про́сто ... . Они́ ... нау́чные иссле́дования. Пе́ред экспеди́цией они́ мно́го трениро́вались. Три го́да наза́д они́ ... поля́рную ста́нцию «Се́верный по́люс-23». Тогда́ они́ ... на лы́жах по льдам 300 киломе́тров. Са́мым тру́дным был пе́рвый день пути́. Весь день ... непреры́вная борьба́ со льдом. За пе́рвый день они́ ... то́лько 500 ме́тров. Пото́м они́ ... 24 киломе́тра в день. 31 ма́я они́ ... к то́чке географи́ческого по́люса Земли́. Они́ о́чень уста́ли, но бы́ли сча́стливы. Они́ да́же ... на верши́не Земли́ в футбо́л!

Э́то бы́ли «отли́чно подгото́вленные, спа́янные кре́пкой дру́жбой и о́бщей це́лью лю́ди», как ... о них Тур Хе́йердал.

**Assignment 10.** What interesting things have you learned from the preceding article?

# CHAPTER VI

## § 1

Verb aspect in participles.
The use of imperfective and perfective participles.

## 25.

**(a)** Read the sentences.

1. Космона́вты, *кото́рые соверша́ют* полёты в ко́смос, прово́дят большу́ю нау́чную рабо́ту.

1. Космона́вты, *соверша́ющие* полёты в ко́смос, прово́дят большу́ю нау́чную рабо́ту.

2. Полёты, *кото́рые соверша́ют* космона́вты, име́ют большо́е значе́ние для нау́ки.

2. Полёты, *соверша́емые* космона́втами, име́ют большо́е значе́ние для нау́ки.

3. Космона́вт, *кото́рый сде́лал* докла́д на конфере́нции, отве́тил на вопро́сы журнали́стов.

3. Космона́вт, *сде́лавший* докла́д на конфере́нции, отве́тил на вопро́сы журнали́стов.

4. Докла́д, *кото́рый сде́лал* на конфере́нции космона́вт, вы́звал большо́й интере́с у аудито́рии.

4. Докла́д, *сде́ланный* космона́втом на конфере́нции, вы́звал большо́й интере́с у аудито́рии.

5. Трениро́вка космона́втов, *ко-то́рая продолжа́лась* до́лгие ме́сяцы, подхо́дит к концу́.

5. Трениро́вка космона́втов, *продолжа́вшаяся* до́лгие ме́сяцы, подхо́дит к концу́.

**(b)** Are the sentences in the left and right-hand columns synonymous?

**(c)** Point out the numbers of the sentences in the left-hand column in which the italicised verbs convey the process of an action, repeated actions and actions occurring simultaneously with the action of the main clause. What is the aspect of these verbs?

**(d)** What verb forms are used in the corresponding sentences in the right-hand column? What is their aspect?

**(e)** Point out the numbers of the sentences in the left-hand column in which the verbs convey completed semelfactive actions. What is the aspect of these verbs?

**(f)** What verb forms are used in the corresponding sentences in the right-hand column? What is their aspect?

**Note.**—Like other imperfective verb forms, active and passive participles obtained from imperfective verbs may convey the process of an action (sentence 5), repeated actions (sentences 1 and 2) and actions occurring simultaneously with the main action (sentences 1, 2 and 5).

On the other hand, participles formed from perfective verbs convey completed semelfactive actions preceding the main action (sentences 3 and 4). Participles have no future tense, which means that imperfective verbs have two forms of participles (present and past), whereas perfective verbs have only one form of participles (past).

**Exercise 1.** Read the sentences, translate them into English and compare your translations with those given on the right.

1. Писа́тель, рабо́тающий над кни́гой о молодёжи, встре́тился с молоды́ми строи́телями.

1. The author, who is writing a book about the young people, met young builders.

2. Писа́тель, рабо́тающий над кни́гой о молодёжи, встреча́ется с молоды́ми строи́телями.

2. The author, who is writing a book about the young people, meets young builders.

3. Писа́тель, рабо́тающий над кни́гой о молодёжи, встре́тится с молоды́ми строи́телями.

3. The author writing a book about the young people will meet young builders.

4. Писа́тель, рабо́тавший над кни́гой о молодёжи, встре́тился с молоды́ми строи́телями.

4. The author, who wrote a book about the young people, met young builders.

5. Писа́тель, рабо́тавший над кни́гой о молодёжи, встре́тится с молоды́ми строи́телями.

5. The author, who wrote a book about the young people, will meet young builders.

73

**Exercise 2.** Read the sentences, translate them into English and compare your translations with those given on the right.

1. Артист читáл стихи, напи-санные молодым поэтом.

1. The actor recited poetry written by a young poet.

2. Артист читáет стихи, напи-санные молодым поэтом.

2. The actor is reciting poetry written by a young poet.

3. Артист бýдет читáть стихи, напи́санные молодым поэтом.

3. The actor will recite poetry written by a young poet.

4. Проéкт нóвого здáния музéя, обсуждáемый сегóдня, сóзда-ли москóвские архитéкторы.

4. The plan of the new build-ing of the museum being discussed today was drawn up by Moscow architects.

5. Проéкт нóвого здáния музéя, обсуждáемый сегóдня, нрá-вится мнóгим архитéкторам.

5. The plan of the new building of the museum being discussed today is liked by many architects.

6. Я увéрен, что проéкт нóвого здáния музéя, обсуждáемый сегóдня, понрáвится мнóгим архитéкторам.

6. I am sure that the plan of the new building of the museum being discussed today will be liked by many architects.

**Exercise 3.** Read the sentences, translate them into English and compare your translations with those given on the right.

1. Космúческие корабли и спýт-ники, создавáемые учёными и инженéрами, помогáют ис-слéдованию кóсмоса.

1. Spaceships and satellites built by scientists and engineers promote space exploration.

2. На выставке бы́ли модéли космúческих кораблéй и спýтников, сóзданных совéт-скими учёными и инженéра-ми.

2. The exhibition boasted some model spaceships and satellites built by Soviet scientists and engineers.

3. На выставке бы́ли модéли ко-раблéй и спýтников, сóздан-ных в Совéтском Сою́зе.

3. The exhibition boasted model spaceships and satel-lites built in the Soviet Union.

4. Писáтель, опúсывающий в своéй кнúге Сибúрь, хорошó знáет и лю́бит э́тот край.

4. The writer describing Siberia in his book knows this region very well and loves it.

5. Собы́тия, опúсываемые писá-телем в э́той кнúге, произве-лú на меня́ большóе впечат-лéние.

5. The events described by the writer in this book made a great impression on me.

6. Канáл, пострóенный в пусты́-не, имéет большóе значéние для развúтия сéльского хо-зя́йства э́того крáя.

6. The canal built in the de-sert is very important for the development of the agri-culture in this region.

| | |
|---|---|
| 7. Рабо́чие и инжене́ры, постро́ившие э́тот кана́л, прису́тствовали на его́ откры́тии. | 7. The workers and engineers who had built the canal were present at its opening. |
| 8. Зри́тели до́лго аплоди́ровали компози́тору, написа́вшему му́зыку для но́вого фи́льма. | 8. The spectators long applauded the composer who had written the music for the new film. |
| 9. Му́зыка, напи́санная компози́тором для но́вого фи́льма, всем о́чень понра́вилась. | 9. The music written for the new film by the composer was liked by everybody. |

**Exercise 4.** Read the sentences. Underline the participle constructions. Point out the numbers of the sentences in which these constructions convey (a) actions that took place, are taking place or will be taking place simultaneously with the main action expressed by a finite verb form; (b) repeated actions; (c) consecutive actions; (d) completed semelfactive actions.

1. Тури́сты слу́шали ги́да, расска́зывавшего о жи́зни А. С. Пу́шкина. 2. Гла́вное зда́ние Моско́вского госуда́рственного университе́та, находя́щееся на Ле́нинских гора́х, име́ет 32 этажа́. 3. Корреспонде́нты разгова́ривали с рабо́чими, постро́ившими но́вую гидроэлектроста́нцию. 4. Э́тот иностра́нец, изуча́ющий ру́сский язы́к самостоя́тельно, уже́ немно́го говори́т по-ру́сски. 5. Э́тот иностра́нец, изучи́вший ру́сский язы́к самостоя́тельно, тепе́рь свобо́дно чита́ет нау́чные статьи́. 6. На вы́ставке, неда́вно откры́той в го́роде, бы́ли карти́ны молоды́х худо́жников. 7. На вы́ставках, организу́емых ежего́дно Сою́зом худо́жников, мо́жно уви́деть карти́ны молоды́х худо́жников. 8. Я уве́рен, что вы с интере́сом прочита́ете статью́, напи́санную изве́стным журнали́стом. 9. А́втор в свое́й статье́ расска́зывает о ва́жных нау́чных пробле́мах, реша́емых сове́тскими учёными в настоя́щее вре́мя. 10. В своём сообще́нии докла́дчик расска́жет та́кже и об учёных, реша́ющих ва́жные народнохозя́йственные пробле́мы.

**Exercise 5.** Write out the sentences, replacing the italicised parts by the correct participle construction chosen from those given below. (The participles to be used should be of the same aspect as the finite verb form they are to replace.)

*Model:* 1c — Де́вушка, встреча́вшая меня́ на вокза́ле, маха́ла мне руко́й.

1. Де́вушка, *кото́рая встреча́ла меня́* на вокза́ле, маха́ла мне руко́й. (a) встре́тившая меня́; (b) встре́ченная мно́ю; (c) встреча́вшая меня́.

2. Спортсме́н, *кото́рого я встре́тил,* за́нял пе́рвое ме́сто в соревнова́ниях. (a) встре́ченный мно́ю; (b) встре́тивший меня́; (c) встреча́вший меня́.

3. Ви́ктор принёс мне газе́ты и журна́лы, *кото́рые он получи́л* сего́дня у́тром. (a) получа́емые им; (b) полу́ченные им; (c) получи́вшие его́.

4. Мы поблагодари́ли дру́га, *кото́рый пригласи́л нас* на конце́рт. (a) пригласи́вшего нас; (b) приглаша́вшего нас; (c) приглашённого на́ми.

5. Я получи́л сра́зу не́сколько пи́сем, *кото́рые посла́ли мне* из

Ленингра́да. (a) посла́вших мне; (b) по́сланных мне; (c) посыла́ю-щих мне.

6. Он не услы́шал слов, *кото́рые произнесла́ она́*. (a) произно-си́мых е́ю; (b) произнесённых е́ю.

7. Челове́к, *кото́рый принёс вам* посы́лку, ушёл. (a) прино-си́вший вам; (b) принося́щий вам; (c) принёсший вам.

8. Мне не понра́вилась кни́га, *кото́рую он вы́брал*. (a) выби-ра́емая им; (b) вы́бранная им; (c) вы́бравшая его́.

9. Я услы́шал пе́сню, *кото́рую я давно́ забы́л*. (a) забы́вшую меня́; (b) забы́тую мно́ю; (c) забыва́вшую меня́.

## § 2

The use of imperfective and perfective verbs in active and passive constructions.

## 26.

**(a)** Read the sentences.

| | |
|---|---|
| 1. Вчера́ в це́нтре го́рода *от-кры́ли* но́вую ста́нцию метро́. | 1. В це́нтре го́рода вчера́ *от-кры́та* но́вая ста́нция метро́. |
| 2. Но́вую ста́нцию метро́ *от-кры́ли* вчера́ у́тром. | 2. Вчера́ у́тром была́ *откры́та* но́вая ста́нция метро́. |
| 3. Но́вую ста́нцию метро́ *от-кро́ют* че́рез не́сколько дней. | 3. Но́вая ста́нция метро́ *бу́дет откры́та* че́рез не́сколько дней. |
| 4. Рабо́чие *стро́ят* шко́лу. | 4. Шко́ла *стро́ится* рабо́чими. |
| 5. Рабо́чие *стро́или* шко́лу. | 5. Шко́ла *стро́илась* рабо́чими. |
| 6. В Сиби́ри *стро́ят* но́вую же-ле́зную доро́гу. | 6. В Сиби́ри *стро́ится* но́вая желе́зная доро́га. |
| 7. Эту желе́зную доро́гу *стро́-ит* молодёжь. | 7. Эта желе́зная доро́га *стро́-ится* молодёжью. |

**(b)** In which column are the actions conveyed by means of active constructions; and in which, by means of passive constructions?

**(c)** Find in the right-hand column the sentences in which the predicate is a short-form passive participle. What is the aspect of the verbs from which these participles are formed?

**(d)** Compare the sentences in the right-hand column with the corresponding sentences in the left-hand column. What is the aspect of the verbs used in these sentences?

**(e)** Read sentences 1, 2 and 3 in the right-hand column once more. What nuance of meaning does the presence of the link-verb *был* or *бу́дет* add to sentences 2 and 3?

**(f)** Find in the right-hand column the sentences in which the predicate is a verb in the 3rd person + -ся construction. What is the aspect of these verbs? Find the corresponding sentences in the left-hand column. What is the aspect of the verbs used there?

**Note.**—In Russian two types of constructions are possible for sentences whose predicate is a transitive verb: *active* con-structions (the sentences in the left-hand column) and *passive* ones (the sentences in the right-hand column). These constructions are similar in meaning. If the predicate in the active construction is a perfective verb, the predicate of the passive construction will be the short-form perfective participle of the same verb (see sentences 1, 2 and 3).

If, on the other hand, the predicate of the active construction is an imperfective verb, the predicate of the passive construction shall be the 3rd person of the same imperfective verb + the particle **-ся** (see sentences 4-7).

This may be represented by the following diagram:
The predicate is an *imperfective* verb (стро́ить).
Active construction: *Nom. + transitive v. + acc.*

Рабо́чие стро́ят шко́лу.

Passive construction: *Nom. + v. (3rd pers.) +* **-ся** *+ instr.*

Шко́ла стро́ится рабо́чими.

The predicate is a *perfective* verb (постро́ить).
Active construction: *Nom. + transitive v. + acc.*
Passive construction: *Nom. + short-form pass. part. + instr.*

Шко́ла постро́ена рабо́чими.

Short-form participles (like any nominal predicate) can be used either with the link-verb *был — бу́дет* (in the past and future tenses; see sentences 2 and 3 in the right-hand column) or without the link-verb (in the present tense; see sentence 1 in the same column).

Sentences with the link-verb stress the time when the action took place or will take place (see sentences 2 and 3), whereas in sentences without the link-verb passive participles convey completed actions the result of which is also relevant in the present (see sentence 1).

Но́вая ста́нция метро́ откры́та, consequently, it operates now.

Строи́тельство заво́да зако́нчено, consequently, the plant has been put into operation and turns out goods.

**Exercise 1.** Translate the sentences into English and compare your translations with those given on the right.

| | |
|---|---|
| 1. Этот дом постро́ен из ка́мня. | 1. This house is built of stone. |
| Этот дом уже́ постро́ен. | This house has already been built. |
| Этот дом уже́ постро́или. | They have already built that house. |
| Этот дом был постро́ен в про́шлом году́. | This house was built last year. |
| Этот дом постро́или в про́шлом году́. | They built this house last year. |
| Этот дом бу́дет постро́ен в бу́дущем году́. | This house will have been built next year. |
| Этот дом постро́ят в бу́дущем году́. | They will have built this house next year. |

2. Дома́ стро́ятся тепе́рь о́чень бы́стро.

2. Houses are built very quickly now.

Дома́ стро́ят тепе́рь о́чень бы́стро.

They build houses very quickly now.

Но́вая шко́ла стро́ится.

The new school is being built.

Но́вую шко́лу (уже́) стро́ят.

They are (already) building the new school.

Эта шко́ла стро́илась, когда́ я прие́хал сюда́.

This school was being built when I came here.

Эту шко́лу стро́или, когда́ я прие́хал сюда́.

They were building this school when I came here.

Но́вая шко́ла бу́дет стро́иться в бу́дущем году́.

The new school will be built next year.

Но́вую шко́лу бу́дут стро́ить в бу́дущем году́.

They will build the new school next year.

**Exercise 2.** Read the sentences and point out the numbers of those sentences in which (a) a passive construction, (b) an active construction is used.

1. В Москве́ неда́вно откры́ли но́вую ли́нию метро́. 2. В газе́те напеча́тана статья́ о рабо́те студе́нтов во вре́мя кани́кул. 3. Пе́рвый иску́сственный спу́тник Земли́ был запу́щен в Сове́тском Сою́зе в 1957 году́. 4. Все зада́ния выполня́лись э́той молодёжной брига́дой хорошо́ и бы́стро. 5. Пе́рвый косми́ческий кора́бль с челове́ком на борту́ запусти́ли в 1961 году́. 6. Сове́тско-америка́нский косми́ческий полёт был совершён в 1975 году́. 7. Ко́смос изуча́ется учёными ра́зных стран. 8. После́дние изве́стия передаю́т по ра́дио не́сколько раз в день. 9. Информацио́нная програ́мма «Вре́мя» передаётся моско́вским телеви́дением в 21 час. 10. В Сиби́ри на больши́х ре́ках создаю́тся мо́щные гидроста́нции.

**Exercise 3.** Write out (with their numbers) the sentences in the preceding exercise which contain an active construction. Change them into sentences with passive constructions. Keep in mind that perfective verbs are replaced by short-form passive participles; and imperfective ones, by the 3rd pers. + **-ся**.

**Exercise 4.** Write out (with their numbers) the sentences in Exercise 2 which contain passive constructions. Change them into sentences with active constructions. Be careful when determining the aspect of the verbs.

**Exercise 5.** Read and translate into English.

В газе́те «Пра́вда» напеча́таны статьи́ с заголо́вками: «Но́вая ли́ния метро́ откры́та!», «Зако́нчено строи́тельство хими́ческого заво́да», «План строи́тельства школ в Моско́вской о́бласти вы́полнен», «Запу́щен но́вый косми́ческий кора́бль».

Там же есть и таки́е статьи́: «Но́вая худо́жественная вы́ставка бу́дет откры́та за́втра», «Строи́тельство но́вого автомоби́льного заво́да бу́дет зако́нчено че́рез два ме́сяца», «План строи́тельства но́вых больни́ц бу́дет вы́полнен досро́чно», «Вчера́ был запу́щен но́вый иску́сственный спу́тник Земли́».

# § 3

Aspect in verbal adverbs.
The use of imperfective and perfective verbal adverbs.

**27.**

   (a) Read the sentences.

1 (a) Спортсме́ны *ко́нчили* трениро́вку и при́няли душ.

1 (b) Когда́ спортсме́ны *ко́нчили* трениро́вку, они́ при́няли душ.

2 (a) Спортсме́ны *ко́нчили* трениро́вку и принима́ют душ.

2 (b) По́сле того́ как спортсме́ны *конча́ют* трениро́вку, они́ принима́ют душ.

3 (a) Спортсме́ны *ко́нчат* трениро́вку и при́мут душ.

3 (b) Когда́ спортсме́ны *ко́нчат* трениро́вку, они́ при́мут душ.

4 (a) Студе́нты *слу́шали* ле́кцию и де́лали необходи́мые за́писи.

4 (b) Когда студе́нты *слу́шали* ле́кцию, они́ де́лали необходи́мые за́писи.

5 (a) Студе́нты *слу́шают* ле́кции и де́лают необходи́мые за́писи.

5 (b) В то вре́мя, когда́ студе́нты *слу́шают* ле́кции, они де́лают необходи́мые за́писи.

6 (a) Студе́нты *бу́дут слу́шать* ле́кции и де́лать необходи́мые за́писи.

6 (b) Когда́ студе́нты *бу́дут слу́шать* ле́кции, они́ бу́дут де́лать необходи́мые за́писи.

1. *Ко́нчив* трениро́вку, спортсме́ны при́няли душ.

2. *Ко́нчив* трениро́вку, спортсме́ны принима́ют душ.

3. *Ко́нчив* трениро́вку, спортсме́ны при́мут душ.

4. *Слу́шая* ле́кцию, студе́нты де́лали необходи́мые за́писи.

5. *Слу́шая* ле́кции, студе́нты де́лают необходи́мые за́писи.

6. *Слу́шая* ле́кции, студе́нты бу́дут де́лать необходи́мые за́писи.

**(b)** Are the sentences in the left and right-hand columns synonymous?

**(c)** Give the numbers of the sentences in the left and right-hand columns which convey consecutive actions. What is the aspect of the verbs used in them?

**(d)** Give the numbers of the sentences in the left and right-hand columns which speak of simultaneous actions. What is the aspect of the verbs used in them?

**Note.**—As you know, sentences containing a verbal-adverb construction speak of two actions: the main one, conveyed by a finite verb form, and an attendant one, conveyed by a verbal adverb.

*An imperfective* verbal adverb conveys an action occurring *simultaneously* with that expressed by the finite verb form (see sentences 4, 5 and 6). On the other hand, *a perfective* verbal adverb conveys an action *preceding* that expressed by the finite verb form.

**Exercise 1.** Read the sentences, translate them into English and compare your translations with those given on the right.

| | |
|---|---|
| 1. Поднима́ясь на тре́тий эта́ж, же́нщина ча́сто остана́вливалась. | 1. When climbing to the second floor, the woman stopped frequently. |
| 2. Подня́вшись на тре́тий эта́ж, она́ останови́лась. | 2. Having climbed to the second floor, she stopped. |
| 3. Переводя́ текст, по́льзуйтесь словарём. | 3. When translating the text, use the dictionary. |
| 4. Переведя́ текст, поста́вьте слова́рь на ме́сто. | 4. When you have translated the text, put the dictionary back in its place. |
| 5. Сде́лав гимна́стику, прими́те душ. | 5. When you have done your exercises, take a shower. |
| 6. Де́лая гимна́стику, глубоко́ и равноме́рно дыши́те. | 6. When doing your exercises, breathe deeply and regularly. |
| 7. Купа́ясь в мо́ре, де́ти ве́село смея́лись. | 7. While bathing in the sea, the children laughed merrily. |
| 8. Вы́купавшись, де́ти побежа́ли домо́й. | 8. Having had a bathe, the children ran home. |
| 9. Осмотре́в больно́го, врач вы́писал ему́ лека́рство. | 9. After examining the patient, the doctor prescribed a medicine for him. |
| 10. Осма́тривая больно́го, врач задава́л ему́ вопро́сы. | 10. While examining the patient, the doctor asked him questions. |

**Exercise 2. (a)** Read the sentences and point out the numbers of those sentences which convey (a) actions taking place simultaneously; (b) consecutive actions. What is the aspect of these verbs?

**(b)** Rewrite the sentences, replacing the italicised parts by the relevant vebal-adverb constructions chosen from those given on the right.

| | |
|---|---|
| 1. *Когда́ Ви́ктор гуля́л в па́рке,* он встре́тил свои́х друзе́й. | (a) гуля́я в па́рке |
| 2. *Когда́ де́ти погуля́ли в па́рке,* они́ пошли́ обе́дать. | (b) погуля́в в па́рке |

3. *Когда́ прочита́ешь журна́л, отда́й его́ Анто́ну.*
4. *Ма́льчик улыба́лся, когда́ чита́л журна́л «Весёлые карти́нки».*

(a) чита́я журна́л
(b) прочита́в журна́л

5. Мать обра́довалась, *когда́ получи́ла письмо́* от сы́на.
6. Мать ра́довалась, *когда́ получа́ла письмо́* от сы́на.

(a) получа́я письмо́
(b) получи́в письмо́

7. *Когда́ я переводи́л э́ту статью́,* я почти́ не по́льзовался словарём.
8. Я вздохну́л с облегче́нием, *когда́ перевёл э́ту статью́.*

(a) переводя́ статью́
(b) переведя́ статью́

## Revision VI

**Assignment 1. (a)** Read this old legend of Tallinn.

Та́ллин — дре́вняя столи́ца Эсто́нии. О про́шлом напомина́ет ста́рая часть го́рода с у́зкими у́лицами, крепостны́ми сте́нами и ба́шнями. С ни́ми гармони́руют све́тлые просто́рные у́лицы и совреме́нные зда́ния но́вого Та́ллина. *Та́ллин всё вре́мя стро́ится.*

Вот что расска́зывает стари́нная леге́нда. Около Та́ллина есть гора́. На горе́ нахо́дится о́зеро Юлеми́сте. И живёт в э́том о́зере стари́к-волше́бник Ярвева́на. *Стук молотко́в та́ллинцев, нача́вших стро́ить го́род ря́дом с о́зером, вот уже́ ты́сячу лет наруша́ет его́ поко́й.* Ка́ждый год, в нача́ле о́сени, стари́к выхо́дит из воды́ и спра́шивает:

«*Го́род уже́ постро́ен?*» И отвеча́ть старику́ на́до так: «*Нет, нет, го́род ещё стро́ится!*» А е́сли отве́тить, что *всё в го́роде уже́ постро́ено,* то о́зеро вы́йдет из берего́в и зато́пит го́род. Но всё не мо́жет осуществи́ть стари́к свою́ угро́зу. Та́ллин всегда́ в леса́х новостро́ек. *Он стро́ится.*

**(b)** Read the italicised sentences once more, then translate them into English after analysing the meaning of the verb forms used in them.

**(c)** Retell the legend of the building of Tallinn.

**Assignment 2. (a)** Read the text.

### Ско́лько на́до учи́ть слов

*В картоте́ке Институ́та ру́сского языка́ Акаде́мии нау́к СССР со́брано 440 ты́сяч слов. Коне́чно, значе́ния мно́гих из них ру́сский челове́к не зна́ет, так же как не зна́ет англича́нин и́ли америка́нец всех 450 ты́сяч слов, воше́дших в слова́рь Уэ́бстера.*

Ско́лько же слов на́до вы́учить, что́бы научи́ться свобо́дно разгова́ривать на иностра́нном языке́, чита́ть на нём кни́ги, газе́ты, журна́лы?

*Изве́стно, что одни́ слова́ употребля́ются ча́сто, други́е ре́же.* Наско́лько употреби́тельно да́нное сло́во, мо́жно вы́яснить с по́мощью так называ́емых часто́тных словаре́й.

В 1977 году́ в СССР вы́шел «Часто́тный слова́рь ру́сского языка́». Его́ состави́тели — фило́логи, матема́тики и... компью́тер. *С по́мощью компью́тера бы́ли «прочи́таны» и обрабо́таны те́ксты о́бщим объёмом в миллио́н слов.*

Са́мым ча́стым оказа́лся предло́г «в», на второ́м ме́сте сою́з «и», на тре́тьем — отрица́ние «не», на четвёртом — предло́г «на», на пя́том — местоиме́ние «я». А всего́ в те́кстах встре́тилось о́коло 40 ты́сяч разли́чных слов. Свы́ше 13 ты́сяч бы́ли употреблены́ всего́ оди́н раз, о́коло шести́ ты́сяч — два ра́за. Я́сно, что слова́ э́ти ре́дкие, при изуче́нии языка́ без них мо́жно и обойти́сь.

Пе́рвая со́тня са́мых ча́стых слов охва́тывает бо́лее 40 проце́нтов всех те́кстов. Приме́рно де́вять ты́сяч слов встре́тились де́сять раз и́ли ещё ча́ще. *Таки́ми слова́ми покрыва́ется бо́лее 90 проце́нтов те́кста.* Очеви́дно, что их значе́ние позволя́ет понима́ть практи́чески весь текст.

Но матема́тический ана́лиз пока́зывает, что пе́рвая ты́сяча слов часто́тного словаря́ в ру́сском, англи́йском, францу́зском, испа́нском и́ли любо́м друго́м языке́ составля́ет до 80 проце́нтов всех те́кстов. Поэ́тому при изуче́нии любо́го иностра́нного языка́ и необходи́мо в основно́м запомина́ть пе́рвую ты́сячу слов.

Сове́т э́тот рассчи́тан, разуме́ется, не на специали́стов-фило́логов.

**(b)** Read the italicised sentences and translate them into English after analysing the meanings of the verb forms used in them. (This will help you to make a more accurate translation.)

(c) Answer the questions.

1. Ско́лько же слов ну́жно вы́учить, что́бы научи́ться свобо́дно разгова́ривать на иностра́нном языке́? Почему́?

2. Что вы узна́ли из те́кста о «Часто́тном словаре́ ру́сского языка́»? Как и кем он был соста́влен? Каки́е слова́ употребля́ются ру́сскими наибо́лее ча́сто?

**Assignment 3. (a)** Read these extracts from articles published in the journal *Sporting Life in Russia.*

### Куда́ ухо́дят чемпио́ны?

Неоднокра́тная чемпио́нка Олимпи́йских игр, аболю́тная чемпио́нка ми́ра 1970 и 1974 годо́в, абсолю́тная чемпио́нка Евро́пы 1971 и 1973 годо́в, победи́тельница соревнова́ний на Ку́бок ми́ра 1975 го́да, абсолю́тная чемпио́нка СССР 1972 и 1974 годо́в, бы́вшая звездо́й мирово́й гимна́стики в тече́ние 10 лет, Людми́ла Тури́щева ушла́ из спо́рта, когда́ ей бы́ло 25 лет.

— *Оставля́я большо́й спорт, на́до найти́ в себе́ си́лы не де́лать из э́того траге́дии,* не зави́довать успе́хам други́х и, гла́вное, не счита́ть свой ухо́д из спо́рта зака́том тво́рчества. Ведь жизнь продолжа́ется. И весь нако́пленный в спо́рте о́пыт в ней пригоди́тся,— заяви́ла она́.— Оста́вив выступле́ния в большо́м спо́рте, я ста́ла тре́нером сбо́рной кома́нды СССР.

Что и говори́ть, уйти́ из спо́рта тру́дно. *Мо́жет быть, поэ́тому мно́гие спортсме́ны, как и Людми́ла Тури́щева, ухо́дят оста-*

*ва́ясь ...* Изве́стный хоккейст Влади́мир Юрзи́нов, *бы́вший чемпио́н ми́ра, не раз выступа́вший в соста́ве сбо́рной кома́нды СССР,* пошёл учи́ться на факульте́т журнали́стики. *Каза́лось бы, получи́в дипло́м, он мог стать спорти́вным обозрева́телем.* Но по́сле не́которых колеба́ний Юрзи́нов реши́л оста́ться в свое́й кома́нде «Дина́мо» тре́нером.

Что же каса́ется большинства́ сове́тских спорти́вных журнали́стов, они́, как пра́вило, в про́шлом спортсме́ны: теннисист Никола́й Озеров, хоккеист Евге́ний Майо́ров...

Не́которые стано́вятся писа́телями: популя́рный в сороковы́е го́ды боксёр Ви́ктор Пу́шкин — ны́не а́втор не́скольких повесте́й. Пи́шут кни́ги знамени́тый штанги́ст, чемпио́н Олимпиа́ды в Ри́ме Юрий Вла́сов и Вале́рий Бру́мель, *пе́рвый в ми́ре преодоле́вший пла́нку на высоте́ 222 сантиме́тра.*

Боксёр Сафро́нов, чемпио́н Олимпи́йского турни́ра в Ме́льбурне, стал профессиона́льным худо́жником-гра́фиком. *Он офо́рмил деся́тки книг, посвящённых спо́рту.*

Ине́сса Яунземе учи́лась в медици́нском институ́те и увлека́лась мета́нием копья́. В 1956 году́ на олимпиа́де в Австра́лии Ине́сса вы́играла золоту́ю меда́ль. *Верну́вшись домо́й, де́вушка отошла́ от спо́рта, по́лностью отда́в себя́ медици́не —* разрабо́тке но́вых ме́тодов лече́ния травм. И о́чень бы́стро ста́ла изве́стным специали́стом в э́той о́бласти. *За разрабо́тку ме́тода сра́щивания косте́й бы́вшая олимпи́йская чемпио́нка вме́сте с гру́ппой свои́х колле́г была́ удосто́ена Госуда́рственной пре́мии Лати́йской ССР.*

...Ухо́дят из спо́рта чемпио́ны. Ухо́дят в расцве́те сил — в но́вую жизнь, не ме́нее полнокро́вную и интере́сную.

**(b)** Read the italicised sentences and translate them into English after analysing the aspectual meanings of the verb forms used in them. (This will help you to make a more accurate translation.)

**(c)** 1. What have you learned about Lyudmila Turishcheva? What did she say when she decided to give up her career in sport? 2. What have you learned about Inessa Jaunzeme? What did she do after she returned from the Olympic Games in Australia? 3. Giving examples from the text, clarify the meaning of the journalist's words: (a) Мно́гие спортсме́ны ухо́дят из спо́рта, остава́ясь... (b) ...Ухо́дят из спо́рта чемпио́ны. Ухо́дят в расцве́те сил — в но́вую жизнь, не ме́нее полнокро́вную и интере́сную. 4. What course did the lives of the champions you know take when they had given up sport?

# CHAPTER VII

## § 1

The main types of formation of verb aspect pairs.

**28.**

**(a)** Read the dialogues.

1. — Что на́до *де́лать* на уро́ке ру́сского языка́?

1. — Что на́до *сде́лать* сего́дня?

— На уро́ке ру́сского языка́ на́до *писа́ть, отвеча́ть* на вопро́сы, *расска́зывать* текст по-ру́сски.

— Сего́дня бу́дет контро́льная рабо́та. На́до пра́вильно *написа́ть* дикта́нт, *отве́тить* на вопро́сы, *рассказа́ть* текст по-ру́сски.

2. — Что на́до *брать* на уро́к?
— На уро́к на́до *брать* слова́рь, уче́бник и тетра́ди.
3. — Что на́до *де́лать* во вре́мя переры́ва?
— Во вре́мя переры́ва на́до *отдыха́ть.*
4. — Что на́до *надева́ть,* когда́ хо́лодно?
— Когда́ хо́лодно, на́до *надева́ть* пальто́.

2. — Что на́до *взять* на уро́к?
— На уро́к на́до *взять* слова́рь, уче́бник и тетра́ди.
3. — Что на́до *сде́лать* во вре́мя переры́ва?
— Во вре́мя переры́ва на́до *отдохну́ть.*
4. — Что на́до *наде́ть* сего́дня?
— Сего́дня хо́лодно, поэ́тому на́до *наде́ть* пальто́.

**(b)** In which column are imperfective verbs used; and in which, perfective ones?

**(c)** What makes you think so? What has helped you to determine the aspects of the verbs? Was it their meaning alone or some formal features as well?

**Note.**—As you may have noticed, the imperfective and perfective verbs making up an aspect pair differ in the presence or absence of a prefix or in their suffixes, i.e. they have certain *formal features* of one or the other aspect. There are several types of formation of aspect pairs in Russian. They can be represented as follows:

| Imperfective Aspect | Perfective Aspect |
|---|---|

### Type I

| without a prefix | with a prefix |
|---|---|
| ви́деть | уви́деть |
| гото́вить | пригото́вить |
| де́лать | сде́лать |
| рисова́ть | нарисова́ть |
| пить | вы́пить |
| чита́ть | прочита́ть |

### Type II

| with the suffixes -а-, -я- | with the suffix -и- |
|---|---|
| реша́ть | реши́ть |
| встреча́ть | встре́тить |
| объясня́ть | объясни́ть |
| повторя́ть | повтори́ть |

## Type III

| with the suffixes -ыва-, -ива- | without the suffixes -ыва-, -ива- |
|---|---|
| переде́лывать | переде́лать |
| запи́сывать | записа́ть |
| расска́зывать | рассказа́ть |

## Type IV

| with the suffix -а- | with the suffix -ну- |
|---|---|
| отдыха́ть | отдохну́ть |

## Type V

| with the suffix -ва- | without the suffix -ва- |
|---|---|
| встава́ть | встать |
| дава́ть | дать |

## Type VI
### Aspect pairs differing in stress.

| | |
|---|---|
| рассыпа́ть | рассы́пать |
| нареза́ть | наре́зать |

## Type VII
### Aspect pairs formed from different roots.

| | |
|---|---|
| говори́ть | сказа́ть |
| ложи́ться | лечь |
| брать | взять |

As you see, seven basic types of formation of aspect pairs can be distinguished in Russian.

Types IV-VII comprise a relatively small group of verbs, whereas types I, II and III comprise the bulk of the verbs.

The most productive method of formation of perfective verbs from imperfective ones is by means of prefixes (Type I) (prefixes in such aspect pairs are a feature of the perfective aspect). However, the presence of a prefix should not in itself be taken as a feature of the perfective aspect. Thus, for example, aspect pairs of Type III may have prefixes in both the aspects (перечи́тывать/перечита́ть), while the distinctive feature of the imperfective aspect in them is the presence of the suffix -ыва-.

Russian has two more groups of verbs which are of interest from the point of view of the aspects.

The first group consists of the so-called *non-paired* verbs, i.e. verbs without the imperfective or perfective counterpart. This group includes, for example, the imperfective verbs име́ть, сто́ить and разгова́ривать or the perfective verbs гря́нуть and понадо́биться.

The second group consists of the so-called *bi-aspectual* verbs, which have the same form in both the imperfective and perfective aspects. Such verbs (for example, иссле́довать, веле́ть, жени́ться) are used with the meaning of either aspect, depending on the context.

Compare: Учёные *исслéдуют* причи́ны э́той болéзни. (pres. tense, imperf.) 'Scientists are investigating the causes of this disease.' And: Когда́ учёные *исслéдуют* причи́ны э́той болéзни, коли́чество больны́х éю рéзко сократи́тся. (fut. tense, perf.) 'When scientists have investigated the causes of this disease, the number of people suffering from it will drop sharply'.

**Exercise 1.** Read the following pairs of verbs and point out the numbers of those in which the perfective verb has a prefix.

1. встава́ть/встать
2. встреча́ть/встрéтить
3. крича́ть/кри́кнуть
4. говори́ть/сказа́ть
5. есть/съесть
6. звони́ть/позвони́ть
7. ложи́ться/лечь
8. мыть/вы́мыть
9. опа́здывать/опозда́ть
10. отвеча́ть/отвéтить
11. отдыха́ть/отдохну́ть
12. писа́ть/написа́ть
13. получа́ть/получи́ть
14. приглаша́ть/пригласи́ть
15. подпи́сывать/подписа́ть
16. рисова́ть/нарисова́ть
17. учи́ть/вы́учить
18. перечи́тывать/перечита́ть
19. гото́вить/пригото́вить
20. создава́ть/созда́ть

**Exercise 2.** In Exercise 1 point out the numbers of the verb pairs in which (a) the perfective verb differs from its imperfective counterpart in the presence of the suffix **-и-**; (b) the perfective verb differs from its imperfective counterpart in the presence of the suffix **-ну-**; (c) the imperfective verb differs from its perfective counterpart in the presence of the suffix **-ва-**; (d) the imperfective verb differs from its perfective counterpart in the presence of the suffix **-ыва-**; (e) the imperfective verb and its perfective counterpart are formed from different roots.

**Exercise 3.** Find in the list of verbs given below the imperfective verbs formed by means of the suffix **-ыва-** or **-ива-**.

1. встреча́ть
2. встава́ть
3. заключи́ть
4. спи́сывать
5. повéсить
6. зашумéть
7. надева́ть
8. кри́кнуть
9. объясни́ть
10. повторя́ть
11. выключа́ть
12. засмея́ться
13. осма́тривать
14. успева́ть
15. встреча́ть
16. поги́бнуть
17. повтори́ть
18. объясня́ть
19. запомина́ть
20. продава́ть
21. вéшать
22. расска́зывать
23. выбира́ть

**Exercise 4.** Point out in the preceding list the numbers of the verbs (a) of the perfective aspect, formed by means of the suffix **-и-**; (b) of the imperfective aspect, formed by means of the suffix **-а-(-я)**; (c) of the imperfective aspect, formed by means of the suffix **-ва-**; (d) of the perfective aspect, formed by means of the suffix **-ну-**; (e) of the perfective aspect, formed by means of prefixes.

**Exercise 5.** Find in each group the imperfective verbs and describe the method of their formation.

*Model*: 1b — расска́зывать, suffix **-ыва-**.

|     | a          | b           | c          | d           |
|-----|------------|-------------|------------|-------------|
| 1.  | прочита́ть  | расска́зывать | сде́лать    | кри́кнуть    |
| 2.  | забы́ть     | захоте́ть    | продава́ть  | прода́ть     |
| 3.  | спра́шивать | спроси́ть    | помо́чь     | сдать       |
| 4.  | реши́ть     | устава́ть    | поста́вить  | удиви́ть     |
| 5.  | прожи́ть    | пройти́      | надева́ть   | изучи́ть     |
| 6.  | привы́кнуть | конча́ть     | научи́ться  | суме́ть      |
| 7.  | проверя́ть  | повтори́ть   | поги́бнуть  | поста́вить   |
| 8.  | отме́тить   | отдыха́ть    | объясни́ть  | получи́ть    |
| 9.  | закры́ть    | заня́ть      | встава́ть   | забы́ть      |
| 10. | уста́ть     | показа́ть    | поня́ть     | дава́ть      |
| 11. | пое́хать    | забыва́ть    | написа́ть   | постро́ить   |
| 12. | полюби́ть   | вы́играть    | перейти́    | расска́зывать |

**Exercise 6.** Find in each group the perfective verbs and describe the method of their formation.

*Model:* 1d — изучи́ть, suffix **-и-**.

|     | a          | b          | c          | d          |
|-----|------------|------------|------------|------------|
| 1.  | чита́ть·    | чи́стить    | изуча́ть    | изучи́ть    |
| 2.  | ко́нчить    | слу́шать    | сдава́ть    | говори́ть   |
| 3.  | спать      | сту́кнуть   | слу́шать    | улыба́ться  |
| 4.  | посыла́ть   | поздра́вить | покида́ть   | узнава́ть   |
| 5.  | лета́ть     | кри́кнуть   | находи́ться | иска́ть     |
| 6.  | разреши́ть  | поздравля́ть | чи́стить    | петь       |
| 7.  | осма́тривать | де́лать     | отдыха́ть   | поки́нуть   |
| 8.  | устава́ть   | встре́тить  | крича́ть    | хоте́ть     |
| 9.  | танцева́ть  | вспомина́ть | сде́лать    | печа́тать   |
| 10. | снима́ть    | покупа́ть   | предлага́ть | купи́ть     |
| 11. | сади́ться   | пить       | съесть     | встреча́ть  |

**Exercise 7. (a)** Read the following pairs of verbs.
**(b)** Analyse the method of their formation. Point out the formal features on the basis of which you consider the verb concerned either imperfective or perfective.

включа́ть/включи́ть, ду́мать/поду́мать, брать/взять, подска́зывать/подсказа́ть, класть/положи́ть, опа́здывать/опозда́ть, опуска́ть/опусти́ть, отдава́ть/отда́ть, предлага́ть/предложи́ть, причёсываться/причеса́ться, сдава́ть/сдать, стро́ить/постро́ить, улыба́ться/улыбну́ться.

**Exercise 8.** Fill in the table on p. 84, adding some of the verbs you have learned by now.

# Revision VII

**Assignment 1. (a)** Read the jokes.
**(b)** Point out the numbers of the italicised sentences which speak of (a) the process of an action; (b) semelfactive completed actions; (c) repeated actions; (d) the mere occurrence of an action; (e) simultaneous actions; (f) consecutive non-repeated actions; (g) the beginning of an action; (h) the undesirability of an action.

— (1) *Я принёс вам свою пе́рвую пье́су.*
— А како́в её сюже́т?
— Она́ лю́бит его́, а он...
— Другу́ю?
— Нет... её.
— Бра́во! Наконе́ц что́-то оригина́льное!

\*\*\*

И так быва́ет...
— Почему́ у тебя́ у́зел на носово́м платке́? — спра́шивает учи́тельница шко́льника.
— (2) *Мне его́ ма́ма завяза́ла, что́бы я не забы́л опусти́ть на по́чте письмо́.*
— И ты опусти́л его́?
— (3) *Нет, ма́ма забы́ла дать мне э́то письмо́.*

\*\*\*

Муж с жено́й собира́ются в теа́тр. Уже́ в прихо́жей жена́, посмотре́в на му́жа, с изумле́нием говори́т:
— (4) *Почему́ ты не побри́лся?*
— (5) *Я бри́лся.*
— Когда́?
— (6) *Когда́ ты начала́ одева́ться.*

\*\*\*

(7) *Подня́вшись на го́ру и отдыша́вшись, оте́ц сказа́л ма́ленькому сы́ну:*
— Посмотри́, кака́я прекра́сная доли́на внизу́ под на́ми!
— (8) *Заче́м же мы три часа́ поднима́лись вверх, е́сли внизу́ так краси́во?*

\*\*\*

Два прия́теля по́здно засиде́лись в кафе́. Оди́н из них спра́шивает друго́го:
— (9) *Что ты ска́жешь жене́, когда́ вернёшься домо́й?*
— Всего́ два сло́ва: «До́брый ве́чер!» (10) *Всё остально́е ска́жет она́.*

\*\*\*

— Я тебя́ о́чень прошу́, (11) *не остана́вливайся у ка́ждой витри́ны,* — се́рдится муж.
— Е́сли у тебя́ нет вре́мени, мы мо́жем на мину́тку войти́ в магази́н, — предлага́ет жена́.

\*\*\*

— (12) *Почему́ ты всё вре́мя молчи́шь?* — спроси́ла у Сфи́нкса Змея́.— (13) *Ведь ты так до́лго живёшь на земле́, так мно́го ви́дел и так мно́го зна́ешь. Скажи́ лю́дям каку́ю-нибудь му́дрость.*

— То́лько я соберу́сь э́то сде́лать, как они́ говоря́т её са́ми, — (14) *промо́лвил Сфинкс.*

— Тогда́ скажи́ глу́пость, — сказа́ла Змея́.

— (15) *И тут лю́ди всегда́ опережа́ют меня́,* — (16) *вздохну́л Сфинкс.* — Уж лу́чше я помолчу́.

## Эхо

— До чего́ бестолко́вое э́то Эхо, — (17) *тверди́ли все вокру́г.* — Ни одно́й самостоя́тельной мы́сли. (18) *То́лько повторя́ет то, что говоря́т други́е.*

— Та́к-то оно́ так, — (19) *согласи́лась Гора́.*—(20) *Но зато́ и ли́шнего ничего́ не ска́жет.*

## Оптими́ст и пессими́ст

(21) *Встре́тились два прия́теля.* У одного́ настрое́ние весёлое, со́лнечное. У друго́го гру́стное, мра́чное.

— Ты почему́ тако́й гру́стный? — спроси́л весёлый.

— А почему́ ты тако́й весёлый? — спроси́л гру́стный.

— Ви́дишь: ла́сточки, ручьи́, капе́ль — ра́дость! Поэ́тому и ве́село.

— Ви́жу... Ла́сточки, ручьи́, капе́ль — сы́рость. Оттого́ и гру́стно.

— Да ты послу́шай: соловьи́ пою́т — невозмо́жно засну́ть!

— Слы́шу, слы́шу... Соловьи́ пою́т — невозмо́жно вы́спаться.

— Брось! (22) *Опя́ть весна́ — жизнь идёт!*

— Вот-вот... (23) *Опя́ть весна́ — жизнь прохо́дит...*

(24) *Поговори́ли они́ так и разошли́сь.*

**Assignment 2. (a)** Read how pilaff—a traditional Tajik and Uzbek dish—is cooked.

**(b)** Point out the numbers of the italicised sentences, in which the imperative conveys (a) specific advice; (b) advice not to do something; (c) an injunction to perform a prolonged action.

## «Взя́лся за плов, не эконо́мь на проду́ктах»

Пригото́вить хоро́ший плов совсе́м не про́сто.

(1) *Купи́те для пло́ва молоду́ю бара́нину.* (2) *Погрузи́те её в расти́тельное ма́сло и* (3) *жа́рьте в специа́льном котле́.* (4) *Постепе́нно в э́ту ме́дленно кипя́щую ма́ссу добавля́йте большо́е коли́чество ме́лко наре́занного лу́ка и морко́ви, разли́чных спе́ций и кра́сного пе́рца в стручка́х.* (5) *Зате́м в э́тот же котёл насы́пьте рис* (класси́ческое соотноше́ние — килогра́мм ри́са на килогра́мм мя́са).

(6) *Счита́йте, что плов уда́лся,* е́сли мя́со получи́лось пря́ное, а рис — янта́рного цве́та, рассы́пчатый — та́ет во рту. Тако́й плов сва́рит не ка́ждый. К тому́ же приготовле́ние пло́ва в Сре́дней Азии по тради́ции — привиле́гия мужчи́н.

Плов — верши́на национа́льного кулина́рного иску́сства. У него́ мно́жество реце́птов и секре́тов, но одно́ пра́вило незы́блемо: «Е́сли взя́лся за плов, (7) *никогда́ не эконо́мь на проду́ктах».*

## Ташкéнтская симфóния

26 апрéля 1966 гóда стрéлки всех городскúх часóв столúцы Узбекистáна — Ташкéнта остановúлись на 5 часáх 23 минýтах. Úменно в э́то мгновéние Ташкéнт потря́с сильнéйший подзéмный удáр.

Чéрез нéсколько минýт гóрод лежáл в руúнах.

У сегóдняшнего Ташкéнта два вóзраста: 2000 лет и 22 гóда. И э́то не красúвая фрáза, не парадóкс: *за двáдцать два гóда здесь пострóено стóлько же, скóлько за всю двухтысячелéтнюю истóрию.*

Ужé чéрез нéсколько часóв пóсле пéрвого подзéмного толчкá в Ташкéнт прилетéли члéны тóлько что образóванной правúтельственной комúссии по ликвидáции послéдствий землетрясéния. *Былá постáвлена задáча: до наступлéния зимы́ обеспéчить жильём всех жúтелей гóрода, остáвшихся без крóва.* Со всех концóв страны́ стáли прибывáть сюдá поездá со строúтелями и стройматериáлами — из Москвы́ и Ленингрáда, Волгогрáда и Новосибúрска, из Белорýссии и Молдáвии, из респýблик Закавкáзья и Срéдней Азии. *Приезжáя, стрóители срáзу приступáли к дéлу.*

*Одновремéнно с пóмощью государства, исчислявшейся сóтнями миллиóнов рублéй, хлы́нул потóк лúчных трудовы́х сбережéний от добровóльцев, приславших почтú дéсять миллиóнов рублéй для восстановлéния разрýшенной столúцы Узбекистáна.* Ташкéнтский банк получáл почтóвые перевóды от учёных и писáтелей, артúстов и учителéй, пенсионéров и студéнтов. Свою́ дневнýю зáработную плáту присылáли коллектúвы завóдов, научно-исслéдовательских институ́тов и лаборатóрий, горняки́ Заполя́рья, шахтёры Донбáсса.

Вряд ли э́ти лю́ди знáли востóчную послóвицу: «Тебé хорошó тóлько тогдá, когдá хорошó твоемý брáту», но дéйствовали úменно так.

Есть у узбéков дрéвний обы́чай «хашáр» — всем мúром, сообщá стрóить дом, когдá сосéд помогáет сосéду. Многонационáльным «хашáром» назвáли онú стройúтельство нóвого Ташкéнта.

*Ещё продолжáлись подзéмные толчкú, а в э́то врéмя ужé обсуждáлись плáны бýдущего строúтельства Ташкéнта.*

Ширóкое учáстие в дискýссии о бýдущем óблике гóрода приня́ли егó жúтели. *Опубликовáв в газéте «Прáвда Востóка» статью́ «Какúм быть цéнтру Ташкéнта?», редáкция получúла бóлее 50 ты́сяч пúсем.* Во мнóгих из них былá прóсьба к архитéкторам и строúтелям: сдéлать всё возмóжное, чтóбы их роднóй гóрод стал не тóлько красúвее и благоустрóеннее, чем был рáньше, но и смог вы́стоять, éсли опя́ть бýдет землетрясéние. Трагéдия 1966 гóда не должнá бóльше повторúться!

В ансамблях нового Ташкента важное место занимают высотные дома. *Выросшие здесь 20-этажное здание на площади Ленина, 17-этажная гостиница «Узбекистан», библиотека имени Алишера Навои на 10 миллионов томов книг и другие здания стали украшением города. И всё же, размышляя о строительстве Ташкента, города, находящегося в сложных сейсмических условиях, архитекторы решили отказаться от строительства только высотных зданий.*

Ташкент будет расти не «вверх», а «вширь». К 2000 году его площадь составит около 35 тысяч гектаров. Каждый год в Ташкенте строится около миллиона квадратных метров жилья. Значительно увеличится площадь парков, скверов, бульваров. *Широкой полосой зелени будут отделяться промышленные объекты от жилых кварталов.*

Сейчас в Ташкенте более двух миллионов жителей.

Главный вид транспорта сегодняшнего и будущего Ташкента — метрополитен, седьмое по счёту метро в СССР.

Ташкент — город очень жаркий. *И, строя его, архитекторы постоянно думают о том, чтобы увеличить размер балконов, террас... Полностью решена и проблема водоснабжения города. А ведь это Средняя Азия, где знают цену каждой капли воды. Сегодня на многих площадях города можно увидеть фонтаны, не только украшающие город, но и смягчающие жару.*

Яркая свежая зелень на фоне бирюзового неба — главные цвета современного Ташкента.

*Строя Ташкент, архитекторы бережно сохраняют пережившие землетрясение замечательные памятники национального зодчества, стремясь гармонически соединить с ними новые здания.*

Архитектуру называют застывшей музыкой. *Мы хотим, чтобы ташкентская симфония, создаваемая всей Советской страной, приносила людям радость.*

Летом 1976 года в Ташкенте было землетрясение силой в 5 баллов. Никаких разрушений в городе не было.

И не должно быть. *Город построен так, чтобы выстоять.*

**(b)** Translate the italicised sentences into English.
**(c)** 1. Tell what you have learned about the earthquake that happened in Tashkent. 2. Tell how the city is being built.

# PART II

## CHAPTER I

### § 1

| The use of imperfective verbs to state the occurrence of a single action in the past. | Я ужé (однáжды, одúн раз) **брал** э́ту кни́гу в библиотéке. |
|---|---|

**29.**

(a) Read the sentences.

1. — Вы *совéтовались* с вра-
   чóм?
   — Да, *совéтовался*.

2. — Олéг *звонúл* вам?
   — Да, *звонúл*.

3. — Вы *дéлали* ремóнт в квар-
   ти́ре?
   — Да, *дéлали*.

1. — Вы *совéтовались* с вра-
   чóм?
   — Да, *совéтовался* оди́н
   раз.

2. — Олéг *звонúл* вам?
   — Да, *звонúл* однáжды.

3. — Вы *дéлали* ремóнт в квар-
   ти́ре?
   — Да, *дéлали* оди́н раз.

(b) Is it possible to say that the sentences in both columns state the occurrence of an action (report that the action concerned took place)?

(c) What is the aspect of the verbs used to state the occurrence of an action (the sentences in the left-hand column)? What is the aspect of the verbs used to state the occurrence of a single action (the sentences in the right-hand column)?

**Note.**—As you remember, to state the occurrence of an action in the past, imperfective verbs are used (Лéна ужé *сдавáла* экзáмены. *See Note 9*). To state the occurrence of an action in the past only once, imperfective verbs are used, too. The 'singleness' of the action may be emphasised by the words однáжды, оди́н раз and кáк-то.

The use of imperfective verbs in this case is not restricted lexically and in practice any imperfective verb can be used with this meaning.

**Exercise 1.** Answer the questions, making it clear that the action concerned took place in the past and was restricted to a single occasion.

*Model:* — Вы не знáете, принимáют ли закáзы на авиабилéты по телефóну? (закáзывать — заказáть)
— Да, принимáют, я оди́н раз (ужé, однáжды) закá-
зывал.

1. Вы знáете э́ту столóвую? (обéдать — пообéдать) 2. Гáгра — краси́вый гóрод? (отдыхáть — отдохнýть) 3. «Цинандáли» — хо-
рóшее винó? (пить — вы́пить) 4. Вам нрáвятся рýсские блины́?

(про́бовать — попро́бовать). 5. У И́горя хоро́шая колле́кция ма́рок? (пока́зывать — показа́ть) 6. Ты зна́ешь, что у О́льги тепе́рь есть телефо́н? (звони́ть — позвони́ть) 7. Вам нра́вится игра́ э́того пиани́ста? (слы́шать — услы́шать) 8. Э́того скрипача́ зна́ют в ва́шем го́роде? (выступа́ть — вы́ступить)

**Exercise 2.** Answer the questions, confirming that the action concerned took place in the past.

Model: — Обсужде́ние уже́ бы́ло?
— Да, докла́д обсужда́ли в четве́рг.

1. У врача́ был приём? (принима́ть — приня́ть) 2. У студе́нтов бы́ли экза́мены? (сдава́ть — сдать экза́мены) 3. Ты уже́ слы́шал э́того певца́? (выступа́ть — вы́ступить) 4. Э́тот магнитофо́н был в ремо́нте? (ремонти́ровать — отремонти́ровать) 5. Ваш брат уже́ был в о́тпуске? (отдыха́ть — отдохну́ть) 6. Ты ви́дел фильм «Лев Толсто́й»? (пока́зывать — показа́ть)

**Exercise 3.** Answer the questions confirming that the action concerned took place in the past.

Model: — Посмотри́те э́тот фильм.
— Я уже́ смотре́л его́.

1. Прочита́йте э́тот рома́н, он вам понра́вится. 2. Обяза́тельно позвони́ сего́дня Оле́гу. 3. Покажи́ Ли́де фотогра́фии, кото́рые ты сде́лал во вре́мя экску́рсии в Су́здаль. 4. Расскажи́те друзья́м о своём путеше́ствии. 5. Посове́туйте ва́шей сестре́ серьёзно заня́ться му́зыкой: у неё отли́чный слух. 6. Да́йте почита́ть ва́шу статью́ профе́ссору Орло́ву.

**Exercise 4.** In reply to the following suggestions, advice or requests, say that the action concerned has already taken place.

Model: — Ты когда́-нибудь обе́дал в э́том рестора́не?
— Да, обе́дал одна́жды.

For this exercise you may need these phrases:

1. покупа́ть фру́кты в э́том магази́не; 2. звони́ть в спра́вочное бюро́; 3. зака́зывать биле́ты в кино́ по телефо́ну; 4. посыла́ть кни́ги по по́чте; 5. ремонти́ровать часы́; 6. про́бовать украи́нский борщ; 7. пить э́то лека́рство.

**Exercise 5.** Answer the questions, making it clear whether the action concerned was repeated in the past or if it merely took place on a single occasion.

Model: — Вы звони́ли Никола́ю на э́той неде́ле?
— Да, звони́л (одна́жды, оди́н раз, мно́го раз, ка́к-то).

1. Сестра́ приезжа́ла к вам ле́том со свое́й семьёй? 2. Мака́ровы приглаша́ли вас к себе́ в го́сти? 3. Вы встреча́ли ра́ньше э́того челове́ка? 4. Вы бра́ли кни́ги в э́той библиоте́ке? 5. Вы обраща́лись когда́-нибудь к зубно́му врачу́? 6. Вы разгова́ривали с бра́том о его́ рабо́те? 7. Вы слу́шали но́вую пласти́нку э́того певца́? 8. Вы е́здили к мо́рю во вре́мя кани́кул?

**Exercise 6.** Answer the questions, making it clear that the action concerned took place only once.

*Model:* — Оле́г, ты мно́го раз е́здил в Ленингра́д?
— Нет, я е́здил в Ленингра́д то́лько оди́н раз.

1. Вы мно́го раз слу́шали э́ту пласти́нку? 2. Больно́й принима́л э́то лека́рство три ра́за в день? 3. Вы не́сколько раз отдыха́ли в Крыму́? 4. Мне говори́ли, что И́горь два ра́за сдава́л экза́мен по фи́зике. Это пра́вда? 5. О́ля, ты мно́го раз надева́ла э́то пла́тье?

**Exercise 7.** Object to the statements, saying that the actions concerned took place only once.

*Model:* — Ты уже́ не́сколько раз смотре́л э́тот фильм.
— Я смотре́л его́ то́лько оди́н раз.

1. Юра в э́том году́ боле́л гри́ппом не́сколько раз. 2. Андре́й, по-мо́ему, ты уже́ не́сколько раз отдава́л в ремо́нт свои́ часы́. 3. Говоря́т, что но́чью к больно́му вызыва́ли врача́ не́сколько раз. 4. Ми́ша, ты уже́ не́сколько раз сего́дня купа́лся. 5. Ле́на, вы́ключи про
и́грыватель, ты уже́ мно́го раз слу́шала э́ту пласти́нку.

**Exercise 8.** Answer the questions, using one of the sentences given on the right in each answer.

I.  1. Вы мо́жете дать мне э́ту кни́гу?
    2. Вы чита́ли э́ту кни́гу?
    3. Вам знако́ма э́та кни́га?
    4. Вы ко́нчили чита́ть э́ту кни́гу?

Да, я чита́л её.
Да, я прочита́л её.

II. 1. У студе́нтов была́ контро́льная рабо́та?
    2. Студе́нты ко́нчили писа́ть контро́льную рабо́ту?
    3. Студе́нты освободи́лись?
    4. Студе́нты бу́дут писа́ть контро́льную рабо́ту?
    5. Что де́лали студе́нты на заня́тии?

(Да) Они́ написа́ли контро́льную рабо́ту.
(Да) (Нет) Они́ писа́ли контро́льную рабо́ту.

III. 1. Что де́лали тури́сты до обе́да?
     2. Тури́сты мо́гут е́хать да́льше?
     3. У э́той гру́ппы тури́стов была́ экску́рсия по го́роду?
     4. Тури́сты осма́тривали го́род?
     5. Тури́сты ко́нчили осма́тривать го́род?

(Да) Они́ осма́тривали го́род.
(Да) Они́ осмотре́ли го́род.

**Exercise 9.**

I. Which of the questions — Ты гото́вила обе́д? or Ты приготóвила обе́д? — would you ask your wife (mother, sister) if you wanted to find out (a) what she had been doing; (b) whether she was free after cooking lunch; (c) whether she had finished cooking lunch; (d) whether lunch could be had at home?

II. Which of the questions — Ты отдыха́л? or Ты отдохну́л? — would you ask a friend if you wanted to find out (a) whether he was ready to resume the journey after a rest; (b) what he was doing last Saturday; (c) whether he had had a break during his work; (d) whether he was ready to resume work after a rest?

III. Which of the questions — Ты мыл маши́ну? or Ты вы́мыл маши́ну? — would you ask your husband (brother) (a) if you wanted to find out whether he was free after washing down his car; (b) if you thought that he was washing the car, but wanted to make sure; (c) if you wanted to find out whether the car was clean; (d) if you wanted to find out what he was doing in the morning?

### § 2

| The use of perfective verbs to convey actions contemplated beforehand. | — Ну как, вы **посмотре́ли** но́вый фильм Ряза́нова? <br> — Да, **посмотре́л.** Вы же зна́ете, что я хоте́л его́ **посмотре́ть.** <br> — Нет, **не посмотре́л**, хотя́ и собира́лся. |
| --- | --- |

**30.**

(a) Read the sentences and their English translations.

1. — Вы *смотре́ли* фильм «Степь»?
   — Да, *смотре́л.*
   'Have you seen the film *The Steppe?*'
   'Yes, I have.'

1. — Вы *посмотре́ли* фильм «Степь»?
   (Я зна́ю, что вы хоте́ли посмотре́ть э́тот фильм.)
   'Did you see the film *The Steppe?*' (I know that you were going to see that film.)
   — Да, *посмотре́л.* (Вы же зна́ете, что я собира́лся э́то сде́лать.)
   'Yes, I did.' (You know that I was going to do so.)

2. — Ты *принима́л* лека́рство?
   — Да, *принима́л.*
   'Have you taken the medicine?'

2. — Ты *при́нял* лека́рство?
   — Да, *при́нял.* (Врач же предупреди́л меня́, что э́то необходи́мо.)

'Yes, I have.'

'Did you take the medicine?'
'Yes, I did.' (The doctor had warned me that it was necessary, you know.)

3. — Ты *звонил* в гостиницу, чтобы нам оставили номер?
— Да, *звонил.*
'Have you telephoned the hotel to reserve a room for us?' 'Yes, I have.'

3. — Ты *позвонил* в гостиницу, чтобы нам оставили номер? (Как мы с тобой договорились.)
— Да, *позвонил.*
'Did you telephone the hotel to reserve a room for us?' (As we had previously agreed.) 'Yes, I did.'

**(b)** The sentences of which column speak of actions planned beforehand?
**(c)** The sentences of which column speak of actions which merely took place in the past?
**(d)** What is the aspect of the verbs used in the first case? And in the second?

**Note.**—As you know, imperfective verbs are used to state the occurrence of an action which took place in the past (the sentences in the left-hand column).

Asking the question Вы смотрели «Степь»?, the questioner does not know whether you intended to see that film. He is wondering if the fact has taken place or not, i.e. whether you have seen the film or not.

On the other hand, the question Вы посмотрели «Степь»? (the sentences in the right-hand column) has an additional nuance of meaning: 'I know that you were going to see this film, but I want to find out whether you carried out your intention, whether you in fact saw it.' In this case, *perfective* verbs are used.

**Exercise 1.** Read the dialogues. Point out the numbers of the dialogues in which the participants are interested in (a) the fact itself, i. e. whether the action concerned has taken place or not; (b) whether the action was contemplated beforehand.

1. — Вы передали вашей жене привет от меня?
   — Да, передал.
2. — Олег и его жена приглашали вас на новоселье?
   — Да, приглашали.
3. — Вы помните о моей просьбе позвонить Игорю?
   — Да, я уже выполнил её и позвонил.
4. — Серёжа, учитель объяснял вам это правило?
   — Да, объяснял.
5. — Ну как, твоё желание исполнилось? Ты съездил в Ленинград?
   — Да, съездил.

**Exercise 2.** Complete the sentences, supplying verbs of the required aspect, making it clear that they report actions which had been contemplated beforehand.

1. Я прове́рил: пе́ред обе́дом больно́й (принима́л — при́нял) лека́рство. 2. Да, оте́ц (сообща́л — сообщи́л) сы́ну о боле́зни ма́тери. 3. Де́вушка (посыла́ла — посла́ла) домо́й телегра́мму о своём прие́зде. 4. По её про́сьбе на вокза́ле её (встреча́ли — встре́тили) родны́е. 5. Сестра́ вы́полнила ва́шу про́сьбу: она́ (переводи́ла — перевела́) вам статью́. 6. Мы (смотре́ли — посмотре́ли) наконе́ц фильм, о кото́ром вы нам расска́зывали.

**Exercise 3.** Compose short dialogues (2 or 3 responses), which speak of actions that had been contemplated beforehand. Use the following phrases in them.

*Model:* — Вы посмотре́ли но́вый фильм, о кото́ром мы говори́ли?
— Да, посмотре́л. (Он мне о́чень понра́вился. Спаси́бо за сове́т.)

смотре́ть/посмотре́ть но́вый фильм; сообща́ть/сообщи́ть сестре́ о своём прие́зде; зака́зывать/заказа́ть биле́ты на по́езд; вызыва́ть/вы́звать такси́; посыла́ть/посла́ть статью́ в реда́кцию журна́ла; полива́ть/поли́ть цветы́; возвраща́ть/верну́ть долг; ве́шать/пове́сить карти́ну, ку́пленную на вы́ставке; выпи́сывать/вы́писать сове́тские газе́ты и журна́лы; находи́ть/найти́ в магази́не ну́жную кни́гу

**Exercise 4. (a)** Read these descriptions of situations.

1. Ваш друг до́лжен был сде́лать докла́д на междунаро́дной конфере́нции. 2. Он собира́лся съе́здить на кани́кулы в Ленингра́д. 3. Он собира́лся купи́ть но́вую маши́ну. 4. Вы посове́товали ему́ прочита́ть после́дний но́мер журна́ла «Ю́ность». 5. Вы посове́товали ему́ бро́сить кури́ть. 6. Вы посове́товали ему́ подписа́ться на сове́тский журна́л «Спу́тник».

**(b)** What questions based on the preceding situations would you ask your conversation partner if you wanted to find out whether he had carried out his intention, had followed your advice, etc.

## 31.

**(a)** Read the sentences and their English translations.

1. — Вы *смотре́ли* но́вый фильм?
— Нет, *не смотре́л.*
'Have you seen the new film?'
'No, I haven't.'

1. — Вы *посмотре́ли* но́вый фильм?
— Нет, так и *не посмотре́л.* (Хотя́, как вы зна́ете, я не́сколько раз собира́лся э́то сде́лать.)
'Did you see the new film?'
'No, I didn't manage to see it'. (Although, as you know, I tried to do so a number of times.)

2. — Ты *принима́л* лека́рство?
— Нет, *не принима́л*.
'Have you taken the medicine?'
'No, I haven't.'

2. — Ты *при́нял* лека́рство?
— Нет, *не при́нял*. (Хотя́ врач и предупреди́л меня́, что э́то необходи́мо.)
'Did you take the medicine?'
'No, I didn't.'
(Although the doctor had warned me that it was necessary.)

3. — Ты *звони́л* в гости́ницу, что́бы нам оста́вили но́мер?
— Нет, *не звони́л*.
'Have you telephoned the hotel to reserve a room for us?'
'No, I haven't.'

3. — Ты *позвони́л* в гости́ницу?
— Нет, *не позвони́л*. (Хотя́ и до́лжен был э́то сде́лать.)
'Did you telephone the hotel?'
'No, I didn't.' (Although I was to have done so.)

(b) In which column do the sentences speak of actions that did not take place although they were expected to have taken place?

(c) In which column do the sentences speak of actions that simply did not take place in the past?

(d) What is the aspect of the verbs in the first case? And in the second?

**Note.**—In statements to the effect that the action which was expected to take place did not take place the verb is also a *perfective one,* but it is preceded by the negative particle.

**Exercise 5.** Read the sentences. Point out the numbers of the sentences which report (a) that the action simply did not take place; (b) that the action previously expected did not take place.

1. Прости́, что не позвони́л вчера́: я ра́но уе́хал за́ город и верну́лся о́чень по́здно. 2. Почему́ ты не спел э́ту пе́сню? Ведь все так проси́ли тебя́! 3. Оле́г прису́тствовал на конфере́нции, но уча́стия в диску́ссии не принима́л. 4. Ма́льчик не вы́учил стихотворе́ние, за́данное на́ дом. 5. С ребёнком сего́дня не гуля́ли. 6. Он ничего́ не расска́зывал сёстрам о свое́й рабо́те. 7. Ско́ро Но́вый год, а я ещё никому́ не написа́л поздрави́тельные откры́тки. 8. Я сего́дняшнюю газе́ту ещё не чита́л.

**Exercise 6.** Complete the sentences, supplying verbs of the required aspect, making it clear that the previously expected actions did not take place.

1. Ребёнок пе́ред сном не (пил — вы́пил) молоко́. 2. Почему́ вы не (ста́вили — поста́вили) цветы́ в во́ду? 3. Из-за недоста́тка вре́мени учи́тель не (объясня́л — объясни́л) но́вый материа́л. 4. Ма́ша уви́дела Ири́ну на у́лице, поздоро́валась, но не (остана́вливалась — останови́лась), что́бы поговори́ть с ней. 5. Сестра́ так торопи́лась уйти́, что не (кла́ла — положи́ла) проду́кты в холоди́льник. 6. Серёжа не́сколько раз собира́лся показа́ть мне свои́ рису́нки, но так и не (пока́зывал — показа́л). 7. Брат так и не (покупа́л — купи́л) себе́ но́вый костю́м. 8. Я не зна́ю, почему́ он не (приноси́л — принёс) мне слова́рь, кото́рый брал у меня́.

| The use of perfective verbs to convey repeated actions. | Турист несколько раз **переспросил** меня, как проехать в центр. |
|---|---|

## 32.

**(a)** Read the sentences and their English translations.

1. Он люби́л Пу́шкина и ча́сто *перечи́тывал свои́ люби́мые* пу́шкинские стихи́.
   He was fond of Pushkin and often read and reread his favourite poems by Pushkin.

2. Оле́г всегда́ внима́тельно *проверя́л* свои́ контро́льные рабо́ты, пре́жде чем сдава́ть их преподава́телю.
   Oleg always checked his test paper carefully before handing it to the teacher.

3. Де́ти *подпры́гивали,* срыва́я я́блоки с ве́ток.

   The children jumped when picking the apples from the branches.

4. Это гимнасти́ческое упражне́ние ну́жно *де́лать* ка́ждое у́тро.
   This P. T. exercise must be done every morning.

1. Он не́сколько раз *перечита́л* понра́вившиеся ему́ стихи́.
   He reread the poems he liked several times.

2. Оле́г два ра́за *прове́рил* контро́льную рабо́ту, пре́жде чем сдать её преподава́телю.
   Oleg checked his test paper twice before handing it to the teacher.

3. Ма́льчик *подпры́гнул* не́сколько раз, что́бы сорва́ть я́блоко с ве́тки.
   The boy jumped several times to pick an apple from the branch.

4. Это гимнасти́ческое упражне́ние ну́жно *проде́лать* шесть раз.
   This P. T. exercise must be done six times.

**(b)** In both columns the sentences speak of repeated actions. In which column do the sentences speak of actions repeated several times in succession (or a specific number of times); and in which, of actions repeated an unspecified number of times and separated by intervals of unspecified duration?

**(c)** What is the aspect of the verbs used in the first case? And in the second?

**(d)** Find in the sentences in both columns the adverbials. Try to read the sentences in which there are adverbials, without them. Could that always be done without distorting the meaning of the sentence? Point out the cases in which this could not be done.

**Note.**—In both columns the sentences speak of repeated actions. However, these actions can be repeated in different ways. They may be separated by intervals of unspecified duration (see the sentences in the left-hand column). Ча́сто *перечи́тывал* люби́мые стихи́ means '(He) read and reread his favourite poems an unspecified number of times and for an unspecified period of time'. These actions may be repeated several times in succession within a limited period of time (see the sentences in the right-hand column). Then these 'separate' actions merge, as it were, into a single whole (they are repeated several times each time, as it were) and the idea of separation of the actions by specified intervals is faded out. Несколько раз *перечитáл* стихи means '(He) read the poems several times in succession during a specific period of time'.

In the first case, as you know, *imperfective* verbs are used. The use of adverbials in such sentences is possible but not obligatory.

In the second case, *perfective* verbs are used, invariably accompanied by adverbials which incorporate the word *раз* (не раз, мнóго раз, пять раз, двáжды, трижды, etc.). These adverbial phrases also may include the word подрáд.

This use of perfective verbs (sometimes called the 'summing-up' use) is connected with the lexical nature of these verbs. The most common verbs of this type are those with the prefixes **пере-** and **про-**: **пере**читáть, **пере**спросить, **пере**писáть, **пере**смотрéть, **про**читáть; **прой**ти, **про**слýшать, **про**вéрить (their imperfective counterparts are often formed by means of the suffix **-ыва-** or **-ива-**) and verbs with the suffix **-ну-**: чихнýть, мигнýть, махнýть, крикнуть, прыгнуть, etc.

**Exercise 1.** Read the sentences. Point out the numbers of the sentences which speak of (a) actions repeated several times in succession; (b) repeated actions which are separated by intervals of unspecified duration.

1. Пóезд отходил, и провожáющие махáли рукáми. 2. Олéг нéсколько раз махнýл мне рукóй и пошёл вдоль платфóрмы. 3. Мать перечитáла письмó сына два рáза. 4. Моя бáбушка чáсто перечитывает стáрые письма свойх детéй. 5. Кáждый день по дорóге в шкóлу дéти проходили мимо магазина игрýшек и дóлго стояли у витрины. 6. Старáясь обратить на себя внимáние дéвушки, юноша нéсколько раз прошёл мимо неё. 7. Мы вышли на опýшку лéса и вздохнýли с облегчéнием: вдали привéтливо мигáли огоньки какóго-то посёлка. 8. Свет в окнé мигнýл нéсколько раз и погáс.

**Exercise 2.** Read the sentences, supplying verbs of the required aspect so that it should be clear that the actions took place several times in succession.

1. Дéвушка нéсколько раз (перечитывала — перечитáла) записку и засмеялась. 2. Учитель два рáза (прочитывал — прочитáл) расскáз, и дéти стáли писáть изложéние. 3. Нéсколько раз (сверкáла — сверкнýла) мóлния, прогремéл гром, и пошёл сильный дождь. 4. Пéред сном мать нéсколько раз (целовáла — поцеловáла) ребёнка. 5. Учитель двáжды (подчёркивал — подчеркнýл) ошибку крáсным карандашóм. 6. В пóисках понрáвившегося ему стихотворéния мáльчик (перелистывал — перелистáл) книжку.

**Exercise 3.** Read the sentences, supplying verbs of the required aspect so that it should be clear that the actions were repeated at intervals of unspecified duration.

1. Учитель посовéтовал ученикáм всегдá внимáтельно (про-

чи́тывать — прочита́ть) усло́вие зада́чи, пре́жде чем нача́ть реша́ть её. 2. Мать всегда́ (целова́ла — поцелова́ла) дете́й пе́ред сном. 3. Вся́кий раз, когда́ де́вочка была́ согла́сна с бра́том, она́ (кива́ла — кивну́ла) голово́й. 4. Он ча́сто (перели́стывал — перелиста́л) сбо́рник стихо́в Пу́шкина, что́бы прочита́ть ещё раз свои́ люби́мые стихи́. 5. Оте́ц мно́го раз (сове́товал — посове́товал) сы́ну бро́сить кури́ть. 6. Карти́на не удава́лась и худо́жник принима́лся не́сколько раз (переде́лывать —переде́лать) её. 7. Врач всегда́ внима́тельно (выслу́шивал — вы́слушал) больны́х.

**Exercise 4.** Answer the questions, making it clear that the action concerned occurred several times in succession.

*Model:* — Ты уве́рен, что реши́л зада́чу пра́вильно? (проверя́ть — прове́рить)
— Да, я прове́рил её два ра́за.

1. Вы запо́мнили мело́дию э́той пе́сни? (прослу́шивать — прослу́шать) 2. Ты хорошо́ зна́ешь содержа́ние э́той по́вести? (чита́ть — прочита́ть) 3. Почему́ почтальо́н ду́мал, что в кварти́ре никого́ нет? (звони́ть — позвони́ть) 4. Почему́ вы уве́рены в результа́тах своего́ о́пыта? (де́лать — проде́лать) 5. Почему́ ты ду́маешь, что сестра́ не сра́зу поняла́, о чём напи́сано в письме́? (перечи́тывать — перечита́ть) 6. Ты уве́рен, что ма́льчик хорошо́ запо́мнил а́дрес? (повторя́ть — повтори́ть) 7. Почему́ ты ду́маешь, что малы́ш простуди́лся? (чиха́ть — чихну́ть)

**Exercise 5.** Read the sentences, supplying verbs of the required aspect.

1. (a) Учи́тель два́жды (прочи́тывал — прочита́л) усло́вие зада́чи, и де́ти на́чали реша́ть её. (b) Ма́льчик всегда́ внима́тельно (прочи́тывал — прочита́л) усло́вие зада́чи, пре́жде чем нача́ть реша́ть её. 2. (a) Мать всегда́ (целова́ла — поцелова́ла) сы́на, уходя́ на рабо́ту. (b) Уходя́ на рабо́ту, мать не́сколько раз (целова́ла — поцелова́ла) сы́на. 3. (a) Проверя́я рабо́ту Серёжи, учи́тель два́жды (подчёркивал — подчеркну́л) кра́сным карандашо́м гру́бые оши́бки. (b) Проверя́я рабо́ты ученико́в, учи́тель (подчёркивал — подчеркну́л) оши́бки кра́сным карандашо́м. 4. (a) Ми́ша по́дал усло́вный знак своему́ дру́гу Серёже: (стуча́л — сту́кнул) три ра́за в окно́. (b) Заходя́ в шко́лу за Серёжей, Ми́ша всегда́ (стуча́л — сту́кнул) в дверь. 5. (a) Ле́то в э́том году́ бы́ло плохо́е: то и де́ло (шёл — пошёл) дождь, (сверка́ла — сверкну́ла) мо́лния, (греме́л — прогреме́л) гром. (b) Не́бо потемне́ло, не́сколько раз (сверка́ла — сверкну́ла) мо́лния, (греме́л — прогреме́л) гром, и хлы́нул дождь. 6. (a) Получи́в сда́чу, ма́льчик два́жды (пересчи́тывал — пересчита́л) де́ньги. (b) Получа́я сда́чу, ма́льчик всегда́ (пересчи́тывал — пересчита́л) де́ньги. 7. (a) Что́бы убеди́ться в пра́вильности своего́ диа́гноза, врач два́жды (осма́тривал — осмотре́л) больно́го. (b) Врач всегда́ внима́тельно (осма́тривал — осмотре́л) больны́х. 8. (a) Бы́ло ско́льзко, и прохо́жие то и де́ло (па́дали — упа́ли). (b) Был гололёд, и ма́льчик не́сколько раз (па́дал — упа́л), пока́ дошёл до шко́лы.

# Revision I

**Assignment 1.** Read the sentences, supplying verbs of the required aspect. When is it possible to use verbs of either aspect? Why is this so?

1. Я (приглаша́л — пригласи́л) дру́га на вы́ставку карти́н изве́стного худо́жника, но он не (шёл — пошёл) со мной, так как он уже́ одна́жды (ви́дел — уви́дел) э́ти карти́ны. 2. Молодо́й учёный был дово́лен свое́й рабо́той. Он не́сколько раз (проверя́л — прове́рил) результа́ты свои́х о́пытов, не́сколько раз (перечи́тывал — перечита́л) свои́ за́писи, (пересма́тривал — пересмотре́л) ещё раз свои́ фотогра́фии. Всё бы́ло в поря́дке. 3. Анто́н не (встреча́л — встре́тил) Светла́ну, хотя́ они́ (догова́ривались — договори́лись) о встре́че не́сколько дней наза́д. Она́ не (приходи́ла — пришла́), несмотря́ на своё обеща́ние. 4. Когда́ я (покупа́л — купи́л) биле́ты на конце́рт, я (вспомина́л — вспо́мнил), что одна́жды уже́ (слы́шал — услы́шал) э́того певца́, и он мне не понра́вился.

**Assignment 2.** Read the sentences, supplying verbs of the required aspect.

1. (a) Я зна́ю э́тот фильм: я уже́ оди́н раз (смотре́л — посмотре́л) его́. (b) Я хорошо́ зна́ю э́тот фильм: я мно́го раз (ви́дел — уви́дел) его́. (c) Я не (смотре́л — посмотре́л) э́тот фильм, хотя́ и собира́лся. 2. (a) Ма́льчик бежа́л к нам, что́-то крича́л и (маха́л — махну́л) рука́ми. (b) Дежу́рный (маха́л — махну́л) флажко́м, и по́езд тро́нулся. (c) Ка́ждый раз, когда́ де́ти ви́дели мча́вшийся ми́мо них по́езд, они́ (маха́ли — махну́ли) пассажи́рам рука́ми. 3. (a) Когда́ мы приглаша́ли Серге́я, он с ра́достью (соглаша́лся — согласи́лся) прие́хать к нам на пра́здники. (b) Он с ра́достью (соглаша́лся — согласи́лся) погости́ть у нас ка́ждый раз, когда́ мы его́ приглаша́ли. (c) Он до́лго не (соглаша́лся — согласи́лся) прие́хать к нам на пра́здники. 4. (a) Э́то о́чень хоро́шее вино́: я его́ (пил — вы́пил) одна́жды. (b) Больно́й (пил — вы́пил) лека́рство ка́ждый день. (c) Он (пил — вы́пил) лека́рство, и ему́ сра́зу ста́ло ле́гче. (d) Больно́й (пил — вы́пил) лека́рство и поме́рил температу́ру. 5. (a) Учи́тель (диктова́л — продиктова́л) гро́мко и ме́дленно. (b) Учи́телю пришло́сь не́сколько раз (диктова́ть — продиктова́ть) предложе́ние, что́бы все пра́вильно записа́ли его́. (c) Учи́тель (диктова́л — продиктова́л) дома́шнее зада́ние и зако́нчил уро́к. 6. (a) Я (включа́л — включи́л) телеви́зор в де́вять часо́в, что́бы посмотре́ть програ́мму «Вре́мя». (b) Он всегда́ (включа́л — включи́л) телеви́зор в де́вять часо́в, что́бы смотре́ть програ́мму «Вре́мя». (c) Магнитофо́н хорошо́ почини́ли, я уже́ (включа́л — включи́л) его́, что́бы прове́рить. (d) Я мно́го раз (включа́л — включи́л) магнитофо́н: он опя́ть не рабо́тает. 7. (a) Мяч (подпры́гивал — подпры́гнул) не́сколько раз и закати́лся в кусты́. (b) Уви́дев отца́, ма́льчик (подпры́гивал — подпры́гнул) от ра́дости и побежа́л навстре́чу ему́. (c) Спортсме́ны име́ли пра́во на три прыжка́, и все три ра́за Алекса́ндр (перепры́гивал — перепры́гнул) че́рез пла́нку, не заде́в её. (d) Спортсме́н (перепры́гивал — перепры́гнул) че́рез пла́нку, не заде́в её.

**Assignment 3.** Read the sentences. Point out the numbers of the sentences in which the italicised verbs are used to convey (a) the occurrence of a single action; (b) an action planned beforehand; (c) an action repeated in the past.

1. Он несколько раз *перелистал* записную книжку, чтобы найти нужный ему адрес. 2. Он не *написал* письмо, хотя вечером собирался это сделать. 3. Мы *крикнули* ему несколько раз, чтобы он остановился, но он не слышал наших голосов и продолжал идти. 4. Из-за болезни он несколько раз *пропустил* интересные лекции по истории. 5. — Вы знаете этот парк? Там есть чудесные тенистые аллеи. — Да, знаю. Однажды мы уже *гуляли* там. 6. Мне всё время казалось, что однажды я уже *видел* этого человека и *разговаривал* с ним, *слышал* его голос. 7. Почему ты не *сшила* себе новое платье к Новому году? Ведь ты же хотела. 8. По многочисленным просьбам телезрителей вчера опять *показывали* этот фильм. 9. По пути в лес мы несколько раз *пересекали* довольно глубокий овраг. 10. — Ты не забыл вымыть руки перед обедом? — спросила мать. — Я уже *мыл,* — ответил мальчик, садясь за стол. 11. — Хотите чаю? — Спасибо, я уже *пил.*

**Assignment 4.** Read the jokes and point out the numbers of the sentences which (a) convey an action which had been planned but did not take place; (b) state the occurrence of a single action; (c) convey a single completed action.

— (1) Вчера в кино я встретила твоего мужа, но он не узнал меня.

— (2) Да, я знаю. (3) Он уже говорил мне об этом.

\* \* \*

(4) Милиционер остановил машину. (5) За рулём сидела женщина.

— (6) Вы не видели красный свет?

— (7) Красный свет я видела. (8) Я не заметила вас.

**Assignment 5.** Read the caption to the picture.

— Что с тобой, Вера?! Ты уже несколько раз переспросила меня, какое сегодня число...

Why did the wife have to ask her husband what date it was several times?

**Assignment 6. (a)** Read these two extracts from the short story *A Dog Was Walking Along the Piano* by the Soviet writer, V. Tokareva.

— Сидоров!
— Я?
— Ты, кто же ещё?

(1) *Сидоров медленно поднимался,* на его лице остановилось недоуменное и недоверчивое выражение.

— Иди к доске,— (2) *пригласил Евгений.*
— Зачем?
— Отвечать урок.
— (3) *Так вы же меня вчера вызывали, поставили «удовлетворительно».*
— (4) *Ну и что же, что вызывал,— строго сказал Евгений.* — Меня и сегодня интересуют твои знания.
(5) *Сидоров пошёл к доске,* сильно сутулясь и кренясь в одну сторону. Повернулся лицом к классу. Постоял, возведя глаза к потолку.
— Я слушаю,— красивым басом произнёс Евгений.
— «Узник». Пушкин. Нет... Пушкин, «Узник».
— Александр Сергеевич,— подсказал Евгений.
— Александр Сергеевич Пушкин. Стихотворение «Узник». «Сижу за решёткой в темнице сырой. Вскормлённый в неволе орёл молодой. Мой грустный товарищ, махая крылом...»
(6) *Сидоров прочно замолчал.*
— (7) *Ты выучил?*
— (8) *Я учил.*
— Выучил или нет?

* * *

Евгений вошёл в класс.
Дети стали подниматься со своих мест.
— Садитесь,— (9) *махнул рукой Евгений.*
Ученики стали садиться.
— Сочинение на свободную тему! — (10) *Он подошёл к доске, взял мел и стал писать.*
1. Мой любимый герой.
2. Как бы я хотел прожить жизнь.
— (11) *А мы уже писали один раз «Мой любимый герой»,—* нежным голоском сообщила ученица Кузнецова.
Евгений решил не настаивать на промахе. (12) *Взял тряпку, стёр первую тему.* (13) *Потом он положил мел и отошёл к окну.* За его спиной дышал, жил пёстрый шум. Евгений различал все оттенки этого шума, как хороший механик слышит работу мотора. (14) *Дети писали сочинение.*
(15) *Зазвенел звонок.*
(16) *Евгений вздрогнул, обернулся к классу.* На его столе, в уголке, лежали собранные тетради с сочинениями. (17) *Дети сидели, смирно успокоив руки, глядели на своего учителя.*
— Запишите план анализа стихотворения на завтра.
Евгений подошёл к столу, раскрыл учебник, стал диктовать:
— Первое. Какое стремление выражено поэтом в стихотворении. Второе. Как подчёркнуто это стремление изображением орла...
— (18) *А мы уже это записывали один раз!* — (19) *радостно крикнул Сидоров.*
— Что за манера кричать с места? Если хочешь что-нибудь сказать, надо поднять руку. Урок окончен. На дом: повторение пройденного материала. Все вопросы в следующий раз.

**(b)** Point out the numbers of the sentences in which the verbs of different aspects convey (a) completed semelfactive actions (including consecutive semelfactive actions); (b) the occurrence of an action in the past; (c) momentaneous actions; (d) the beginning of an action; (e) the process of an action.

**Assignment 7.** Complete the following text, supplying verbs of the required aspect (you have come across them in Assignment 6).

В расска́зе говори́тся о молодо́м, ещё нео́пытном учи́теле Евге́нии. Одна́жды он ... своего́ ученика́ Си́дорова. Си́доров не ... стихотворе́ние Пу́шкина «Узник», кото́рое бы́ло за́дано на́ дом.

— А вы меня́ уже́ вчера́ ... ,— сказа́л ма́льчик.

Одна́жды Евге́ний ... в класс, ... мел и ... две те́мы для сочине́ний. Он забы́л, что одну́ из них де́ти уже́ ... .

— А мы уже́ э́то оди́н раз ... ,— сообщи́ла учени́ца Кузнецо́ва. И тогда́ де́тям оста́лось ... сочине́ние то́лько на одну́ те́му.

В конце́ уро́ка Евге́ний попроси́л дете́й записа́ть план ана́лиза стихотворе́ния.

— А мы э́то уже́ ... оди́н раз! — сно́ва ра́достно кри́кнул Си́доров.

**Assignment 8.** What have you learned about the young schoolmaster and his pupils?

**Assignment 9. (a)** Read this extract from the novel *The Two Captains* by the well-known Soviet writer, Veniamin Kaverin, in which a meeting between the novel's hero, Sanya Grigoryev, a boy in his teens at the time, and Mariya Vasilyevna, the widow of the polar explorer Captain Tatarinov, is described. In his childhood, when living in the town of N., Sanya read in rather unusual circumstances Captain Tatarinov's letters written to his wife and undelivered, and remembered them accurately. The letters showed that the man responsible for the failure of Captain Tatarinov's expedition and the death of its members was the Captain's brother, Nikolai Antonovich who had later married Mariya Vasilyevna. The meeting is taking place in the flat of Sanya's schoolmaster, Ivan Pavlovich Korablyov.

Когда́ я пришёл к Кораблёву, у него́ была́ Ма́рья Васи́льевна. (1) *Она́ просиде́ла у него́ весь ве́чер.* Но она́ пришла́ не к нему́, а ко мне, и́менно ко мне, и с пе́рвых же слов сказа́ла мне об э́том.

(2) *Она́ сиде́ла вы́прямившись,* с неподви́жным лицо́м и *иногда́ поправля́ла причёску.* (3) *Всё вре́мя она́ кури́ла.* (4) Знако́мая кора́лловая ни́тка была́ на ней, *и не́сколько раз она́ сла́бо оттяну́ла её* — как бу́дто ни́тка её души́ла.

(5) *Я оди́н говори́л,* Кораблёв ещё не пророни́л ни сло́ва. Я не могу́ объясни́ть, с каки́м выраже́нием он смотре́л на Ма́рью Васи́льевну. Он был о́чень стра́нный в э́тот ве́чер.

— Что же ты де́лал в Энске? — вдруг спроси́ла меня́ Ма́рья Васи́льевна. — У тебя́ там родны́е?

Я отвеча́л, что да, родны́е. Сестра́.

— Я о́чень люблю́ Энск,— заме́тила Ма́рья Васи́льевна, обраща́ясь к Кораблёву. — Там чуде́сно. Каки́е сады́! Я пото́м уже́ не быва́ла в сада́х, как уе́хала из Энска.

(6) *И она́ вдруг заговори́ла об Энске.* Она́ заче́м-то рассказа́ла, что у неё там живу́т три тётки. Пре́жде она́ не говори́ла так мно́го. (7) *Она́ сиде́ла* бле́дная, прекра́сная, с блестя́щими глаза́ми *и кури́ла, кури́ла.*

— (8) *Катя говорила,* что ты вспомнил ещё какие-то фразы из этого письма,— сказала она. — Но я никак не могла от неё добиться, что это за фразы.

— (9) *Да, вспомнил.*

Я ждал, что она сейчас попросит меня сказать эти фразы, но она молчала, как будто ей страшно было услышать их от меня.

— Ну, Саня,— произнёс Кораблёв.

Я сказал:

— Там кончалось: «Привет от твоего...» Верно?

(10) *Марья Васильевна кивнула:*

— А дальше было так: «...от твоего Монготимо Ястребиный Коготь»...

— Монготимо? — с изумлением переспросил Кораблёв.

— Да, Монготимо,— повторил я твёрдо.

— «Монтигомо Ястребиный Коготь»,— сказала Марья Васильевна, (11) *и в первый раз голос у неё немного дрогнул.* — (12) *Я его когда-то так называла.*

— Хорошо, Монтигомо,— сказал я. — А мне помнится — Монготимо... «Как ты когда-то меня называла. Как это было давно, боже мой! Впрочем, я не жалуюсь. Мы увидимся. И всё будет хорошо. Но одна мысль, одна мысль терзает меня». (13) *«Одна мысль» — два раза, это не я повторил,* так было в письме — два раза.

Марья Васильевна снова кивнула.

«Горько сознавать,— продолжал я, с выражением,— что всё могло быть иначе. Неудачи преследовали нас, и первая неудача — ошибка, за которую приходится расплачиваться ежечасно, ежеминутно,— та, что снаряжение экспедиции я поручил Николаю».

Может быть, я напрасно сделал ударение на последнем слове, потому что Марья Васильевна, которая была очень бледна, побледнела ещё больше. Уже не бледная, а какая-то белая, (14) *она сидела перед нами и всё курила, курила.* Потом она сказала совсем странные слова:

— (15) *Николай Антоныч заболел.* Я предложила позвать доктора — не хочет. (16) *Я не говорила с ним об этих письмах.* Не правда ли, пока не стоит?

Она была подавлена, поражена.

— Ах, вот как, не стоит! — возразил я. — Очень хорошо. Тогда я сам это сделаю. Я пошлю ему копию. Пусть почитает.

— Саня! — закричал Кораблёв.

— Нет, Иван Палыч, я скажу,— продолжал я. — Потому что всё это меня возмущает. Факт, что (17) *экспедиция погибла из-за него.* Это — исторический факт. Его обвиняют в страшном преступлении. И я считаю, что Марья Васильевна, как жена капитана Татаринова, должна сама предъявить ему это обвинение.

Она была не жена, а вдова капитана Татаринова. Она была жена Николая Антоныча и, стало быть, должна была предъявить это обвинение своему мужу. Но это до меня не дошло.

— Саня! — (18) *снова заорал Кораблёв.* (19) *Но я уже*

замолча́л. Бо́льше мне не́ о чем бы́ло говори́ть. Разгово́р наш ещё продолжа́лся, но говори́ть бо́льше бы́ло не́ о чем. Я то́лько сказа́л, что земля́, о кото́рой говори́тся в письме́,— э́то Се́верная Земля́ и что, ста́ло быть, (20) *Се́верную Зе́млю откры́л капита́н Тата́ринов.* Но стра́нно прозвуча́ли все э́ти географи́ческие слова́ «долгота́, широта́» здесь, в э́той ко́мнате. Ма́рья Васи́льевна всё кури́ла. Она́ была́ неподви́жна, споко́йна, (21) *то́лько иногда́ сла́бо потя́гивала кора́лловую ни́тку на ше́е,* то́чно э́та широ́кая ни́тка её души́ла. Как далеко́ была́ от неё Се́верная Земля́, лежа́щая ме́жду каки́ми-то меридиа́нами!

**(b)** Point out the numbers of the sentences in which the verbs of both aspects are used to convey (a) the occurrence of an action in the past; (b) repeated actions; (c) the process of an action; (d) the beginning of an action; (e) completed semelfactive actions; (f) momentaneous actions; (g) actions limited in time.

**(c)** What actions do the verbs in sentences 2, 3, 4, 13, 14, 21 convey? What is the aspect of the verbs used in them? Why is this so?

**(d)** Translate the italicised sentences into English.

**Assignment 10.** Retell the text given in Assignment 9. Give a more detailed account of (a) Mariya Vasilyevna's actions and state; (b) Sanya Grigoryev's story.

# CHAPTER II

## § 1

| | |
|---|---|
| The use of imperfective verbs with the negative particle to convey the absence of an action and of perfective verbs with the negative particle to convey the absence of the result of an action. | Он **не** реша́л зада́чу.<br>Он **не** реши́л зада́чу. |

## 33.

**(a)** Read the sentences and their English translations.

1. Студе́нты *не сдава́ли* экза́мен. (Профе́ссор заболе́л, и экза́мен перенесли́.)

   The students did not take the examination. (The professor had fallen ill and the examination was postponed.)

2. Ма́льчик *не реша́л* э́ти зада́чи. (Не мог реша́ть, так как не́ был в шко́ле.)

1. Студе́нт *не сдал* экза́мен. (Он сдава́л, но так как он пло́хо подгото́вился, он не сдал экза́мен, т. е. не получи́л положи́тельной оце́нки.)

   The student did not pass the examination. (He took it, but since he had not prepared for it properly he failed.)

2. Ма́льчик *не реши́л* э́ти зада́чи. (Пыта́лся реши́ть, но не мог, так как не знал э́той фо́рмулы.)

107

The boy did not solve these problems. (He was absent from school.)

The boy failed to solve these problems. (He tried to solve them, but failed, since he did not know the necessary formula.)

3. Де́вочка *не учи́ла* э́то стихотворе́ние. (Его́ не задава́ли в шко́ле.)

3. Де́вочка *не вы́учила* стихотворе́ние. (Мо́жет быть, учи́ла, но оно́ бы́ло сли́шком дли́нное и она́ не смогла́ его́ запо́мнить.)

The girl did not learn this poem. (Their schoolmistress did not ask the pupils to learn it.)

The girl failed to learn the poem. (She may have tried, but since it was long and she had too little time, she had not managed to learn it.)

(b) In the sentences of which column do the verbs convey actions that did not take place? And of which column the fact that the result of the action has not been achieved, although the actions themselves may have taken place?
(c) What is the aspect of the verbs used in each of these cases?

**Note.**—You know that to state the fact of an action which took place in the past, imperfective verbs are used.

Imperfective verbs with the negative particle mean that the action concerned did not take place (see the left-hand column.)

On the other hand, perfective verbs with the negative particle denote not the absence of the action itself (it may have taken place), but the absence of its result (see the right-hand column).

**Exercise 1.** Read the sentences and point out the numbers of those sentences which convey (a) the absence of the action; (b) the absence of the result of the action.

1. Ле́на не переводи́ла вчера́ статью́, потому́ что её неожи́данно пригласи́ли в теа́тр. 2. Я не перевёл статью́: она́ сли́шком тру́дная. 3. Все говоря́т о после́днем рома́не Валенти́на Распу́тина, но я его́ ещё не чита́л. 4. Из-за отсу́тствия вре́мени я чита́ю уры́вками и поэ́тому ещё не прочита́л э́тот рома́н. 5. Ви́ктор написа́л поздрави́тельные нового́дние откры́тки, но ещё никому́ их не посла́л. 6. Никола́й си́льно боле́л в конце́ декабря́ и никому́ не посыла́л нового́дних откры́ток.

**Exercise 2.** Complete the sentences, supplying verbs of the required aspect so that it is clear that no action took place.

1. По телеви́дению э́тот фильм не (пока́зывали — показа́ли). 2. Ле́на заболе́ла и на конце́рте студе́нческой самоде́ятельности не (выступа́ла — вы́ступила). 3. Мы бы́ли за́няты вчера́ ве́чером и не (включа́ли — включи́ли) телеви́зор. 4. Сего́дня она́ не (полива́ла — полила́) цветы́ в саду́, так как всю ночь шёл дождь. 5. Э́ту теоре́му Серёжа не зна́ет: учи́тель ещё не (объясня́л — объясни́л) её. 6. Хотя́ Оле́г и прису́тствовал на конфере́нции, но

участия в дискуссии не (принимал — принял). 7. Лекция была неинтересной, и студенты не (конспектировали — законспектировали) её. 8. Хотя у девочки был отличный слух, она не (училась — научилась) играть на пианино.

**Exercise 3.** Supply verbs of the required aspect, making it clear that the actions had not been completed and no result had been achieved.

1. Статья была трудная, и Валерий не (переводил — перевёл) её. 2. Андрей пока ходит без часов: он отнёс часы в мастерскую, но их ещё не (ремонтировали — отремонтировали). 3. Несмотря на все старания, Виктор так и не (учился — научился) хорошо танцевать. 4. Друзья не (дожидались — дождались) прихода всегда опаздывающей Наташи и пошли в кино без неё. 5. Потерянную книгу Ольга так и не (находила — нашла). 6. Игорь вернулся с вокзала один: он не (встречал — встретил) сестру, хотя она и должна была приехать с этим поездом сегодня. 7. Уже поздно, но дети до сих пор не (засыпали — заснули). 8. Если у ребёнка такая высокая температура, почему вы не (вызывали — вызвали) врача? 9. Студенты не (сдали — сдавали) экзамен, потому что преподаватель заболел. 10. Солнце только взошло над горизонтом, а птицы уже давно (пели — запели).

**Exercise 4.** Answer the questions, making it clear that the action had not been completed and, consequently, no result had been achieved.

*Model:* — Вы кончили читать эту книгу?
        — Нет, я ещё не прочитал её.

1. Ирина кончила переводить текст? 2. Дети кончили готовить уроки? 3. Нина кончила убирать квартиру? 4. Рабочие кончили ремонтировать ваш дом? 5. Мать кончила вязать дочери шарф? 6. Девочка кончила мыть посуду? 7. Дети кончили завтракать?

**Exercise 5.** Answer the questions, making it clear that the action did not take place.

*Model:* — Алёша решил задачу?
        — А он её ещё не решал.

1. Олег сдал экзамен? 2. Машинистка напечатала этот документ? 3. Маша нашла нужную ей книгу? 4. Тебе хорошо починили магнитофон? 5. Учитель уже объяснил детям новый материал? 6. Ваши ученики хорошо написали сочинение?

## 34.

**(a)** Read the sentences and their English translations.

| | |
|---|---|
| 1. Олег *давно не писал* брату. | 1. It is a long time since Oleg wrote to his brother. |
| 2. Игорь *давно не заходил* к друзьям. | 2. It is a long time since Igor went to see his friends. |
| 3. Лида *давно не читала* таких интересных книг, как «Два капитана» Каверина. | 3. It is a long time since Lida read such an interesting book as Kaverin's *The Two Captains*. |

4. Та́ня *давно́* так *не волнова́-* 4. It is a long time since Tanya
*лась,* как пе́ред э́тим экза́ме- was as nervous as she was be-
ном по исто́рии. fore this examination in histo-
ry.

**(b)** What is the aspect of the verbs used after the phrase давно́ не?

**Note.**— Only imperfective verbs are used in sentences containing the phrase *давно́ не.*

**Exercise 6.** Agree that it is a long time since the actions concerned took place.

*Model:* — Андре́й и сего́дня не позвони́л Ве́ре.
— А он давно́ ей не звони́л.

1. Ната́ша и сего́дня не зашла́ к Мари́не. 2. Ма́ша и сего́дня не
убрала́ ко́мнату. 3. Игорь и сего́дня не позвони́л отцу́. 4. Семён
ничего́ не рассказа́л нам о свое́й рабо́те. 5. Макси́м сего́дня не
пошёл в шко́лу. 6. Сестра́ не погуля́ла сего́дня с мла́дшим
брати́шкой. 7. Ива́н не пое́хал к роди́телям на кани́кулы.

**Exercise 7.** Answer the questions, making it clear that it is a long time
since the action concerned last took place.

*Model:* — Оле́г позвони́л вам?
— Нет, он давно́ не звони́л мне.

1. Ле́на написа́ла письмо́ бра́ту? 2. Оле́г получи́л письмо́ от
роди́телей? 3. Де́ти поката́лись на лы́жах? 4. Ко́мнату прове́три-
ли? 5. Ты сфотографи́ровал дете́й во вре́мя прогу́лки?

## 35.

**(a)** Read the dialogues and their English translations.

1. — Кто *взял* мой слова́рь? 1. 'Who has taken my dictiona-
Ты? ry? You?'
— Нет, я *не брал.* 'No, I haven't.'

2. — Кто *унёс* отсю́да стул? 2. 'Who has taken the chair
away?'
— Не зна́ю, я *не уноси́л.* 'I don't know. I haven't taken
it.'

3. — Это ты *включи́л* телеви- 3. 'Was it you who switched on
зор? the TV?'
— Нет, я *не включа́л.* 'No, I didn't switch it on.'

**(b)** What is the aspect of the verbs used in the negative sentences?

**Note.**—To convey the agent's complete non-involvement in an
action in negative sentences *imperfective* verbs are used.

**Exercise 8.** Respond to the questions, denying categorically your involvement
in the action.

1. Кто э́то откры́л окно́ в тако́й си́льный моро́з? Ты? 2. Кто э́то
включи́л телеви́зор, когда́ уже́ все спят? Ты? 3. Это ты посла́л
телегра́мму отцу́ о боле́зни бра́та? 4. Это ты рассказа́л всем о
случи́вшемся? 5. Это ты взял мой слова́рь? 6. Кто оби́дел Ири́ну?

Ты? 7. Кто за́пер входну́ю дверь? Ты? 8. Кто пове́сил э́ту карти́ну сюда́? Ты?

**Exercise 9. (a)** Read the sentences.

1. Окно́ откры́то. 2. Дверь заперта́. 3. Телеви́зор включён. 4. В спа́льне гори́т свет. 5. Пла́тье виси́т на сту́ле. 6. Ча́шка разби́та. 7. Молоко́ разли́то. 8. Нет сего́дняшней газе́ты. 9. В коридо́ре темно́.

**(b)** Using the situations given in (a), compose dialogues in which one person wants to find out who has performed the action concerned and the other says that he has had nothing to do with that action.

*Model:* На столе́ стоя́т цветы́.
— Кто поста́вил э́ти цветы́ на стол?
— Не зна́ю, я не ста́вил.

**Exercise 10.**

I. Would you say: «Ири́на не убира́ла ко́мнату» ог «Ири́на не убрала́ ко́мнату»

(a) if she was to have tidied up the room but did not do so; (b) if she began tidying up the room but did not finish it; (c) if you wanted to stress that the room had not been tidied up at all; (d) if the room had been tidied up, but Irina had had nothing to do with it?

II. Would you say: «Оле́г не передвига́л ме́бель» ог «Оле́г не передви́нул ме́бель»

(a) if he was to have done it but did not do so; (b) if you wanted to stress that no action had taken place at all; (c) If Oleg began to move the furniture in the room but did not finish it; (d) if the furniture had been moved, but Oleg had had nothing to do with it?

## § 2

| The use of perfective imperatives preceded by the negative particle to convey warning. | Смотри́, **не опозда́й** на спекта́кль! |

## 36.

**(a)** Read the sentences and their English translations.

1. *Не опа́здывай* на спекта́кль! Вход в зал по́сле тре́тьего звонка́ запрещён.
Don't be late for the performance! People are not admitted into the auditorium after the third bell.

1. Спекта́кль начина́ется в семь часо́в. Смотри́, *не опозда́й!*

The performance begins at seven o'clock. See that you are not late!

2. «*Не простуживайтесь* так часто,— сказал врач.— Это может кончиться серьёзным заболеванием лёгких».

'Don't catch cold so often,' said the doctor. 'This may end in a serious lung disease.'

2. На улице сегодня очень холодно. Смотрите, *не простудитесь!*

It is very cold outside today. See that you don't catch cold!

3. «*Не ошибайтесь* так часто в употреблении видов русских глаголов,— сказал преподаватель.— Старайтесь говорить правильно».

'Don't make so many mistakes in the use of the Russian verb aspects,' said the teacher. 'Try to speak correctly.'

3. «Осторожно, впереди очень сложный перекрёсток,— сказал милиционер водителю.— *Не ошибитесь* на повороте!»

'Be careful, there is a very difficult junction ahead,' said the militiaman to the driver. 'Don't make a mistake when turning!'

**(b)** In the sentences in the left and right-hand columns there are imperatives preceded by the negative particle **не**. In the sentences in the left-hand column they convey the undesirability of an action or advice not to perform an action; and in the sentences in the right-hand column, warning or apprehension that an undesirable action may take place.

**(c)** What is the aspect of the verbs in the first case? And in the second?

**Note.**—As you remember, the imperfective imperative with the negative particle is used to convey a request, advice or command not to perform an action (see the sentences in the left-hand column).

The perfective imperative with the negative particle either conveys the speaker's apprehension that his conversation partner may perform an action which he considers undesirable or expresses warning against his performing such an action (see the sentences in the right-hand column).

More often than not this meaning is conveyed by so-called verbs of 'undesirable action': заболеть, забыть, испачкаться, обжечься, опоздать, опрокинуть, оставить, порезаться, поскользнуться, потерять, проспать, простудиться, разбить, разлить, упасть, уронить and a number of others, the note of warning being emphasised by the words осторожно and смотри.

**Exercise 1.** Read the sentences. Point out the numbers of those sentences in which the imperative preceded by the negative particle conveys (a) the undesirability of an action; (b) warning.

1. Завтра мы поедем на экскурсию рано. Смотри не опоздай! 2. Нож очень острый, осторожно, не порежься! 3. Не рассказывай никому о том, что произошло. 4. Не забудь, что завтра мы идём в гости. 5. Не включай проигрыватель, это мешает ра-

бо́тать. 6. Не покупа́й э́ту кни́гу: она́ у меня́ есть, и я тебе́ её дам почита́ть. 7. Не ложи́сь спать так по́здно, э́то вре́дно для здоро́вья. 8. Не урони́ ва́зу, она́ тяжёлая. 9. На у́лице ско́льзко, будь осторо́жен, не упади́! 10. Не потеря́й э́ту кни́гу: она́ о́чень ре́дкая.

**Exercise 2.** Supply verbs of the required aspect, making it clear that you are warning your conversation partner against performing an undesirable action.

1. Эти ча́шки о́чень дороги́е, не (разбива́й — разбе́й) их, будь осторо́жна! 2. Утю́г о́чень горя́чий, смотри́ не (обжига́йся — обожги́сь)! 3. За́втра тебе́ ну́жно встать ра́но: не (просыпа́й — проспи́)! 4. В прихо́жей не гори́т свет. Там стои́т велосипе́д, бу́дешь идти́ — не (опроки́дывай — опроки́нь) его́! 5. Это библиоте́чная кни́га, смотри́ не (оставля́й — оста́вь) её нигде́! 6. Когда́ бу́дешь нести́ чай, будь осторо́жен, не (пролива́й — проле́й) его́. 7. Сте́ны в э́той ко́мнате то́лько что покра́сили, кра́ска ещё не вы́сохла, не (па́чкайся — испа́чкайся).

**Exercise 3.** Supply verbs of the required aspect, making it clear that the actions concerned should not be performed.

1. Эта кни́га неинтере́сная, не (покупа́й — купи́) её. 2. Не (звони́ — позвони́) мне ве́чером: меня́ не бу́дет до́ма. 3. Не (налива́й — нале́й) мне ко́фе, я вы́пью лу́чше ча́ю. 4. Не (уходи́те — уйди́те), побу́дьте с на́ми ещё немно́го. 5. Не (серди́тесь — рассерди́тесь) на меня́ за опозда́ние: я не мог прийти́ ра́ньше. 6. Не (убира́й — убери́) сего́дня кварти́ру, лу́чше отдохни́ немно́го. 7. Не (заводи́ — заведи́) часы́: я их уже́ завёл. 8. Не (провожа́йте — проводи́те) меня́, я сам дое́ду до вокза́ла. 9. Не (прекраща́йте — прекрати́те) ле́том занима́ться ру́сским языко́м.

**Exercise 4.** Warn your conversation partner against performing the action in question.

*Model:* Сте́ны то́лько что покра́сили, мо́жно испа́чкаться.
— Смотри́ не испа́чкайся!

1. Вода́ о́чень горя́чая, мо́жно обже́чься. 2. Нож о́чень о́стрый, мо́жно поре́заться. 3. Ва́за о́чень то́нкая, её мо́жно легко́ разби́ть. 4. На у́лице гололёд, мо́жно поскользну́ться. 5. Вре́мени до нача́ла спекта́кля оста́лось ма́ло. Мо́жно опозда́ть в теа́тр. 6. Эта игру́шка о́чень хру́пкая. Её мо́жно слома́ть. 7. Ва́за с цвета́ми о́чень тяжёлая, мо́жно её урони́ть. 8. У э́той ле́стницы о́чень круты́е ступе́ньки, мо́жно легко́ упа́сть.

**Exercise 5.** Complete the sentences, supplying verbs of the correct aspect. Give reasons for your choice of the verb.

1. Не (надева́й — наде́нь) пальто́, на у́лице сего́дня о́чень тепло́. 2. Не (бери́ — возьми́) зо́нтик: сего́дня дождя́ не обеща́ли. 3. Малы́ш уже́ спит, смотри́ не (буди́ — разбуди́) его́. 4. Не (опа́здывай — опозда́й) на по́езд, до отхо́да оста́лось всего́ полчаса́. 5. Не (гото́вь — пригото́вь) сего́дня обе́д, дава́й лу́чше пообе́даем в рестора́не. 6. Не (клади́ — положи́) кни́ги на стол,

поста́вь их сра́зу в шкаф. 7. Не (разбива́й — разбе́й) рюмки, когда́ бу́дешь их мыть. 8. Сего́дня о́чень холо́дный ве́тер, смотри́ не (просту́живайся — простуди́сь). 9. Сего́дня гололёд, будь осторо́жен, не (па́дай — упади́)!

**Exercise 6.** Read the sentences, supplying verbs of the required aspect in the correct form.

*Model:* (a) (чита́ть — прочита́ть). Кни́га неинтере́сная, не ну́жно её чита́ть. Не чита́йте её!
(b) (па́дать — упа́сть). На у́лице ско́льзко, мо́жно упа́сть. Смотри́ не упади́!

1. (лома́ть — слома́ть) Если небре́жно обраща́ться с магнито́фоном, его́ легко́ слома́ть. Не ... его́! 2. (зажига́ть — заже́чь) В ко́мнате ещё светло́. Пока́ не ну́жно зажига́ть свет. Не ... его́! 3. (роня́ть — урони́ть) Чемода́н тяжёлый. Снима́я его́ с по́лки, его́ не тру́дно урони́ть. Не ... его́! 4. (пить — вы́пить) Пить мно́го ко́фе вре́дно. Не ... мно́го ко́фе! 5. (обжига́ться — обже́чься) Сковоро́дка раскалена́. Осторо́жно, мо́жно обже́чься. Не ...! 6. (смотре́ть — посмотре́ть) Фильм неинтере́сный. Не сто́ит его́ смотре́ть. Не ... его́! 7. (рассыпа́ть — рассы́пать) В паке́те мно́го я́блок. Их легко́ рассы́пать. Не ... их! 8. (покупа́ть — купи́ть) До́ма есть молоко́, поэ́тому покупа́ть молока́ не на́до. Не ... его́!

## § 3

| The use of imperfective and perfective verbs in interrogative sentences in which the questioner is wondering who the performer of the action is. | Кто **убира́л** ко́мнату?<br>Кто **убра́л** ко́мнату?<br>Кто так хорошо́ **убра́л** ко́мнату? |
|---|---|

## 37.

**(a)** Read the sentences and their English translations.

1. В ко́мнате чи́сто. Интере́сно, кто *убра́л* ко́мнату?

The room is clean. I wonder who has tidied up the room?

2. Посу́да вы́мыта. Кто *вы́мыл* посу́ду?

The crockery has been washed. Who has washed it?

1. В ко́мнате чи́сто. Кто *убира́л* ко́мнату? На столе́ лежа́ли мои́ кни́ги, а тепе́рь их нет. The room is clean. Who tidied up the room? My books were on the table and now they're not.

2. Посу́да вы́мыта, но одна́ ча́шка разби́та. Кто *мыл* посу́ду? The crockery has been washed, but one cup is broken. Who did the washing?

**(b)** The sentences in both columns convey actions the results of which are evident: the room has been tidied up and the crockery washed. But in one case the speaker is interested only in the result of the action as such, whereas in the other he is interested in the circumstances connected with the occurrence of this action. In which column are these sentences? What is the aspect of the verbs used in them?

**Note.**—If a sentence conveys an action the result of which is evident and the speaker is interested in who the performer of the action is, verbs of either aspect can be used. However, the use of a particular verb depends on what the speaker's main attention is centred on.

If he is interested in *the result*, in the completion of the action, *perfective* verbs are used (Кто *убра́л* ко́мнату? Кто *вы́мыл* посу́ду?—the sentences in the left-hand column). If in addition he is interested in *who* has performed the action or in something else connected with the occurrence of the action (somebody misplaced the books while tidying up the room, a cup was broken when washing the crockery), *imperfective* verbs are used (see the sentences in the right-hand column).

**Exercise 1.** Read the sentences. Point out the numbers of those sentences in which the speaker is interested in (a) the result of the action; (b) the circumstances connected with the performance of that action.

1. Кто де́лал э́тот перево́д? В нём мно́го оши́бок. 2. «Кто сде́лал перево́д? Мо́жете сдава́ть его́ на прове́рку»,— сказа́л преподава́тель. 3. Кто перепеча́тывал э́ту статью́? Пропу́щен це́лый абза́ц. 4. Кто перепеча́тал э́ту статью́? Я не ожида́л, что э́то бу́дет сде́лано. 5. Кто за́пер шкаф? Я не могу́ тепе́рь взять свои́ ве́щи. 6. Кто запира́л шкаф? Когда́ его́ запира́ли, слома́ли ключ. 7. Кто переста́вил ме́бель в ко́мнате? Тако́й она́ мне бо́льше нра́вится. 8. Кто переставля́л ме́бель в ко́мнате? Весь пол поцара́пали. 9. Кто откры́л окно́ и устро́ил сквозня́к? 10. Кто открыва́л окно́? Весь пол за́лило дождём.

**Exercise 2.** Read the sentences. Ask questions about them according to the model. You are above all interested in the fact that the action concerned has been completed.

*Model:* Ужин на столе́. Кто пригото́вил у́жин?

1. Пиро́г испечён. 2. Апельси́ны уже́ ку́плены. 3. Телеви́зор включён. 4. Телегра́мма по́слана. 5. Окна закры́ты. 6. Чемода́ны уло́жены. 7. Дверь заперта́. 8. Кре́сло передви́нуто. 9. Шкаф откры́т. 10. Руба́шки вы́глажены.

**Exercise 3.** Read the sentences. Ask questions about them. You are interested in the circumstances connected with the process of the action concerned.

*Model:* На ка́ждой страни́це де́сять оши́бок!
Кто перепеча́тывал э́тот текст?

1. При перено́ске ме́бели повреди́ли шкаф. 2. При убо́рке со стола́ куда́-то переложи́ли перча́тки и су́мку. 3. При перево́де статьи́ допусти́ли оши́бку. 4. При поли́вке цвето́в разли́ли во́ду. 5. Во вре́мя сти́рки порва́ли занаве́ски.

**Exercise 4.** Supply continuations to the questions, clarifying why you have asked the question (you are interested in the circumstances connected with the action concerned).

*Model:* Кто покупа́л э́ти я́блоки? Они́ о́чень ки́слые и твёрдые.

1. Кто закрыва́л окно́? 2. Кто гото́вил сего́дня обе́д? 3. Кто брал мой магнитофо́н? 4. Кто составля́л расписа́ние? 5. Кто писа́л э́то письмо́? 6. Кто принима́л ва́нну?

**Exercise 5.** Read the description of the situations. Which question would you ask:

I. «Кто убира́л ко́мнату?» or «Кто убра́л ко́мнату?»
   (a) if you came into your room and saw that everything was clean and in good order; (b) if the room had been tidied up but all the things were not in their usual places and you could not find what you needed?
II. «Кто купи́л гру́ши?» or «Кто покупа́л гру́ши?»
   (a) if you saw that the pears were not of the kind you like; (b) if you saw some large pears on the table?
III. «Кто пил чай?» or «Кто вы́пил чай?»
   (a) if the tea you had prepared for yourself was not there; (b) if the tea was spilt on the table?
IV. «Кто перепеча́тал э́тот текст?» or «Кто перепеча́тывал э́тот текст?»
   (a) if, when reading the text, you discovered that it contained numerous errors; (b) if you saw that the text had already been re-typed by somebody?

**Exercise 6.** Read the description of some situations. Ask relevant questions.

*Model:* При мытье́ маши́ны из неё убра́ли каки́е-то ве́щи. — Кто мыл маши́ну?
   Маши́на уже́ вы́мыта. — Кто вы́мыл маши́ну?

1. (a) Дверь заперта́. (b) Когда́ запира́ли дверь, слома́ли ключ. 2. (a) На столе́ лежи́т рису́нок. (b) На столе́ лежи́т рису́нок, и стол весь запа́чкан кра́ской. 3. (a) Чемода́ны уло́жены. (b) Чемода́ны уло́жены, а не́которые ну́жные для путеше́ствия ве́щи туда́ положи́ть забы́ли. 4. (a) Окна чи́стые. (b) Окна чи́стые, а пол в ко́мнате за́лит водо́й. 5. (a) Статья́ переведена́. (b) В перево́де статьи́ есть оши́бки.

## 38.

**(a)** Read the sentences and their English translations.

1. Статья́ переведена́ о́чень хо-рошо́. Кто *переводи́л* её?
   The article is translated very well. Who translated it?

1. Кто так хорошо́ *перевёл* ста-тью́?
   Who has translated the article so well?

2. Пла́тье прекра́сно сши́то. Кто *шил* вам э́то пла́тье?
   The dress is beautifully made. Who made it for you?

2. Кто так уда́чно *сшил* вам пла́тье?
   Who has made your dress so well?

3. Кто *де́лал* э́ту рабо́ту? Она́ сде́лана о́чень небре́жно.
Who did this work? It's done very carelessly.

3. Кто так небре́жно *сде́лал* рабо́ту?
Who has done the work so carelessly?

(b) The sentences in both columns give an evaluation of the result of the action of the verb. In which column are the interrogative sentences in which the evaluation of the result of the action is included in the question? What is the aspect of the verbs in these sentences?

(c) In which column is the evaluation of the action contained not in the question but in a separate sentence? What is the aspect of the verbs used in the interrogative sentences in this case?

**Note.**—Interrogative sentences with the interrogative word *кто?* may contain both information that the action has been completed and an evaluation of the result of this action (see the sentences in the right-hand column). In such sentences *perfective* verbs are generally used.

However, if the characterisation of the result of the action is not included in the interrogative sentence itself, but is given in another sentence, which either precedes or follows the interrogative one (see the sentences in the left-hand column), *imperfective* verbs are used in the interrogative sentences.

**Exercise 7.** Read the sentences. Point out the numbers of the sentences in which (a) the evaluation of the result is included in the interrogative sentence; (b) the evaluation of the result of the action is given either before or after the interrogative sentence.

1. Кто приготовил тако́й вку́сный борщ? 2. Очень вку́сный борщ. Кто его́ гото́вил? 3. Кто так аккура́тно начерти́л чертёж? 4. Кто покупа́л виногра́д? Он тако́й ки́слый! 5. Кто э́то купи́л тако́й ки́слый виногра́д? 6. Кто с таки́м вку́сом подобра́л цветы́ для буке́та? 7. Буке́т подо́бран с больши́м вку́сом. Кто подбира́л для него́ цветы́?

**Exercise 8.** Read the sentences, supplying verbs of the required aspect.

1. Расписа́ние соста́влено о́чень уда́чно. Кто (составля́л — соста́вил) его́? 2. Прекра́сное пальто́! Кто вам его́ (шил — сшил)? 3. Статья́ перепеча́тана о́чень аккура́тно. Кто её (печа́тал — напеча́тал)? 4. Рабо́та вы́полнена без оши́бок. Кто (выполня́л — вы́полнил) э́ту рабо́ту? 5. Статья́ переведена́ небре́жно. Кто (переводи́л — перевёл) её? 6. Ко́фе о́чень вку́сный. Кто (вари́л — свари́л) его́? 7. Окна вы́мыты о́чень чи́сто. Кто (мыл — вы́мыл) их? 8. У вас прекра́сный сви́тер. Кто вам его́ (вяза́л — связа́л)? 9. Зада́ча решена́ о́чень оригина́льно. Кто (реша́л — реши́л) её?

**Exercise 9.** Read the sentences, supplying verbs of the required aspect.

1. Кто (вари́л — свари́л) таки́е вку́сные щи? 2. Кто (писа́л — написа́л) таку́ю интере́сную статью́? 3. Кто так хорошо́ (рисова́л — нарисова́л) э́ту карикату́ру? 4. Кто так оригина́льно (вышива́л — вы́шил) э́ту ска́терть? 5. Кто так широко́ (открыва́л — откры́л) окно́? 6. Кто так ту́го (затя́гивал — затяну́л) ремни́ на

чемода́не? 7. Кто так высоко́ (ве́шал — пове́сил) ве́шалку? 8. Кто так удо́бно (расставля́л — расста́вил) ме́бель в кварти́ре? 9. Кто (выбира́л — вы́брал) таки́е хоро́шие обо́и для э́той ко́мнаты?

**Exercise 10.** Read the sentences, supplying verbs of the required aspect.

1. Кто вам так хорошо́ (ремонти́ровал — отремонти́ровал) кварти́ру? 2. Расписа́ние уро́ков соста́влено о́чень уда́чно. Кто его́ (составля́л — соста́вил)? 3. Кто так хорошо́ (стриг — постри́г) ва́шу дочь? 4. Торт о́чень вку́сный. Кто его́ (де́лал — сде́лал)? 5. Пла́тье сши́то о́чень небре́жно. Кто вам его́ (шил — сшил)? 6. Мне не нра́вится твоя́ но́вая причёска. Кто тебя́ (стриг — постри́г)? 7. Забо́р вы́крашен неаккура́тно. Кто его́ (кра́сил — вы́красил)? 8. Пироги́ о́чень вку́сные. Кто их (пёк — испёк)? 9. Каки́е тёмные обо́и в э́той ко́мнате! Кто их (выбира́л — вы́брал)? 10. Кто так хорошо́ (снима́л — снял) бата́льные сце́ны в э́том фи́льме? 11. Како́й прекра́сный фильм! Кто его́ (снима́л — снял)?

**Exercise 11.** Replace each pair of sentences by one interrogative sentence which includes an evaluation of the result of the action.

*Model:* Сала́т о́чень вку́сный. Кто его́ гото́вил?
Кто пригото́вил тако́й вку́сный сала́т?

1. О́чень бы́стро перевели́ статью́. Кто её переводи́л? 2. Магнитофо́н почини́ли хорошо́. Кто его́ чини́л? 3. Чай о́чень вку́сный. Кто его́ зава́ривал? 4. Кни́ги расста́влены о́чень аккура́тно. Кто их расставля́л? 5. Чемода́ны отли́чно уло́жены. Кто их укла́дывал? 6. Шко́льная библиоте́ка хорошо́ подо́брана. Кто её подбира́л? 7. Ва́ша ко́фта о́чень краси́вая. Кто её вяза́л? 8. Ковёр пло́хо вы́чищен. Кто его́ чи́стил? 9. Кни́ги упако́ваны тща́тельно. Кто их упако́вывал?

**Exercise 12.** Replace each interrogative sentence by two sentences, the first giving an evaluation of the action and the second asking who has performed that action.

*Model:* Кто купи́л таки́е вку́сные гру́ши?
Гру́ши о́чень вку́сные. Кто их покупа́л?

1. Кто так хорошо́ перепеча́тал статью́? 2. Кто так хорошо́ сде́лал вам ремо́нт? 3. Кто так аккура́тно уложи́л ве́щи в чемода́н? 4. Кто так гря́зно написа́л рабо́ту? 5. Кто так уда́чно вы́брал занаве́ски для э́той ко́мнаты? 6. Кто вам так пло́хо отремонти́ровал маши́ну? 7. Кто так небре́жно напеча́тал текст?

## § 4

| | |
|---|---|
| The use of the imperfective imperative in sentences in which the speaker's attention is centred on how the action should proceed. | **Перепи́сывай** э́то упражне́ние внима́тельнее! |

**39.**

(a) Read the sentences and their English translations.

1. *Расскажи́* нам о свое́й пое́здке в Москву́. То́лько *расска́зывай* поподро́бнее.

2. *Отнеси́* э́ту коро́бку на ку́хню, то́лько *неси́* осторо́жнее: в ней посу́да.

3. *Перепиши́* э́то упражне́ние в тетра́дь. *Перепи́сывай* внима́тельнее!

1. Tell us about your trip to Moscow. Only speak in as great detail as possible.

2. Take this box to the kitchen, only be careful, please: there is crockery in it.

3. Copy out this exercise into your notebook. Copy very carefully, please.

(b) In each of the preceding situations the imperatives used belong to one aspect pair. What is the aspect of the first imperative; and what is the aspect of the second one?

(c) Are there any regularities in the use of these forms of the imperative? What are these regularities?

**Note.**—As you know, to convey specific advice, a request, a wish, a command, etc., perfective imperatives are used (see Note 18). In each of the preceding examples it is the first verb.

However, if the speaker's attention is then switched onto *the way in which the given action* (which is also a single one) *should proceed, imperfective* imperatives are used. They are used with adverbial modifiers showing how the action concerned should proceed (as a rule, they are adverbs in the comparative degree).

As you can see, in these uses of the perfective and imperfective imperatives the principal meanings of the perfective and imperfective aspects are realised: in the first case the speaker's attention is centred on the result of the actions and, therefore, perfective verbs are used (расскажи́, отнеси́, перепиши́); in the second case the speaker is interested not in the result but in *the way the action is performed (как?)* and, therefore, imperfective verbs are used (расска́зывай, неси́, перепи́сывай).

**Exercise 1.** Read the sentences. Point out the numbers of those sentences (a) which contain a request, advice, demand, etc., to perform a semelfactive action; (b) in which the speaker's attention is centred on how the action concerned should be performed.

1. Откро́йте, пожа́луйста, окно́: здесь ду́шно. 2. Открыва́йте окно́ осторо́жнее: на у́лице си́льный ве́тер. 3. Говори́те гро́мче, стари́к пло́хо слы́шит. 4. Скажи́те, пожа́луйста, как пройти́ на у́лицу Го́рького? 5. Разгова́ривайте, пожа́луйста, ти́ше: вы меша́ете мне рабо́тать. 6. Пе́тя, вы́мой ру́ки: пора́ обе́дать. 7. Мой ру́ки чи́ще. 8. Отвеча́йте на вопро́сы экзамена́тора споко́йнее. 9. Отве́ть мне, почему́ ты не вы́полнил мое́й про́сьбы?

**Exercise 2.** Read the sentences, supplying verbs of the required aspect.

1. (ставь — поста́вь) кни́гу на по́лку. 2. (включа́й — включи́) телеви́зор. 3. (чита́й — прочита́й) обяза́тельно э́ту статью́: она́ о́чень интере́сная. 4. (прове́тривайте — прове́трите), пожа́луйста, ко́мнату: здесь о́чень ду́шно. 5. (передава́йте — переда́йте), пожа́луйста, приве́т ва́шей жене́. 6. (пой — спой) мне пе́сню, кото́рую ты пел вчера́. 7. (проверя́й — прове́рь), не забы́л ли ты чего́-нибудь до́ма? Возвраща́ться бу́дет по́здно. 8. (посыла́й — пошли́) поздравле́ние роди́телям к Но́вому го́ду. 9. (поздравля́й — поздра́вь) за́втра Ната́шу с днём рожде́ния. 10. (зажига́й — зажги́) свет: уже́ темно́. 11. (пригота́вливай — пригото́вь) всё к за́втрашним заня́тиям.

**Exercise 3.** Read the sentences, supplying verbs of the required aspect.

1. (пиши́те — напиши́те) аккура́тнее, ваш по́черк тру́дно поня́ть. 2. (дикту́йте — продикту́йте), пожа́луйста, ме́дленнее, я не успева́ю запи́сывать за ва́ми. 3. Де́ти, (счита́йте — сосчита́йте) лу́чше: вы де́лаете оши́бки. 4. Быстре́е (запи́сывайте — запиши́те) дома́шнее зада́ние на за́втра. 5. (расставля́йте — расста́вьте) аккура́тнее кни́ги на по́лке. 6. Осторо́жнее (переходи́те — перейди́те) у́лицу. 7. (спуска́йтесь — спусти́тесь) ме́дленнее: ле́стница о́чень крута́я. 8. (режь — наре́жь) хлеб э́тим ножо́м осторо́жнее: он о́чень о́стрый.

**Exercise 4.** Read the sentences supplying verbs of the required aspect. Give reasons for your choice of the verb.

1. (учи́ — вы́учи) за полчаса́ но́вые слова́. (учи́ — вы́учи) их быстре́е. 2. (передвига́й — передви́нь), пожа́луйста, э́тот стол к окну́. То́лько (передвига́й — передви́нь) осторо́жнее: на нём стои́т посу́да. 3. (расска́зывайте — расскажи́те) нам о свое́й ро́дине. То́лько (расска́зывайте — расскажи́те) ме́дленнее: мы ещё с трудо́м понима́ем ваш язы́к. 4. (налива́й — нале́й) мне, пожа́луйста, ча́ю. То́лько (налива́й — нале́й) осторо́жнее: чай горя́чий. 5. (пиши́ — напиши́) мне письмо́, когда́ прие́дешь в Ленингра́д. То́лько (пиши́ — напиши́), пожа́луйста, подро́бнее о свои́х впечатле́ниях. 6. (спра́шивай — спроси́) о вре́мени прихо́да по́езда у дежу́рного. (спра́шивай — спроси́) гро́мче: здесь о́чень шу́мно.

**Exercise 5.** Supply words showing how the action concerned should proceed. For this you may need the adverbs: осторо́жнее, гро́мче, ме́дленнее, споко́йнее, глу́бже, быстре́е, внима́тельнее, ти́ше.

*Model:* Говори́те ...: здесь шу́мно.
Говори́те гро́мче: здесь шу́мно.

1. Неси́те я́щик ...: в нём стекло́. 2. По́йте ... , пожа́луйста. 3. Иди́те ... , пожа́луйста, я не могу́ идти́ так бы́стро. 4. Расска́зывайте о случи́вшемся ... , не волну́йтесь. 5. Дыши́те ... , здесь прекра́сный во́здух. 6. Ста́вьте ча́шку ... , не проле́йте молоко́. 7. Слу́шайте ги́да ... , ина́че вы мно́гого не поймёте. 8. Говори́те ...: уже́ по́здно, и де́ти спят.

**Exercise 6.** Read the statements. Respond to them, saying how your conversation partner should perform the action concerned.

*Model:* — Я хочу́ передви́нуть э́тот дива́н.
— Передвига́й(те) осторо́жнее!

1. Я хочу́ рассказа́ть тебе́ одну́ но́вость. 2. Я хочу́ зада́ть вам оди́н вопро́с. 3. Я хочу́ подня́ться на э́ту го́ру. 4. Я хочу́ ещё раз прове́рить на́ши расчёты. 5. Я хочу́ перейти́ у́лицу здесь. 6. Я хочу́ послу́шать, что ска́жет э́тот ора́тор. 7. Я хочу́ спусти́ться на лы́жах с э́той горы́. 8. Я хочу́ поката́ться на конька́х. 9. Я хочу́ поката́ть дете́й на маши́не. 10. Я хочу́ приня́ть душ.

**Exercise 7.** Answer the questions, specifying how your conversation partner should perform the action he has volunteered to perform.

*Model:* — Передви́нуть стол?
— Передви́нь(те). То́лько передвига́й(те) осторо́жнее.

1. Откры́ть окно́? 2. Вы́мыть посу́ду? 3. Пригото́вить обе́д? 4. Посла́ть телегра́мму? 5. Отве́тить на э́то письмо́? 6. Сыгра́ть тебе́ на пиани́но что́-нибудь Мо́царта? 7. Рассказа́ть де́тям ска́зку? 8. Испе́чь к ча́ю пече́нье? 9. Поли́ть цветы́ в саду́? 10. Вы́тереть пыль? 11. Научи́ть Па́влика пла́вать?


# Revision II

**Assignment 1.** Read the sentences, supplying verbs of the required aspect.

1. Мы (догова́ривались — договори́лись) с дру́гом встре́титься в семь часо́в, что́бы пойти́ к ста́рому учи́телю.
— То́лько, смотри́, не (опа́здывай — опозда́й),— сказа́л я ему́. — Ведь ты зна́ешь, что Никола́й Ива́нович не лю́бит, когда́ его́ ученики́ (опа́здывают — опозда́ют).
— Ну, я уже́ давно́ не (опа́здывал — опозда́л),— (возража́л — возрази́л) он мне.
2. — Приве́т тебе́ от Ви́ктора. Я (получа́л — получи́л) от него́ письмо́. — Спаси́бо. А я давно́ уже́ не (получа́л — получи́л) от него́ пи́сем. За три ме́сяца я не (получа́л — получи́л) ни одного́ письма́.
3. — Тебе́ (нра́вилась — понра́вилась) но́вая вы́ставка? — А я ещё не ходи́л туда́. — Смотри́, не (опа́здывай — опозда́й)! Вы́ставка ско́ро (закрыва́ется — закро́ется).
4. В воскресе́нье по телеви́зору была́ интере́сная переда́ча для дете́й: «(де́лай — сде́лай) с на́ми, (де́лай — сде́лай) как мы, (де́лай — сде́лай) лу́чше нас!»
5. —Ты (зака́зывала — заказа́ла) телефо́нный разгово́р с Москво́й? — Нет, не (зака́зывала — заказа́ла). Я ду́мала, что ты (зака́зывал — заказа́л). — Нет, я не (зака́зывал — заказа́л).
6. — Вы (просма́тривали — просмотре́ли) э́ти журна́лы? — Оди́н (просма́тривал — просмотре́л), друго́й — не (просма́тривал — просмотре́л). — А э́ти? — А э́ти ещё не (просма́тривал — просмотре́л). Ведь у меня́ была́ сро́чная рабо́та.
7. — Кто (ста́вил — поста́вил) сюда́ таки́е краси́вые цветы́? — Не зна́ю. Я не (ста́вила — поста́вила). Мо́жет быть, э́то

Ле́на (ста́вила — поста́вила)? Она́ вчера́ (е́здила — съе́здила) за́ город.

8. — Скажи́те, вы не (выпи́сывали — вы́писали) в э́том году́ журна́л «Нау́ка и жизнь»? — Нет, я не (выпи́сывал — вы́писал). — А вы не зна́ете, кто (выпи́сывал — вы́писал)? — По-мо́ему, Серге́й Алекса́ндрович (выпи́сывал — вы́писал) э́тот журна́л. Он ведь всегда́ его́ (выпи́сывает — вы́пишет). (спра́шивайте — спроси́те) у него́!

9. — (режь — наре́жь), пожа́луйста, хлеб. То́лько смотри́, не (ре́жься — поре́жься)! (режь — наре́жь) осторо́жнее. Нож о́чень о́стрый.

10. — Я зна́ю, что ско́ро в на́шем го́роде бу́дет чемпиона́т по фигу́рному ката́нию на конька́х. — А где об э́том (сообща́ли — сообщи́ли)? — Вчера́, на собра́нии в спорти́вном клу́бе. На чемпиона́т (е́дут — прие́дут) спортсме́ны из Евро́пы и мно́гих стран Азии и Аме́рики. — Кто же (сообща́л — сообщи́л) вам э́ти подро́бности? — Наш тре́нер.

**Assignment 2.** Answer the questions, saying that you have had nothing to do with the action you have been asked about.

*Model:* — Кто потеря́л мой журна́л?
— Не зна́ю. Я во вся́ком слу́чае не теря́л.

1. Кто перевёл э́ту статью́? 2. Кто напеча́тал э́тот докла́д? 3. Кто сде́лал э́ти чертежи́? 4. Кто принёс сюда́ цветы́? 5. Кто написа́л э́ту запи́ску? 6. Кто привёл сюда́ э́ту соба́ку? 7. Кто взял мой слова́рь? 8. Кто посмотре́л вчера́шнюю переда́чу по телеви́зору? 9. Кто разби́л ва́зу? 10. Кто снял со стены́ ка́рту?

**Assignment 3.** Read these captions to the pictures and translate them into Russian.

1. Who washed the cups and saucers? Some cups have been broken.

2. Who washed the cups and saucers so cleanly?

3. Who drew on the wall? The whole wall is spoilt.

4. Who painted your daughter's portrait so well?

5. Who did the ironing? The shirt has been burnt.
6. Who ironed the shirts so well?

**Assignment 4.** What captions would you make under these pictures?

*Model:* М а т ь: Смотри́, не упади́.

**Assignment 5.** Make up captions to be used under these pictures. What should these people say if they wanted to specify how their advice, recommendations or commands were to be carried out? *Model:* У ч и́ т е л ь: Пиши чи́ще!

 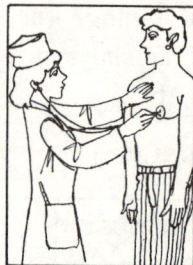 

**Assignment 6.** Read the jokes. Underline the sentences which convey actions that have never taken place.

— На́ша учи́тельница никогда́ не ви́дела ло́шадь.
— Почему́ ты так ду́маешь?
— Она́ вчера́ нарисова́ла ло́шадь и спроси́ла: «Что э́то?»

***

— Ма́ма! Почему́ я за сто-
ло́м никогда́ не ви́жу па́пу?

***

Двáдцать пéрвый век. На однóй из центрáльных городскúх úлиц, по котóрой непрерывным потóком двúжутся автомобúли, стоят два грýстных пешехóда.

— Как вам удалóсь перейтú на эту стóрону? — спрáшивает одúн.

— А я и не переходúл. Я тут родúлся.

**Assignment 7. (a)** Read the text. Underline the sentences which say that the action concerned has never occurred, not even once.

Одúн человéк éдет в пóезде. Прóтив негó сидúт какóй-то мужчúна. Незнакóмец обращáется к человéку.

— Простúте, вáше лицó мне знакóмо. Мы, кáжется, встречáлись в Ростóве?

— Никогдá в жúзни не бывáл в Ростóве.

— Тогдá в Одéссе.

— И тудá я ни рáзу не приезжáл.

— Знáчит, в другóм мéсте.

— Это мóжет быть,— отвéтил человéк. — В другúх местáх я бывáл.

**(b)** Give full answers to these questions.

1. Эти люди рáньше когдá-нибудь знáли друг дрýга? 2. Онú где́-нибудь встречáлись? 3. Был ли когдá-нибудь одúн из них в Ростóве? А другóй?

**Assignment 8. (a)** Read through the story, *The Three Bears*, by Leo Tolstoy.

Однá дéвочка ушлá из дóма в лес. В лесý онá заблудúлась и стáла искáть дорóгу домóй, да не нашлá, а пришлá в лес к дóмику.

Дверь былá открыта. В дóмике этом жúли три медвéдя. Одúн медвéдь был отéц, звáли его Михаúл Ивáнович. Он был большóй и лохмáтый. Другóй былá медвéдица. Онá былá помéньше, и звáли её Настáсья Петрóвна. Трéтий был мáленький медвежóнок, и звáли его Мишýтка. Медвéдей нé было дóма — онú ушлú гулять по лесу.

В дóмике было две кóмнаты: однá столóвая, другáя спáльня. Дéвочка вошлá в столóвую и увúдела на столé три тарéлки с сýпом. Пéрвая тарéлка, óчень большáя, былá Михаúла Ивáновича. Вторáя тарéлка, помéньше, былá Настáсьи Петрóвны. Трéтья, сúненькая тарéлочка, былá Мишýткина. Около кáждой тарéлки лежáла лóжка: большáя, срéдняя и мáленькая.

(1) *Дéвочка взялá сáмую большýю лóжку и поéла из сáмой большóй тарéлки; потóм взялá срéднюю лóжку и поéла из срéдней тарéлки; потóм взялá мáленькую лóжечку и поéла из сúненькой тарéлочки, и Мишýткин суп ей показáлся лýчше всех.*

Дéвочка захотéла сесть и вúдит три стýла: одúн большóй — Михаúла Ивáновича; другóй помéньше — Настáсьи Петрóвны и трéтий, мáленький, с сúненькой подýшечкой — Мишýткин.

(2) *Она полезла на большой стул и упала*; потом села на средний стул — на нём было неудобно; потом села на маленький стульчик и засмеялась — так было хорошо. Она взяла синенькую тарелочку и стала есть. Съела весь суп и стала качаться на стуле.

(3) *Стульчик сломался, и она упала на пол.* (4) *Она встала, подняла стульчик и пошла в другую комнату.*

Там стояли три кровати: одна большая — Михаила Ивановича, другая средняя — Настасьи Петровны, третья, маленькая — Мишуткина. Девочка легла на большую — слишком просторно; легла на среднюю — слишком высоко; легла на маленькую — кроватка пришлась ей как раз впору, и она заснула.

А медведи пришли домой голодные и захотели обедать. Большой медведь взял свою тарелку, взглянул и заревел страшным голосом:

— (5) *Кто ел из моей тарелки?*

Настасья Петровна посмотрела на свою тарелку и зарычала не так громко:

— (6) *Кто ел из моей тарелки?*

(7) *А Мишутка увидел свою пустую тарелочку и запищал тонким голосом:*

— (8) *Кто ел из моей тарелки и всё съел?*

Михаил Иванович взглянул на свой стул и зарычал страшным голосом:

— (9) *Кто сидел на моём стуле и сдвинул его с места?*

Настасья Петровна взглянула на свой стул и зарычала не так громко:

— (10) *Кто сидел на моём стуле и сдвинул его с места?*

А Мишутка взглянул на свой сломанный стульчик и запищал:

— (11) *Кто сидел на моём стуле и сломал его?*

Медведи пришли в другую комнату.

— (12) *Кто ложился на мою постель и смял её?* — заревел Михаил Иванович страшным голосом.

— (13) *Кто ложился на мою постель и смял её?* — зарычала Настасья Петровна не так громко.

А Мишутка полез в свою кроватку и запищал тонким голосом:

— (14) *Кто ложился на мою постель?*

И вдруг он увидел девочку и закричал:

— Вот она! Держи, держи! Вот она! Вот она! Ай-яяй! Держи! Он хотел её укусить.

(15) *Девочка открыла глаза, увидела медведей и бросилась к окну.* Оно было открыто, (16) *она выскочила в окно и убежала.* (17) *И медведи не догнали её.*

**(b)** Translate the italicised sentences into English.

**(c)** Point out the numbers of those italicised sentences (a) in which the speaker's attention is centred on the person who has performed the action; (b) which convey consecutive semelfactive actions; (c) which convey the absence of the result of an action.

**(d)** Retell the story, trying to preserve its folkloric colouring.

**Assignment 9. (a)** Read the extract from an article by the well-known Soviet poet and writer, Rasul Gamzatov, an Avar (member of one of the numerous Caucasian nationalities).

### Он победил!

(1) *В ра́зные времена́ я открыва́л для себя́ и люби́л ра́зных поэ́тов*, но (2) *Пу́шкину я не изменя́л никогда́*. Национа́льный ру́сский поэ́т, он в моём созна́нии стал национа́льным ава́рским поэ́том...

(3) *Десятиле́тним мальчи́шкой я впервы́е уви́дел мо́ре*. Поражённый, я до́лго мо́лча смотре́л на него́. До сих пор при встре́че с мо́рем я испы́тываю восто́рг и волне́ние. То же быва́ет ка́ждый раз, когда́ по́сле чте́ния стихо́в други́х поэ́тов сно́ва берёшь в ру́ки пу́шкинские стихи́.

(4) *Ка́к-то в ау́ле я чита́л старика́м го́рцам поэ́му Пу́шкина в своём перево́де*. (5) *Они́ никогда́ не изуча́ли ру́сского языка́*. (6) *Иногда́ старики́ меня́ остана́вливали*: «Нет, у Пу́шкина не так, ты, наве́рно, не так перевёл!» Проверя́ю — действи́тельно, не так. Всем се́рдцем чу́вствуют поэ́зию Пу́шкина го́рцы Дагеста́на, как и други́е наро́ды на́шей страны́...

Биогра́фы зафикси́ровали, что 10 февраля́ 1837 го́да (7) *Пу́шкин у́мер два дня спустя́ по́сле дуэ́ли с Данте́сом*. Но мне, поэ́ту, хо́чется сказа́ть: (8) *Пу́шкин не у́мер*. Он, действи́тельно, (9) *мно́го раз вступа́л в дуэ́ль с самодержа́вием, с наси́лием, с несправедли́востью и ло́жью*.

И в э́той дуэ́ли (10) *он одержа́л побе́ду*.

**(b)** Point out the numbers of the sentences which: (a) convey the absence of the result of an action; (b) convey the absence of an action; (c) convey repeated actions; (d) state the occurrence of an action; (e) convey single resultative actions.

**(c)** Find in the article proof of these statements: 1. Пу́шкину я не изменя́л никогда́. 2. Пу́шкин не у́мер. 3. Всем се́рдцем чу́вствуют поэ́зию Пу́шкина го́рцы Дагеста́на.

## CHAPTER III

### § 1

| | |
|---|---|
| The use of imperfective and perfective verbs to state the occurrence of a single action in the future. | Я **бу́ду звони́ть** ему́ за́втра.<br>Я **позвоню́** ему́ за́втра.<br>Я **дам** вам э́ту кни́гу за́втра.<br>В воскресе́нье мы **пойдём** в теа́тр. |

### 40.

**(a)** Read the sentences.

1. В суббо́ту мы *принима́ли* уча́стие в конфере́нции.

1. (a) В суббо́ту мы *бу́дем принима́ть* уча́стие в конфере́нции.
   (b) В суббо́ту мы *при́мем* уча́стие в конфере́нции.

2. Вы *звони́ли* вчера́ врачу́?

2. (a) Вы *бу́дете* за́втра *звони́ть* врачу́?
   (b) Вы *позвони́те* за́втра врачу́?

3. Я уже́ одна́жды *оставля́л* ве́щи в ка́мере хране́ния.

3. В Ки́еве я *оста́влю* ве́щи в ка́мере хране́ния.

4. Я *дава́л* вам э́ту кни́гу неде́лю наза́д.

4. Я *дам* вам э́ту кни́гу че́рез неде́лю.

**(b)** The sentences in the left-hand column convey single actions which occurred in the past. What kind of actions do the sentences in the right-hand column convey?

**(c)** What is the aspect of the verbs in the sentences in the left-hand column? And in the right-hand column?

**(d)** In sentences 1 and 2 in the right-hand column imperfective and perfective verbs are used in one and the same situation. Are sentences 1 (a) and 1 (b), and 2 (a) and 2 (b) synonymous?

**(e)** What is the aspect of the verbs used in sentences 3 and 4 in the right-hand column?

**Note.**—As you know (see Note 29), to state the occurrence of a single action in the past, imperfective verbs are used (see the left-hand column). Practically any imperfective verb can be used with this meaning in the past tense.

On the other hand, the use of imperfective verbs to state the occurrence of a single action in the future is *more restricted lexically*: more often than not the verbs used with this meaning have a connotation of a duration of the process [see sentences 1 (a) and 2 (a)].

No imperfective verbs without a connotation of the process and the duration of the action are used in the future tense to convey the occurrence of a single action (see sentences 3 and 4 in the right-hand column, where only perfective verbs are possible).

However, to state the occurrence of a single action, perfective verbs are extensively used in the future tense. In this case the parallel use of imperfective verbs is possible without any essential change in the meaning [see sentences 1 (a) and 1 (b), 2 (a) and 2 (b)]. The use of imperfective verbs in this case is more typical of colloquial Russian.

**Exercise 1.** Read the sentences, supplying verbs of the required aspect to state the occurrence of a single action. (These verbs should not convey any duration of the action.)

1. В воскресе́нье к нам (бу́дут приезжа́ть — прие́дут) друзья́. 2. Я ду́маю, ско́ро (бу́дет представля́ться — предста́вится) удо́бный слу́чай поговори́ть о мое́й рабо́те с дире́ктором. 3. За́втра я с удово́льствием (бу́ду дава́ть — дам) тебе́ слова́рь, е́сли он тебе́ бу́дет ну́жен. 4. В суббо́ту к Ма́ше на день рожде́ния (бу́дут приходи́ть — приду́т) друзья́. 5. Ко́ля ду́мает, что ма́ма (бу́дет разреша́ть — разреши́т) им с бра́том пойти́ в воскресе́нье в зоопа́рк. 6. Мы (бу́дем встреча́ться — встре́тимся) и (бу́дем говори́ть — поговори́м) обо всём в ближа́йшую сре́ду. 7. У меня́ нет

э́той кни́ги, но я (бу́ду брать — возьму́) её в библиоте́ке. 8. В сле́дующий вто́рник Андре́й (бу́дет пропуска́ть — пропу́стит) у́тренние ле́кции, потому́ что ему́ на́до быть у врача́.

**Exercise 2.** Read the sentences, supplying verbs of the required aspect. Give two variants wherever possible.

1. Ма́ша (бу́дет сове́товаться — посове́туется) с врачо́м относи́тельно здоро́вья свое́й ма́тери. 2. Мы перее́хали на но́вую кварти́ру и за́втра (бу́дем разбира́ть — разберём) и (бу́дем ста́вить — поста́вим) на ме́сто кни́ги. 3. К Но́вому го́ду мы (бу́дем покупа́ть — ку́пим) ёлку. 4. Ты (бу́дешь у́жинать — поу́жинаешь) с на́ми? 5. Че́рез неде́лю я уезжа́ю в о́тпуск. — Ты (бу́дешь зака́зывать — зака́жешь) биле́ты по телефо́ну? 6. Ле́том в на́шем до́ме (бу́дут де́лать — сде́лают) ремо́нт.

**Exercise 3.** Read the sentences. Point out the numbers of the sentences in which (a) parallel use of imperfective and perfective verbs is possible; (b) only perfective verbs can be used.

1. Ма́ша пошлёт сестре́ поздравле́ние с Но́вым го́дом. 2. Я за́втра поговорю́ об э́том с бра́том. 3. Де́ти в суббо́ту ля́гут спать попо́зже. 4. Я дам вам сове́т: кури́те поме́ньше. 5. Я хочу́ прочита́ть после́дний но́мер журна́ла «Но́вый мир» и возьму́ его́ у Оле́га. 6. За́втра я позвоню́ сестре́.

**Exercise 4.** Answer the questions, saying that the action concerned **will take** place in the future. Give two variants wherever possible.

*Model:* — Оле́г звони́л профе́ссору?
— Нет, он бу́дет звони́ть ему́ за́втра.
*and:* — Нет, он позвони́т ему́ за́втра.

1. Анто́н посыла́л бра́ту нового́днее поздравле́ние? 2. Ири́на уже́ за́втракала? 3. Серёжа пока́зывал вам свою́ колле́кцию ма́рок? 4. Студе́нты уже́ обсужда́ли докла́д Оле́га? 5. Де́тский хор уже́ выступа́л в ва́шем клу́бе? 6. Ве́ра Никола́евна пекла́ вчера́ пироги́? 7. Брат помога́л сестре́ реши́ть зада́чу? 8. Алексе́й Петро́вич говори́л с учи́телем о своём сы́не? 9. Андре́й уже́ выступа́л с сообще́нием на нау́чной конфере́нции? 10. Игорь брал с собо́й фотоаппара́т во вре́мя путеше́ствия в Москву́? 11. Учи́тель уже́ объясни́л ученика́м э́то пра́вило? 12. Сыновья́ приезжа́ли к роди́телям на кани́кулы?

**Exercise 5.** Confirm that the action concerned will take place in the future. Can imperfective verbs be used in all the instances? Why is this so?

*Model:* — Па́вел сказа́л, что он позвони́т профе́ссору.
— Да, он бу́дет звони́ть профе́ссору за́втра.

1. Ольга сказа́ла, что посове́туется за́втра с врачо́м. 2. Брат сказа́л, что ве́чером он помо́ет маши́ну. 3. Бори́с сказа́л, что по́сле обе́да он погуля́ет с сы́ном. 4. Мне сказа́ли, что вопро́с о пла́не рабо́ты обсу́дят на заседа́нии ка́федры. 5. Ири́на сказа́ла, что она́ поговори́т с роди́телями о пое́здке в Ки́ев. 6. Игорь сказа́л, что ве́чером сыгра́ет с Оле́гом в ша́хматы.

**Exercise 6.** Answer the questions in the affirmative, saying that the action concerned will take place in the future.

*Model:* — Па́вел бу́дет звони́ть профе́ссору за́втра?
— Да, он позвони́т ему́.

1. Андре́й бу́дет де́лать докла́д на конфере́нции? 2. На́ши студе́нты бу́дут принима́ть уча́стие в концерте? 3. Этот арти́ст бу́дет выступа́ть в на́шем клу́бе? 4. И́горь бу́дет отдыха́ть по́сле экза́менов? 5. Здесь бу́дут стро́ить дом? 6. Са́ша бу́дет учи́ть сего́дня стихотворе́ние? 7. На́дя бу́дет писа́ть вам о свои́х пла́нах на ле́то?

**Exercise 7.** Answer the questions, saying that the action concerned will take place in the future. Give two variants wherever possible.

*Model:* — В понеде́льник бу́дет докла́д Оле́га?
— Да, в понеде́льник он бу́дет де́лать докла́д.
*and:* — Да, в понеде́льник он сде́лает докла́д.

1. В суббо́ту в клу́бе бу́дет выступле́ние хо́ра? 2. На ка́федре бу́дет обсужде́ние тем диссерта́ций? 3. У хиру́рга бу́дет приём больны́х? 4. У э́той делега́ции бу́дет встре́ча с рабо́чими автомоби́льного заво́да? 5. За́втра бу́дет защи́та твое́й диссерта́ции?

## 41.

(a) Read the sentences and their English translations.

1. В воскресе́нье мы *ходи́ли* в теа́тр.
We went to the theatre on Sunday.

1. В воскресе́нье мы *пойдём* в теа́тр.
We are going to the theatre on Sunday.

2. Ле́том мы *е́здили* на юг.
We went to the South in the summer.

2. Ле́том мы *пое́дем* на юг.
We are going to the South in the summer.

3. Вчера́ Оле́г *пла́вал* на о́стров на ло́дке.
Oleg sailed to the island on the boat yesterday.

3. За́втра Оле́г *поплывёт* на о́стров на ло́дке.
Oleg is sailing to the island on the boat tomorrow.

4. Вчера́ ко мне *заходи́ли* друзья́.
Some friends came to see me yesterday.

4. За́втра ко мне *зайду́т* друзья́.
Some friends are coming to see me tomorrow.

(b) Compare the verbs of motion in both columns (the group, tense, aspect).
(c) To which group do the verbs of motion stating a fact of a single action in the past belong? What is their aspect?
(d) To which group do the verbs of motion stating the occurrence of a single action in the future belong? What is their aspect?

**Note.**—Russian verbs of motion are traditionally divided into two groups: Group I—verbs of unidirectional motion; and Group II—verbs of multidirectional motion.

To convey the occurrence of a specific single action which took place *in the past, imperfective* verbs of motion of *Group II* (of the ходи́ть type) are used with or without prefixes (see the verbs in the sentences in the left-hand column).

To report a movement which is to take place *in the future, perfective* verbs of motion of *Group I* are generally used (of the идти́ type) with the prefix **по-** or some other prefixes (see the verbs in the sentences in the right-hand column).

**Exercise 8.** Answer the questions in the affirmative, using verbs of motion in your answers.

*Model:* — У студе́нтов бу́дет экску́рсия на заво́д?
— Да, студе́нты пойду́т на экску́рсию на заво́д.

1. У шко́льников бу́дет экску́рсия в музе́й? 2. У дете́й бу́дет экску́рсия в зоопа́рк? 3. У студе́нтов бу́дет пое́здка в Ясную Поля́ну? 4. У шко́льников бу́дет пое́здка в Ленингра́д? 5. У дете́й бу́дет прогу́лка в лес? 6. У вас бу́дет путеше́ствие за грани́цу? 7. У гео́логов бу́дет экспеди́ция в Сиби́рь? 8. У студе́нтов бу́дет пра́ктика в колхо́зе?

**Exercise 9.** Answer the questions in the negative, saying that the action concerned had already taken place in the past.

*Model:* — Оле́г пойдёт за́втра к врачу́?
— Нет, он уже́ ходи́л к врачу́ вчера́.

1. Де́ти пойду́т за́втра в зоопа́рк? 2. Вы пое́дете ле́том в Белору́ссию? 3. Лю́да пойдёт на э́тот фильм с ва́ми? 4. Брат пое́дет к сестре́ в воскресе́нье? 5. Этот больно́й полети́т на консульта́цию в Москву́? 6. Ири́на пойдёт на но́вый спекта́кль? 7. Андре́й пое́дет в Та́ллин? 8. Вну́ки приду́т навести́ть ба́бушку в воскресе́нье? 9. Ваш брат прие́дет на кани́кулы домо́й?

**Exercise 10.** Answer the questions, saying that the action concerned will take place in the future.

*Model:* — Оле́г ходи́л к врачу́?
— Нет, он пойдёт к врачу́ за́втра.

1. Ма́ша е́здила э́тим ле́том в Ленингра́д? 2. Ири́на ходи́ла сего́дня в библиоте́ку? 3. Шко́льники ходи́ли на экску́рсию? 4. Андре́й е́здил к ста́ршему бра́ту? 5. Ва́ша семья́ е́здила ле́том на юг? 6. Вы когда́-нибудь лета́ли на юг? 7. Серёжа ходи́л на стадио́н? 8. Вы заезжа́ли на ры́нок за цвета́ми? 9. Ни́на приезжа́ла к роди́телям в воскресе́нье?

## 42.

(a) Read the corresponding sentences in the left and right-hand columns, which have a similar meaning.

| | |
|---|---|
| 1. Вы *бу́дете проводи́ть* о́тпуск на ю́ге? | 1. Вы *наме́рены проводи́ть* о́тпуск на ю́ге? |
| 2. Ты *бу́дешь выпи́сывать* на бу́дущий год «Литерату́рную газе́ту»? | 2. Ты *собира́ешься выпи́сывать* на бу́дущий год «Литерату́рную газе́ту»? |

3. Что ты *бу́дешь пить*: ко́фе  3. Что ты *хо́чешь пить*: ко́фе
и́ли чай?  и́ли чай?

**(b)** Compare the structure of the sentences in the left and right-hand columns.
**(c)** Do the imperfective verbs in the left-hand column only say that the action concerned will take place in the future or do they convey any other semantic nuances as well? What nuances?

> **Note.**—Imperfective verbs used in the future tense may have an additional nuance of intention to perform the action concerned. In this case their meaning is close to that of the construction '*наме́рен* + an infinitive' (see sentence 1), '*собира́ться* + an infinitive' (see sentence 2) or '*хоте́ть* + an infinitive' (see sentence 3).

**Exercise 11.** Answer the questions, replacing the future tense verbs by constructions of simular meaning.

> *Model:* — Вы бу́дете покупа́ть цветно́й телеви́зор?
> — Да, я собира́юсь (наме́рен, хочу́) покупа́ть цветно́й телеви́зор.

1. Ни́на бу́дет покупа́ть себе́ к пра́зднику но́вое пла́тье? 2. Куда́ Серге́й бу́дет поступа́ть по́сле оконча́ния шко́лы? 3. Где вы бу́дете отдыха́ть э́тим ле́том? 4. Вы бу́дете разгова́ривать о ва́шей диссерта́ции с профе́ссором Во́лковым? 5. Вы бу́дете приглаша́ть друзе́й на день рожде́ния? 6. Где вы бу́дете встреча́ть Но́вый год? 7. Что вы бу́дете де́лать в воскресе́нье?

**Exercise 12.** Confirm the statements, changing the sentences according to the model.

> *Model:* — В э́том году́ Юрий собира́ется поступа́ть в медици́нский институ́т.
> — Да, в э́том году́ Юрий бу́дет поступа́ть в медици́нский институ́т.

1. Говоря́т, что ле́том вы собира́етесь де́лать ремо́нт в кварти́ре. 2. И́горь наме́рен выступа́ть на конфере́нции. 3. Ле́на и Ве́ра собира́ются в воскресе́нье ката́ться на лы́жах. 4. Та́ня хо́чет покупа́ть но́вый телеви́зор. 5. Тама́ра Петро́вна собира́ется вызыва́ть к ребёнку врача́. 6. Андре́й собира́ется ве́чером переводи́ть статью́.

## § 2

| The use of perfective infinitive to convey a single action. | Здесь ду́шно: на́до **откры́ть** окно́ и **прове́трить** ко́мнату. |
| --- | --- |

## 43.

**(a)** Read the sentences and their English translations.

1. Я хочу́ *ча́ще встреча́ться* с  1. Я хочу́ за́втра *встре́титься*
ва́ми.  с ва́ми.
I want to see you more often.  I want to see you tomorrow.

2. Де́ти должны́ ка́ждое у́тро *де́лать* гимна́стику.
Children must do P. T. exercises every morning.

2. Де́ти должны́ до за́втрака *сде́лать* гимна́стику.
The children must do their P. T. exercises before breakfast.

3. Ну́жно ча́ще *открыва́ть* окно́ и *прове́тривать* ко́мнату.
The window must be opened and the room aired more often.

3. Здесь ду́шно: на́до *откры́ть* окно́ и *прове́трить* ко́мнату.
It's stuffy here: the window must be opened and the room aired.

(b) In which column do the sentences convey repeated actions?
(c) What is the aspect of the infinitives used in these sentences?
(d) In which column do the sentences convey single actions? What is the aspect of the infinitives used in these sentences?
(e) Can a parallel be drawn between the use of Indicative Mood forms and imperfective and perfective infinitives to convey repeated and semelfactive actions?

Note.—To convey *semelfactive* (non-repeated single) actions by means of an infinitive, *perfective* verbs are used (see the sentences in the right-hand column).

To convey *repeated* actions, *imperfective* infinitives are used (see the sentences in the left-hand column), the repetitive character of the actions being sometimes stressed by adverbial modifiers (ча́ще, ка́ждое у́тро, etc.) related to *the infinitive.*

Exercise 1. Read the sentences. Point out the numbers of the sentences in which the infinitive conveys (a) single actions; (b) repeated actions.

1. За́втра все, кто е́дет на экску́рсию, должны́ прийти́ к восьми́ часа́м. 2. Ка́ждый день студе́нты должны́ приходи́ть на заня́тия к девяти́ часа́м. 3. Мне ну́жно купи́ть проду́кты для обе́да. 4. Де́тям на́до постоя́нно есть фру́кты. 5. Ва́ля изуча́ла францу́зский язы́к в институ́те и мо́жет регуля́рно помога́ть мла́дшей сестре́. 6. За́втра я могу́ помо́чь вам. 7. Еле́на собира́ется в суббо́ту навести́ть свою́ ба́бушку. 8. Ба́бушка про́сит Еле́ну ча́ще навеща́ть её. 9. Пе́тя хо́чет нарисова́ть мо́ре и кора́бль. 10. Де́ти хотя́т бо́льше рисова́ть.

Exercise 2. Read the sentences, supplying verbs of the required aspect.

1. Эту статью́ ну́жно (переводи́ть — перевести́) к за́втрашнему дню. 2. Преподава́тель сове́товал студе́нтам (покупа́ть — купи́ть) э́тот уче́бник. 3. Оле́г до́лжен (посыла́ть — посла́ть) де́ньги отцу́ че́рез два дня. 4. Строи́тельство э́той шко́лы должны́ (зака́нчивать — зако́нчить) к но́вому уче́бному го́ду. 5. Анато́лий реши́л сра́зу же (расска́зывать — рассказа́ть) о случи́вшемся отцу́. 6. Если вы проголода́лись, мы мо́жем (обе́дать — пообе́дать) в како́м-нибудь рестора́не. 7. Бори́с реши́л (приглаша́ть — пригласи́ть) Ма́шу в воскресе́нье в теа́тр.

Exercise 3. Read the sentences, supplying verbs of the required aspect.

1. Учи́тель сказа́л ученика́м, что они́ должны́ ча́ще (повторя́ть — повтори́ть) про́йденное. 2. Кни́ги для рабо́ты Са́ша хо́чет

(брать — взять) в библиоте́ке два ра́за в ме́сяц. 3. По вечера́м вы мо́жете (приходи́ть — прийти́) ко мне поигра́ть в ша́хматы. 4. До́ктор посове́товал больно́му (пить — вы́пить) ка́ждый ве́чер парно́е молоко́. 5. Когда́ сын уезжа́л, он обеща́л ма́тери ча́сто (писа́ть — написа́ть). 6. Зимо́й ну́жно (одева́ться — оде́ться) тепле́е. 7. Друзья́ реши́ли ка́ждое воскресе́нье (поднима́ться — подня́ться) в го́ры. 8. (гото́виться — подгото́виться) к экза́менам на́до всегда́ системати́чески. 9. По́сле прогу́лки на лы́жах поле́зно ка́ждый раз (принима́ть — приня́ть) душ.

**Exercise 4.** Read the sentences, supplying verbs of the required aspect. Give reasons for your choice of the verbs.

1. Больно́й до́лжен (принима́ть — приня́ть) лека́рство три ра́за в день. Пе́рвый раз он до́лжен (принима́ть — приня́ть) его́ в шесть часо́в утра́. 2. Ири́на обеща́ла ча́сто (навеща́ть — навести́ть) ба́бушку. Поэ́тому она́ хо́чет её (навеща́ть — навести́ть) за́втра. 3. Сего́дня пе́ред сном на́до (купа́ть — вы́купать) ребёнка. Его́ ну́жно (купа́ть — вы́купать) ка́ждый ве́чер. 4. Де́вочка реши́ла всегда́ (помога́ть — помо́чь) ма́тери. Сего́дня она́ хо́чет (помога́ть — помо́чь) ей убра́ть кварти́ру. 5. Я могу́ (дава́ть — дать) вам э́тот журна́л. Я могу́ (дава́ть — дать) вам но́вые журна́лы в конце́ ка́ждого ме́сяца. 6. Оле́г реши́л (де́лать — сде́лать) гимна́стику ка́ждое у́тро. И сего́дня он хо́чет снача́ла (де́лать — сде́лать) гимна́стику, а пото́м (принима́ть — приня́ть) душ.

**Exercise 5.** Answer the questions according to the model.

*Model:* — Вы расска́жете нам о свое́й пое́здке?
— Могу́ рассказа́ть.

1. Вы споёте нам? 2. Па́вел принесёт на ве́чер магнитофо́н? 3. Воло́дя прочита́ет нам свои́ стихи́? 4. Татья́на прие́дет к вам в воскресе́нье? 5. Ми́ша позвони́т тебе́ за́втра? 6. Вы помо́жете нам при перее́зде на другу́ю кварти́ру? 7. Ты объясни́шь бра́ту э́ту теоре́му? 8. Как вы ду́маете, э́та кома́нда вы́играет?

**Exercise 6.** Answer the questions, saying that you want to perform the action concerned in the future.

*Model:* — Вы бу́дете за́втра звони́ть сестре́?
— Да, я хочу́ (собира́юсь, до́лжен, реши́л, наме́рен) позвони́ть ей.

1. Вы бу́дете зака́зывать моро́женое? 2. Ты бу́дешь выступа́ть на профсою́зной конфере́нции? 3. Ты бу́дешь смотре́ть ве́чером хокке́йный матч по телеви́зору? 4. Вы бу́дете пить ко́фе? 5. Ты бу́дешь чита́ть э́тот рома́н? 6. Ты бу́дешь покупа́ть в э́том году́ но́вое пальто́? 7. Ты бу́дешь расска́зывать о случи́вшемся отцу́? 8. Вы бу́дете де́лать докла́д на ка́федре?

**Exercise 7.** Advise your conversation partner to perform the action concerned.

*Model:* — Я ещё не смотре́л э́тот фильм.
— Я сове́тую тебе́ посмотре́ть.

1. Мы ещё не осма́тривали э́ту часть музе́я. 2. Я ещё не чита́ла

э́тот но́мер «Иностра́нной литерату́ры». 3. Мы ещё не́ были в Ясной Поля́не. 4. Я ещё не чита́л но́вую по́весть Була́та Окуджа́вы. 5. Я ещё не мыл маши́ну.

**Exercise 8.** Ask your conversation partner's permission to perform an action. Use the words given in brackets in your questions.

*Model:* (открыва́ть — откры́ть) В ко́мнате ду́шно. Мо́жно откры́ть окно́?

1. (включа́ть — включи́ть) Сейча́с по телеви́зору бу́дет интере́сная переда́ча. 2. (слу́шать — послу́шать) Я ви́жу у вас но́вые пласти́нки. 3. (подогрева́ть — подогре́ть) Вода́ для ча́я осты́ла. 4. (брать — взять) У меня́ нет ру́чки, что́бы написа́ть ваш а́дрес. 5. (смотре́ть — посмотре́ть) Я слы́шал, что вы привезли́ из пое́здки интере́сные фотогра́фии. 6. (приглаша́ть — пригласи́ть) У меня́ есть ли́шний биле́т в теа́тр. 7. (предлага́ть — предложи́ть) Я ви́жу, вам не́чем писа́ть. 8. (выключа́ть — вы́ключить) Ра́дио меша́ет мне занима́ться. 9. (закрыва́ть — закры́ть) Из приоткры́той две́ри о́чень ду́ет.

**Exercise 9.** Say that the actions concerned must (can) be repeated.

*Model:* Де́ти должны́ сего́дня во́время лечь спать.
Де́ти должны́ всегда́ во́время ложи́ться спать.

1. Тебе́ ну́жно пе́ред сном прове́трить ко́мнату. 2. Вам ну́жно принести́ в понеде́льник э́ту кни́гу на заня́тия. 3. Я прошу́ тебя́ ве́чером зайти́ к де́душке. 4. Сове́тую тебе́ взять на за́втрак ка́шу. 5. По́сле рабо́ты мать должна́ зайти́ за сы́ном в де́тский сад. 6. Оле́г реши́л взять журна́лы в библиоте́ке. 7. Сего́дня по́сле обе́да на́до погуля́ть с детьми́. 8. Мо́жно мне позвони́ть ве́чером?

**Exercise 10.** Say that the actions concerned can (must) be performed on one occasion.

*Model:* Де́ти должны́ во́время ложи́ться спать.
Сего́дня де́ти должны́ во́время лечь спать.

1. Я до́лжен встава́ть ра́но. 2. Бори́с мо́жет помога́ть вам в ва́шей рабо́те. 3. По́сле обе́да ей всегда́ на́до мыть посу́ду. 4. Ири́на обеща́ла ма́тери ча́сто писа́ть пи́сьма. 5. Я собира́юсь приходи́ть к вам по вечера́м. 6. Де́ти хотя́т разу́чивать но́вые пе́сни. 7. Цветы́ ну́жно полива́ть ка́ждое у́тро. 8. Шко́льники должны́ ка́ждый день де́лать дома́шние зада́ния.

## § 3

| The use of perfective verbs in the future tense and in the infinitive to convey potentially possible actions. | И́горь всегда́ вам всё **объяс-ни́т.** И́горь всегда́ мо́жет вам всё **объясни́ть.** |
| --- | --- |

## 44.

**(a)** Read the sentences and their English translations.

1. Игорь — человек эруди́рован-ный. Он всегда́ вам *объясни́т* любо́е сло́во, *даст* ну́жную спра́вку.

2. Ольга — хоро́шая хозя́йка: она́ и обе́д *пригото́вит*, и кварти́ру *уберёт*.

3. От э́того челове́ка никогда́ до́брого сло́ва не *услы́шишь*.

1. Igor is an erudite. He will always explain any word to you, will give you necessary information.

2. Olga is a fine housewife; she will cook dinner and will tidy up the flat.

3. You will never hear a kind word from that man.

**(b)** What is the aspect of the verbs used in these sentences?

**(c)** What actions do these verbs convey: semelfactive or repeated actions, or actions which may be repeated?

**Note.**—Future tense forms of perfective verbs may convey *potentially possible actions* (the speaker admits the possibility that these actions may be repeated) or characterise some permanent features of the actor. The general character of this meaning of perfective verbs may be stressed by the words *всегда́* and *никогда́* (see sentences 1 and 3). This meaning of perfective verbs is called *potential*.

**Exercise 1.** Read the sentences. Write out the numbers of those sentences in which the perfective verbs (a) convey semelfactive actions which will take place in the future; (b) show that the action concerned may take place and be repeated on several occasions in the future.

1. Са́ша всегда́ помо́жет дру́гу. 2. За́втра Са́ша помо́жет друзья́м перее́хать на но́вую кварти́ру. 3. В четве́рг ребёнка в де́т-ский сад отведёт оте́ц. 4. Андре́й — хоро́ший оте́ц: ребёнка и на-ко́рмит, и в де́тский сад отведёт. 5. Пе́тя — о́чень живо́й ма́льчик: мину́ты не посиди́т споко́йно. 6. Приходи́ ко мне в суббо́ту: посиди́м, послу́шаем му́зыку. 7. Пётр Алексе́евич — о́чень внима́тель-ный врач: всегда́ вы́слушает больно́го и даст ему́ ну́жный сове́т. 8. За́втра Мари́я даст Ане но́вые журна́лы мод.

**Exercise 2.** Read the sentences. Point out the numbers of the sentences which report (a) actually repeated actions; (b) potentially possible actions.

1. Этот врач всегда́ даёт хоро́шие сове́ты. 2. Этот врач всегда́ даст хоро́ший сове́т. 3. Этот ма́стер чи́нит любы́е часы́. 4. Этот ма́стер всегда́ почи́нит любы́е часы́. 5. Учи́тель отвеча́ет на все вопро́сы дете́й. 6. Учи́тель отве́тит на любы́е вопро́сы дете́й. 7. Брат объясня́ет мла́дшей сестре́ тру́дные зада́чи. 8. Брат всегда́ объясни́т сестре́ тру́дные зада́чи.

**Exercise 3.** Read the sentences. Point out the numbers of the sentences which report (a) actually repeated actions; (b) potentially possible actions.

1. «В любо́й день, когда́ вам бу́дет ну́жно куда́-нибудь пойти́, я (сижу́ — посижу́) с ва́шими детьми́»,— ча́сто говори́т моя́ тётя. 2. Ма́льчик лю́бит де́лать всё самостоя́тельно и никогда́ ни у кого́ не (про́сит — попро́сит) по́мощи. 3. Он хоро́ший ма́стер, любо́й те-

левизор (чинит — починит). 4. Ирина всегда что-нибудь (забывает — забудет). 5. Алёша такой неуклюжий, всегда что-нибудь (разбивает — разобьёт). 6. Ольга всегда всё (понимает — поймёт) с первого слова. 7. Лена — хорошая помощница матери: и квартиру (убирает — уберёт), и посуду (моет — вымоет). 8. Игорь хорошо знает немецкий язык: любую статью (переводит — переведёт). 9. Такую задачу Алексей всегда легко (решает — решит). 10. Эта девочка всегда всё (делает — сделает) по-своему, сколько бы вы ни убеждали её.

**Exercise 4.** Agree with the statements, saying that the actions concerned are potentially possible.

*Model:* — Павел помогает сестре.
   — Да, если нужно, Павел всегда поможет сестре.

1. Ирина легко успокаивает детей. 2. Мать понимает меня. 3. Олег любит и хорошо знает театр. Он советует нам, что стоит посмотреть. 4. Если нужно, брат встречает меня на вокзале. 5. Маша рассказывает детям интересную сказку. 6. Дедушка приносит внукам интересные книги. 7. Учитель объясняет ученикам новые слова. 8. Отец мне верит. 9. Такие задачи мальчик легко решает.

**Exercise 5.** Compare the sentences in the left and right-hand columns. What words in the right-hand column emphasise the general character of the sentences?

| | |
|---|---|
| 1. Виктор поможет вам. | 1. Виктор всегда поможет вам. |
| 2. Ирина не побеспокоит мать. | 2. Ирина никогда не побеспокоит мать. |
| 3. Сергей решит эту задачу. | 3. Сергей решит любую задачу. |
| 4. Елена сделает для вас эту работу. | 4. Елена всегда сделает для вас любую работу. |

**Exercise 6.** Complete the sentences, supplying the necessary adverbial modifiers (adverbs) or attributes to make them convey potentially possible actions. For this you may need the following words: (a) любой, всякий; (b) всегда, никогда.

*Model:* Олег переведёт статью.
   Он переведёт любую статью.

(a) 1. Игорь докажет такую теорему. 2. Таня сошьёт платье. 3. Маша свяжет кофту. 4. Андрей починит замок. 5. Мой друг купит старинную монету для своей коллекции. 6. Михаил исполнит желание своей матери.

(b) 1. Александр сделает всё для друга. 2. Врач даст вам нужный совет. 3. Если нужно, Галина приедет к сестре. 4. Этот дождь не кончится.

**Exercise 7.** Agree with the statements and support your opinion, using perfective verbs in the future tense.

*Model:* — Олег — хороший товарищ.
   — Да, Олег (он) хороший товарищ: он всегда поможет другу.

1. Ива́н Никола́евич — хоро́ший врач. 2. Ма́ша — помо́щница ма́тери. 3. И́горь хорошо́ зна́ет францу́зский язы́к. 4. Ири́на — хоро́шая хозя́йка. 5. Са́ша — спосо́бный матема́тик. 6. Фёдор — ма́стер на все ру́ки. 7. Са́ша — большо́й шутни́к. 8. Мари́я о́чень лю́бит свои́х племя́нников.

You can use these phrases:

дать поле́зный сове́т; убра́ть ко́мнату и сходи́ть в магази́н; перевести́ с францу́зского любу́ю статью́; пригото́вить обе́д и сшить пла́тье; реши́ть зада́чу; почини́ть маши́ну и сде́лать ремо́нт в кварти́ре; рассказа́ть что́-нибудь смешно́е; принести́ де́тям конфе́ты и игру́шки.

## 45.
(a) Read the sentences and their English translations.

1. Оле́г хоро́ший това́рищ. Он всегда́ *помо́жет* вам в тру́дную мину́ту.
   Oleg is a good friend. He will always help you in an hour of need.

1. Он всегда́ рад вам *помо́чь* в тру́дную мину́ту.
   He is always glad to help you in an hour of need.

2. Ива́н Петро́вич о́чень дру́жен с сы́ном. Он всегда́ *расспро́сит* сы́на о его́ дела́х, *расска́жет* о свои́х, *поигра́ет* в ша́хматы, *поспо́рит* о после́днем фи́льме.
   Ivan Petrovich and his son are very good friends. He will always ask his son how he is getting on, tell him what he is doing, play chess with him and discuss the latest film.

2. Ива́н Петро́вич лю́бит *расспроси́ть* сы́на о его́ дела́х, *рассказа́ть* о свои́х, *поигра́ть* в ша́хматы, *поспо́рить* о после́днем фи́льме.
   Ivan Petrovich likes to ask his son how he is getting on, tell him what he is doing, play chess with him and discuss the latest film.

3. В э́том кафе́ вы *перекýсите* в любо́е вре́мя: оно́ рабо́тает без переры́ва.
   You can have a snack at this café at any time: it works non-stop.

3. В э́том кафе́ мо́жно *перекуси́ть* в любо́е вре́мя: оно́ рабо́тает без переры́ва.
   One can have a snack at this café at any time: it works non-stop.

(b) Compare the sentences in the left and right-hand columns. How are the potentially possible actions conveyed in the sentences in the two columns?

**Note.**—Like future tense verb forms, perfective infinitives may convey potentially possible repeated actions.
More often than not this meaning of perfective infinitives is 'displayed' after the words (a) мо́жно; (b) гото́в, рад, спосо́бен; (c) мочь, люби́ть, уме́ть, нра́виться.

**Exercise 8.** Read the sentences. Point out the numbers of the sentences in which the infinitive conveys (a) possible repetition of actions; (b) potential possibility of the action being repeated.

1. Вы мо́жете брать у меня́ слова́рь. 2. Вы всегда́ мо́жете взять слова́рь у меня́. 3. В институ́те студе́нты мо́гут обе́дать в столо́вой. 4. В э́той столо́вой мо́жно вку́сно и бы́стро пообе́дать. 5. Оле́г лю́бит шути́ть. 6. Он лю́бит иногда́ пошути́ть и посмея́ться. 7. Ната́ша гото́ва помога́ть всем. 8. Ната́ша всегда́ гото́ва помо́чь, е́сли ну́жно. 9. Ма́ша уме́ет хорошо́ гото́вить.

**Exercise 9.** Read the sentences, supplying verbs of the required aspect to make it clear that the action concerned may be repeated.

1. Игорь всегда́ мо́жет вам (дава́ть — дать) све́жую газе́ту. 2. Отсю́да, е́сли ну́жно, всегда́ мо́жно (звони́ть — позвони́ть) в Москву́. 3. Оле́г всегда́ гото́в всё (де́лать — сде́лать) для свое́й жены́. 4. Оте́ц лю́бит иногда́ (отдыха́ть — отдохну́ть) по́сле обе́да. 5. Андре́й лю́бит всех (весели́ть — развесели́ть). 6. Ольга всегда́ ра́да (помога́ть — помо́чь) друзья́м. 7. В ко́мнате о́тдыха в общежи́тии студе́нты всегда́ мо́гут (смотре́ть — посмотре́ть) телеви́зор. 8. Ви́ктор уме́ет и кварти́ру (убира́ть — убра́ть), и обе́д (гото́вить — пригото́вить). 9. На ры́нке всегда́ мо́жно (покупа́ть — купи́ть) све́жие о́вощи и фру́кты.

**Exercise 10.** Answer the questions, making it clear that there is the potential possibility of repeating the action.

*Model:* — Вы помо́жете мне?
— (Да), я всегда́ рад (гото́в) помо́чь вам.

1. Вы прие́дете к нам? 2. Оле́г даст Ири́не кни́ги? 3. Вы хоти́те встре́титься с Андре́ем? 4. Серге́й расска́жет о результа́тах свои́х о́пытов? 5. Вы пое́дете с на́ми за́ город? 6. Вы пока́жете мне ва́шу колле́кцию ма́рок?

**Exercise 11.** Agree with your conversation partner, saying that there is the potential possibility of repeating the action.

*Model:* — Оле́г ча́сто помога́ет друзья́м.
— Да. Он всегда́ гото́в (рад, согла́сен) помо́чь им.

1. Ба́бушка ча́сто расска́зывает вну́кам ска́зки. 2. Светла́на ча́сто захо́дит к подру́ге. 3. Со́ня всегда́ угоща́ет госте́й че́м-нибудь вку́сным. 4. Де́ти постоя́нно гуля́ют в па́рке. 5. Игорь ча́сто пока́зывает друзья́м свою́ колле́кцию моне́т. 6. Ли́да ча́сто игра́ет с мла́дшей сестрёнкой. 7. Ста́рый учи́тель ча́сто встреча́ется со свои́ми бы́вшими ученика́ми. 8. Са́ша ча́сто слу́шает му́зыку.

**Exercise 12.** Agree with the statements, saying that there is the potential possibility of repeating the action.

*Model:* — Оле́г ча́сто шу́тит.
— Да, он лю́бит (ему́ нра́вится) иногда́ пошути́ть.

1. Оте́ц ча́сто вспомина́ет про́шлое. 2. Брат ве́чером ча́сто смо́трит телеви́зор. 3. Ба́бушка ча́сто отдыха́ет по́сле обе́да. 4. В свобо́дное вре́мя Пётр Ива́нович рабо́тает в саду́. 5. В переры́ве ме́жду заня́тиями друзья́ пьют ко́фе. 6. По вечера́м друзья́ ча́сто танцу́ют. 7. Зимо́й де́ти иногда́ ката́ются на са́нках. 8. Эта де́вочка ещё иногда́ игра́ет в ку́клы.

**Exercise 13.** Answer the questions, saying that there is the potential possibility of repeating the action.

*Model:* — Вы всегда́ обе́даете в университе́тской столо́вой?
— Нет, но е́сли захоти́м (е́сли ну́жно), всегда́ мо́жем пообе́дать там.

1. Вы всегда́ зака́зываете биле́ты на самолёт по телефо́ну? 2. Вы всегда́ берёте кни́ги в библиоте́ке институ́та? 3. Ни́на всегда́ у́жинает в кафе́? 4. Ми́ша всегда́ покупа́ет газе́ты в э́том кио́ске? 5. И́горь всегда́ обраща́ется за по́мощью к ста́ршему бра́ту? 6. Вы всегда́ занима́етесь в чита́льном за́ле?

**Exercise 14.** Complete the sentences, making them convey the potential possibility of repeating the action. You can use these words and phrases:

позвони́ть; оста́вить ве́щи; вы́пить ча́шечку ко́фе; купи́ть све́жие газе́ты; взять интере́сные кни́ги; посмотре́ть интере́сную програ́мму; вы́чистить гря́зную оде́жду; отдохну́ть; посмотре́ть хоро́шую пье́су; посмотре́ть после́дние номера́ журна́лов.

*Model:* Это о́чень хоро́ший рестора́н. Здесь всегда́ мо́жно вку́сно....
Это о́чень хоро́ший рестора́н. Здесь всегда́ мо́жно вку́сно пообе́дать.

1. В кафе́ есть телефо́н-автома́т. Отту́да всегда́ мо́жно... 2. На вокза́ле есть ка́мера хране́ния. Е́сли ну́жно, там всегда́ мо́жно... 3. Здесь есть хоро́шее кафе́. Там всегда́ мо́жно... 4. Это хоро́ший кни́жный кио́ск. Здесь всегда́ мо́жно... 5. Это но́вая библиоте́ка. В ней всегда́ мо́жно... 6. По телеви́зору всегда́ мо́жно... 7. Здесь есть хоро́шая химчи́стка. Там всегда́ мо́жно... 8. Недалеко́ от го́рода есть лес. Там мо́жно хорошо́... 9. Это но́вый молодёжный теа́тр. В нём всегда́ мо́жно... 10. На на́шем факульте́те большо́й чита́льный зал. Там всегда́ мо́жно...

## § 4

| | |
|---|---|
| The use of future tense imperfective verbs and infinitives to convey 'tackling' an action. | Обе́д на столе́ — **бу́дем обе́дать.**<br>Обе́д на столе́ — **пора́ обе́дать.** |

## 46.

(a) Read the sentences and their English translations.

1. Поу́жинаем и *бу́дем смотре́ть* телеви́зор.
2. Когда́ студе́нты ко́нчат о́пыты, они́ *бу́дут обсужда́ть* их результа́ты.
3. Уже́ два часа́, *бу́дем обе́дать*!

1. We'll have supper and watch TV.
2. When the students finish their experiments, they will discuss the results.
3. It's already two o'clock: let's have dinner.

**(b)** What is the aspect of the verbs which convey the completed actions in sentences 1 and 2?

**(c)** What is the aspect of the verbs which convey the transition from this completed action to another action?

**(d)** What is the aspect of the verb in sentence 3 which conveys the injunction to 'tackle' the action?

**Note.**—Imperfective verbs in the future tense may convey transition from one completed action, expressed by a perfective verb, to the beginning of another action ('tackling' that action). In this case the verb *быть* has a meaning similar to that of the verb *начáть*.

In sentences addressed to the speaker's conversation partner such verbs also convey a nuance of injunction to begin an action. In this case their meaning is very close to that of 'давáйте + an infinitive' construction (Ужé 2 часá: бýдем обéдать. = Ужé два часá: давáйте обéдать!).

**Exercise 1.** Read the sentences. Point out the sentences in which (a) the imperfective verbs convey transition from one completed action to the beginning of another action; (b) the imperfective verbs convey an injunction to begin an action.

1. Мáльчики сдéлают урóки и бýдут игрáть в шáхматы. 2. Отéц закóнчит рабóту в садý и бýдет отдыхáть. 3. Все на местáх. Бýдем начинáть урóк! 4. Ужé пóздно. Бýдем собирáться в обрáтный путь! 5. Кóнчу писáть письмó и бýду смотрéть телевúзор. 6. Дéвочка дочитáет кнúгу и бýдет ложúться спать. 7. Дéти сдéлают зарядку и бýдут зáвтракать. 8. Учúтель немнóго отдохнёт и бýдет проверять тетрáди. 9. Чéрез пять минýт пóезд ухóдит. Бýдем прощáться!

**Exercise 2.** Read the sentences, supplying verbs of the required aspect.

1. Пéтя (ýчит — выучит) стихотворéние и бýдет рисовáть. 2. Дéвочки (купáются — выкупаются), а потóм бýдут загорáть. 3. Мы (ýжинаем — поýжинаем), и Олéг бýдет покáзывать диапозитúвы, котóрые он сдéлал во врéмя канúкул. 4. Вéра (готóвит — пригото́вит) обéд и бýдет занимáться. 5. Мать (покупáет — кýпит) продýкты и бýдет готóвить обéд. 6. Ирúна (пúшет — напúшет) пúсьма и бýдет переводúть статью́. 7. Серёжа (решáет — решúт) задáчу и бýдет игрáть с отцóм в шáхматы. 8. Студéнты (сдаю́т — сдадýт) зачёты и потóм бýдут сдавáть экзáмены.

**Exercise 3.** Read the sentences, supplying verbs of the required aspect which convey a transition to 'tackling' the action concerned.

1. Студéнты прослýшают доклáд своегó товáрища и (бýдут обсуждáть — обсýдят) егó. 2. Немнóжко отдохнём и (бýдем обéдать — пообéдаем). 3. Позáвтракаем и (бýдем уклáдывать — улóжим) чемодáны. 4. Дéти поýжинают и (бýдут смотрéть — посмóтрят) дéтскую передáчу по телевúзору. 5. Мáма уберёт квартúру и (бýдет стирáть — постирáет). 6. Дéти погуляют и (бýдут учúть — выучат) урóки. 7. Врач надéнет бéлый халáт и (бýдет принимáть — прúмет) больны́х. 8. Мáльчик открóет окнó и (бýдет дéлать — сдéлает) гимнáстику.

**Exercise 4.** Read the sentences, supplying verbs of the required aspect. Give reasons for your choice of the verbs.

1. Ма́льчик вы́нет из портфе́ля цветны́е карандаши́ и (бу́дет рисова́ть — нарису́ет). 2. Пора́ обе́дать. (бу́дем накрыва́ть — накро́ем) на стол. 3. Ири́на (бу́дет мыть — вы́моет) о́кна и бу́дет ве́шать занаве́ски. 4. Когда́ э́тот уча́сток расчи́стят, здесь (бу́дут стро́ить — постро́ят) жило́й дом. 5. Погуля́ю и (бу́ду писа́ть — напишу́) письмо́. 6. И́горь (бу́дет отдыха́ть — отдохнёт) и бу́дет расска́зывать о свое́й пое́здке. 7. Шко́льники (бу́дут слу́шать — прослу́шают) объясне́ние и бу́дут рабо́тать самостоя́тельно. 8. Мать вы́моет ру́ки и (бу́дет корми́ть — нако́рмит) ребёнка.

**Exercise 5.** Answer the questions in the affirmative.

*Model:* — По́сле переры́ва присту́пим к обсужде́нию докла́да?
— Да, по́сле переры́ва бу́дем обсужда́ть докла́д.

1. По́сле о́тдыха опя́ть присту́пим к рабо́те? 2. По́сле ле́кции студе́нты присту́пят к о́пытам? 3. По́сле о́пытов студе́нты присту́пят к ана́лизу их результа́тов? 4. По́сле обе́да тури́сты присту́пят к осмо́тру го́рода? 5. По́сле переме́ны шко́льники присту́пят к выполне́нию контро́льной рабо́ты? 6. Отпра́вим дете́й на да́чу и присту́пим к ремо́нту?

**Exercise 6.** Answer the questions, saying that you are going to begin another action.

*Model:* — Вы пообе́даете и бу́дете отдыха́ть?
— Нет, я пообе́даю и бу́ду переводи́ть статью́.

1. Вы поза́втракаете и бу́дете игра́ть в ша́хматы? 2. Ты переведёшь статью́ и бу́дешь её перепеча́тывать? 3. Де́ти вы́учат уро́ки и бу́дут смотре́ть телеви́зор? 4. Вы сде́лаете гимна́стику и бу́дете за́втракать? 5. Ма́ша вы́учит слова́ и бу́дет слу́шать му́зыку? 6. Вы поу́жинаете и бу́дете ложи́ться спать?

**Exercise 7.** Ask your conversation partner a question as though you had failed to hear what he has said and then suggest that he (and you) should begin doing something else (should 'tackle' another action).

*Model:* — Ну вот, мы и ко́нчили рабо́ту.
— Ко́нчили рабо́ту? Бу́дем отдыха́ть!

1. Ну вот, и ко́нчился переры́в. 2. Мы пообе́дали. 3. Наконе́ц-то мы зако́нчили о́пыты. 4. Наконе́ц-то я перевёл статью́. 5. Я сдал экза́мен! 6. Наконе́ц-то я ко́нчила перепеча́тывать э́ту статью́.

# 47.

(a) Read the sentences and their English translations.

1. Е́сли ребёнку ста́нет ху́же, ну́жно *вы́звать* врача́.
If the child feels worse, the doctor must be called.

2. Мо́жно *позвони́ть* вам за́втра?

1. Ребёнку ста́ло ху́же: ну́жно *вызыва́ть* врача́.
The child feels worse: start calling the doctor.

2. Телефо́н освободи́лся, мо́жете *звони́ть*.

May I phone you tomorrow?

The telephone is free, you may use it.

3. Я до́лжен *уйти́* по свои́м дела́м на полчаса́.

I must leave for half an hour on business.

3. Уже́ шесть часо́в. Я до́лжен *уходи́ть*.

It's six o'clock. I must be leaving.

**(b)** Do the infinitives in the left and right-hand columns convey semelfactive actions?

**(c)** In the sentences of which column do the infinitives convey an additional nuance of 'tackling' the action concerned? What is the aspect of these verbs?

**(d)** In the sentences of which column do the infinitives lack this additional nuance of meaning and convey purely semelfactive actions? What is the aspect of these verbs?

**Note.**—Like future tense verb forms, imperfective infinitives may have an additional nuance of 'tackling' the action (see the sentences in the right-hand column).

**Exercise 8.** Read the sentences. Point out the sentences in which the infinitives (a) have no nuance of 'tackling' the action; (b) have this additional nuance of meaning.

1. Брат до́лжен сдать ещё оди́н экза́мен по матема́тике. 2. Мне на́до посла́ть телегра́мму сестре́. 3. Больно́му ста́ло ху́же. На́до вы́звать врача́. 4. Ко́фе гото́в, мо́жно его́ налива́ть в ча́шки. 5. Пе́ред ухо́дом в шко́лу де́ти должны́ поза́втракать. 6. Четы́ре часа́: де́тям пора́ сади́ться за уро́ки. 7. Че́рез полчаса́ отцу́ на́до уходи́ть на рабо́ту. 8. Е́сли бу́дет ду́шно, мо́жно откры́ть окно́. 9. Я освободи́ла подоко́нник от цвето́в, мо́жно открыва́ть окно́. 10. Ста́ло совсе́м темно́, пора́ включа́ть свет.

**Exercise 9.** Read the sentences, supplying verbs of the required aspect which convey a single action without a nuance of 'tackling' that action.

1. Е́сли бу́дет жа́рко, ко́мнату мо́жно бу́дет (прове́тривать — прове́трить). 2. К Но́вому го́ду я до́лжен (посыла́ть — посла́ть) поздравле́ния всем друзья́м и знако́мым. 3. В саду́ земля́ совсе́м суха́я, цветы́ ну́жно хорошо́ (полива́ть — поли́ть). 4. Ма́льчик до́лжен (учи́ть — вы́учить) э́то стихотворе́ние к за́втрашнему дню. 5. Га́ля хо́чет (шить — сшить) себе́ но́вое пла́тье к пра́зднику. 6. Сего́дня Ри́та должна́ (гото́вить — пригото́вить) пра́здничный обе́д. 7. У моего́ бра́та ско́ро день рожде́ния. Я должна́ (покупа́ть — купи́ть) ему́ пода́рок. 8. Мне ну́жно за сего́дняшний ве́чер (переводи́ть — перевести́) статью́ с англи́йского на ру́сский. 9. Мо́жно (звони́ть — позвони́ть) вам за́втра ве́чером? 10. За́втра мне на́до (встава́ть — встать) о́чень ра́но.

**Exercise 10.** Read the sentences, supplying verbs of the required aspect which convey a nuance of 'tackling' the action concerned.

1. Всем на́до идти́ на рабо́ту. Пора́ (за́втракать — поза́втракать). 2. На́до (сади́ться — сесть) за рабо́ту, ина́че мы её не ко́нчим в срок. 3. Ты всё ещё лежи́шь? Пора́ (встава́ть — встать)! 4. Ири́на, ты должна́ (укла́дывать — уложи́ть) ве́щи: оста́лось три часа́ до отхо́да по́езда. 5. Обе́д гото́в, мо́жно (накрыва́ть —

143

накры́ть) на стол. 6. Со́лнце се́ло, и ста́ло прохла́дно. Пора́ (закрыва́ть — закры́ть) о́кна. 7. Ли́да не пойдёт сейча́с гуля́ть, она́ должна́ (де́лать — сде́лать) уро́ки. 8. «Почему́ ты ничего́ не де́лаешь? — сказа́л учи́тель Серёже. — Ты до́лжен (реша́ть — реши́ть) зада́чу».

**Exercise 11.** Read the sentences, supplying verbs of the required aspect.

1. (обе́дать — пообе́дать) (a) Обе́д на столе́. Мо́жно ... . (b) Е́сли мы проголода́емся, то мо́жно ... в э́том рестора́не. 2. (уходи́ть — уйти́) (a) Ве́чером мне ну́жно ... . (b) Уже́ во́семь часо́в, мне ну́жно ... . 3. (отвеча́ть — отве́тить) (a) ·На э́то письмо́ ну́жно обяза́тельно ... . (b) Откла́дывать отве́т бо́льше нельзя́, ну́жно ... . 4. (начина́ть — нача́ть) (a) Все чле́ны ка́федры на ме́сте, мо́жно ... обсужде́ние докла́да. (b) Когда́ мо́жно бу́дет ... обсужде́ние докла́да: в де́вять часо́в и́ли в полови́не деся́того? 5. (загора́ть — загоре́ть) (a) Е́сли до́лго лежа́ть на со́лнце, мо́жно бы́стро ... . (b) Со́лнце наконе́ц вы́шло из-за туч, мо́жно ... .

**Exercise 12.** Read the sentences, supplying verbs of the required aspect. Give reasons for your choice of the verbs.

1. (есть — пое́сть) Де́ти, пе́ред прогу́лкой вы должны́ ... . Всё гото́во, сади́тесь ... . 2. (выбира́ть — вы́брать) — Я хочу́ ... краси́вый шарф для пода́рка бра́ту. — Пожа́луйста, вот все ша́рфы, кото́рые у нас есть. Мо́жете ... 3. (начина́ть — нача́ть) — Собра́ние ну́жно ... ро́вно в семь часо́в. — Уже́ семь часо́в, все собрали́сь, мо́жно ... . 4. (выходи́ть — вы́йти) — Что́бы не опозда́ть на по́езд, мы должны́ ... в де́сять часо́в. — Уже́ де́сять часо́в, пора́ ... . 5. (звони́ть — позвони́ть) — Мо́жно отсю́да ... ? — Пожа́луйста. Сейча́с э́та де́вушка ко́нчит говори́ть и мо́жете ... . 6. (переводи́ть — перевести́) К за́втрашнему дню ты до́лжен ... э́ту статью́. Е́сли ты хо́чешь за́втра пойти́ с на́ми в туристи́ческий похо́д, сади́сь ... э́ту статью́ сейча́с же. 7. (одева́ться — оде́ться) На у́лице сего́дня си́льный моро́з, ну́жно ... тепле́е. Че́рез мину́ту мы ухо́дим, пора́ ... . 8. (выключа́ть — вы́ключить) Пе́ред ухо́дом не забу́дь ... свет. Мы ухо́дим, мо́жно ... свет.

**Exercese 13.** Change the sentences, saying that the time has come to begin (to 'tackle') the action concerned.

*Model:* Включи́те сего́дня телеви́зор в во́семь часо́в ве́чера.
Уже́ во́семь часо́в. Пора́ включа́ть телеви́зор.

1. Встань за́втра в шесть часо́в утра́. 2. В четы́ре часа́ сади́сь за уро́ки. 3. В пять часо́в вы́пей лека́рство. 4. Сходи́ сего́дня в шесть часо́в в де́тский сад за сестрёнкой. 5. Че́рез пять мину́т сними́ кофе́йник с огня́. 6. Уложи́ дете́й спать сего́дня в во́семь часо́в. 7. Начни́те обсужде́ние докла́да по́сле переры́ва. 8. Че́рез полчаса́ закро́йте о́кна. 9. Че́рез час начни́ гото́вить уро́ки.

**Exercise 14.** Supply continuations, saying that what has not been done yet must be done without any further delay.

*Model:* Уже́ час, а ты ещё не пообе́дал. Пора́ (вре́мя) обе́дать!

144

1. Уже́ ве́чер, а уро́ки у тебя́ ещё не вы́учены. 2. В ко́мнатах ста́ло хо́лодно, а о́кна ещё откры́ты. 3. Че́рез полчаса́ нача́ло спекта́кля, а ты ещё не оде́та. 4. Стол к обе́ду ещё не накры́т. 5. Уже́ во́семь часо́в, а за́втрак ещё не гото́в. 6. Уже́ де́вять часо́в, а библиоте́ка почему́-то ещё не откры́та. 7. Уже́ по́здно, а вы ещё не спи́те. 8. В ко́мнате ста́ло совсе́м темно́, а свет ещё не включён. 9. Ско́ро Но́вый год, а поздрави́тельные откры́тки ещё не по́сланы. 10. Ско́ро придёт маши́на, что́бы перевезти́ нас на да́чу, а ве́щи ещё не уло́жены.

**Exercise 15.** Respond to your conversation partner's statement, saying that the action must be performed immediately.

*Model:* — Цветы́ ну́жно поли́ть.
— Я принёс во́ду, ...
— Я принёс во́ду, мо́жно (мо́жешь) полива́ть.

1. — Ну́жно уложи́ть ве́щи. — Ве́щи со́браны, ... . 2. — Я хочу́ есть. — Обе́д гото́в, ... . 3. — Ну́жно напеча́тать э́ту статью́. — Вот маши́нка, ... . 4. — Я хочу́ нарисова́ть э́ти цветы́. — Вот тебе́ кра́ски, ... . 5. — Ну́жно запере́ть кварти́ру. — Вот ключи́, ... . 6. — Мне хо́чется купи́ть моро́женое. — Вот тебе́ де́ньги, ... . 7. — Мне ну́жно приня́ть лека́рство. — Вот оно́, ... . 8. Ребёнка ну́жно вы́купать. — Ва́нная там, ... . 9. Мне хоте́лось бы связа́ть себе́ шарф. — Вот шерсть, ... . 10. — Мне ну́жно вы́звать по телефо́ну такси́. — Вот телефо́н, ... .

# Revision III

**Assignment 1.** Read the sentences, supplying verbs of the required aspect. Point out the cases in which either aspect is possible. Why is this so?

1. — Скажи́те, у вас есть после́дний но́мер журна́ла «Но́вый мир»? Там на́чали (печа́тать — напеча́тать) интере́сную по́весть. — Есть. Я (даю́ — дам) вам его́ за́втра.

2. — Где вы (бу́дете отдыха́ть — отдохнёте) в э́том году́? — Собира́юсь (отдыха́ть — отдохну́ть) в Крыму́. Ду́маю пое́хать в Ялту.

3. — Мне что́-то попа́ло в глаз, не могу́ (выта́скивать — вы́тащить). — (иди́ — пойди́) в поликли́нику, там тебе́ (ока́зывают — ока́жут) по́мощь.

4. — Вы уже́ собрали́сь? — Нет, я ещё не (скла́дывала — сложи́ла) ве́щи. (бу́ду у́жинать — поу́жинаю) и (бу́ду скла́дывать — сложу́) чемода́н.

5. — Мне ну́жно (е́хать — пое́хать) к друзья́м и не́ с кем (оставля́ть — оста́вить) дете́й. — Попроси́ мою́ ма́му. Она́ тебе́ никогда́ не (отка́зывает — отка́жет) в э́том. Она́ всегда́ (сиди́т — посиди́т) с твои́ми детьми́.

6. — Где мо́жно (узнава́ть — узна́ть), с како́го вокза́ла е́хать в Та́ллин? — (обраща́йтесь — обрати́тесь) в спра́вочное бюро́. Там всегда́ (даю́т — даду́т) любу́ю спра́вку.

7. — Ва́ши сыновья́ уже́ (приезжа́ли — прие́хали) на кани́-
кулы? — Нет, ещё не (приезжа́ли — прие́хали). Они́ (приез-
жа́ют — прие́дут) в а́вгусте. А сейча́с они́ пое́хали со студе́нческим
строи́тельным отря́дом на Ура́л.
8. — Вы (бу́дете писа́ть — напи́шете) Тимофе́ю Фили́ппо-
вичу о ва́шей экспеди́ции? — Да, я ему́, коне́чно, (бу́ду писа́ть —
напишу́).
9. — Что вы собира́етесь (де́лать — сде́лать) в суббо́ту?
— (е́ду — пое́ду) за́ город.
10. — Вы ещё не (смотре́ли — посмотре́ли) но́вый спекта́кль в
теа́тре «Совреме́нник»? Сто́ит (смотре́ть — посмотре́ть)!
11. — Де́сять часо́в. Пора́ (начина́ть — нача́ть) репети́цию.
— Одну́ мину́ту. Сейча́с все (занима́ют — займу́т) свои́ места́
и (бу́дем начина́ть — начнём). Сего́дня ну́жно хорошо́ порабо́-
тать. Че́рез неде́лю у нас премье́ра.
12. — В де́вять часо́в на́до (включа́ть — включи́ть) телеви́зор:
бу́дет интере́сная переда́ча. — Мо́жешь (включа́ть — включи́ть).
Уже́ почти́ де́вять.

**Assignment 2.** Point out in each group the sentences which say that their
actions will occur in the future on only one occasion.

*Model:* 1 (a), 1 (c)

1. (a) Я бу́ду звони́ть вам за́втра. (b) Я бу́ду звони́ть вам
ча́сто. (c) Я позвоню́ вам за́втра. (d) Я бу́ду звони́ть вам ка́ждый
день.
2. (a) Ле́том мы ка́ждый день бу́дем купа́ться в мо́ре. (b) Мы
бу́дем купа́ться за́втра. (c) Во вре́мя о́тпуска мы бу́дем купа́ться
в мо́ре. (d) Мы искупа́емся за́втра.
3. (a) Вы бу́дете покупа́ть сы́ну велосипе́д? (b) Вы ку́пите
сы́ну велосипе́д? (c) Вы бу́дете покупа́ть фру́кты то́лько на ры́нке?
(d) Вы бу́дете всегда́ покупа́ть фру́кты то́лько на ры́нке?
4. (a) Больно́му бу́дут де́лать уко́лы. (b) Когда́ больно́му
бу́дут де́лать уко́л? (c) Больно́му бу́дут де́лать уко́лы два ра́за
в день. (d) Когда́ больно́му сде́лают уко́л?
5. (a) Ве́чером де́ти бу́дут пить молоко́. (b) По вечера́м де́ти
бу́дут пить молоко́. (c) Ве́чером де́ти вы́пьют молоко́. (d) Де́ти
тепе́рь всегда́ бу́дут пить молоко́.
6. (a) Я бу́ду зака́зывать биле́ты на самолёт то́лько по теле-
фо́ну. (b) Я бу́ду зака́зывать биле́ты на самолёт за́втра. (c) Я
всегда́ тепе́рь бу́ду зака́зывать биле́ты на самолёт по телефо́ну.
(d) Я закажу́ биле́ты на самолёт за́втра.
7. (a) В пя́тницу я бу́ду посыла́ть посы́лку сестре́. (b) Ка́ж-
дую пя́тницу я бу́ду посыла́ть посы́лки сестре́. (c) В пя́тницу я
пошлю́ посы́лку сестре́. (d) По пя́тницам я бу́ду посыла́ть по-
сы́лки сестре́.
8. (a) Сего́дня ве́чером бу́дем игра́ть в ша́хматы? (b) По
вечера́м бу́дем игра́ть в ша́хматы? (c) Сего́дня ве́чером поигра́-
ем в ша́хматы? (d) Мы ка́ждый ве́чер бу́дем игра́ть в ша́х-
маты?

**Assignment 3.** Tell your conversation partner what he should do tomorrow (only once) and what he should do daily (regularly).

**Assignment 4.** Ask your conversation partner whether he is going (a) to spend his holiday in the South; (b) to buy a new car; (c) to take part in a conference; (d) to go on a sea voyage.

**Assignment 5.** Look at the pictures and say what the people in them are going to do.

*Model:* Олég поза́втракает и ... (*Picture 1*).
Олég поза́втракает и бу́дет чита́ть.

1. Де́ти пообе́дают и ... (Picture 2). 2. Ка́тя пригото́вит обе́д и ... (Picture 3). 3. Ко́нчатся ле́кции, и ... (Picture 4). 4. Ма́ма вы́моет посу́ду и ... (Picture 5). 5. Та́ня напи́шет письмо́ и ... (Picture 6). 6. Машини́стка немно́го отдохнёт и ... (Picture 7). 7. Де́вочка придёт из шко́лы и ... (Picture 8). 8. Поу́жинаем и ... (Picture 9). 9. По́сле за́втрака Серге́й ... (Picture 10). 10. Ма́ша зако́нчит убо́рку и ... (Picture 11).

**Assignment 6.** Describe your friends' hobbies.

*Example:* Мой друг Борис любит иногда (часто, изредка, etc.) вечерами слушать музыку. Ему нравится...

**Assignment 7. (a)** Read through the text.

Слово — дело великое. Великое потому, что (1) *словом можно соединить людей,* (2) *словом можно разъединить их,* (3) *словом можно служить любви,* (4) *словом можно служить вражде и ненависти. Берегитесь такого слова, которое разъединяет.*

(*Л. Толстой*)

**(b)** What actions do the verbs in the italicised sentences convey? What are the aspects of the verbs used in these sentences? Why is this so?

**(c)** If you like what Tolstoy has said, write down his words and try to memorise them.

**Assignment 8. (a)** Read through this extract from a feature article by the well-known Soviet journalist V. Peskov.

Волшебная осень парков. Тихо. Чуть-чуть сыровато. (1) Листья нехотя отрываются и словно повисают на невидимых паутинах. (2) Долго-долго падают кленовые листья. Как хорошо!..

(3) Кажется, листья падают не беззвучно, полёт сопровождает тихая музыка. Бом-Бом! Один лист, другой, третий. Стройная музыка в парке.

Один ли я её слышу?

Нет. (4) Вот девочка подняла голову, блестящими глазами провожает листья. Рядом женщина под зонтиком. Книга. Но она не читает. (5) Она слушает золотой хоровод. Вспоминаю: (6) надо скорее, скорее снимать! (7) Поймать хоть отрывок музыки листопада...

**(b)** Point out the numbers of the sentences in which the verbs convey (a) the process of an action; (b) completed single actions; (c) 'tackling' an action.

**(c)** What actions do the infinitives in sentences 6 and 7 convey? What is their aspect? Why is this so?

**(d)** Choose the most suitable title for this story out of the following: 1. Листопад. 2. Листья падают с клёнов. 3. Осень.

**(e)** Give reasons for your choice. For this, point out the sentences in the text which render 'the music of the fall of the leaves'. What is the aspect of the verbs which have helped the author to convey that 'music'?

**Assignment 9. (a)** Read through this extract from the story. *The Scarlet Sails,* by the well-known Soviet writer Alexander Grin.

(1) Отец иногда посылал Ассоль в город отнести в магазин игрушки, которые он делал для продажи.

Однажды, в середине такого путешествия к городу, девочка села у дороги съесть кусок пирога, положенного в корзинку на завтрак. Она перебирала игрушки; две-три из них оказались новыми для неё: отец сделал их ночью. Здесь была миниатюрная гоночная яхта; это белое судёнышко несло алые паруса.

Ассоль пришла в восхищение. Пламенный, весёлый цвет так ярко горел в её руке, как будто она держала огонь. Дорогу пересекал ручей, который уходил в лес. «Если я спущу её на воду,— размышля́ла Ассо́ль, — она́ ведь не промо́кнет, я её пото́м вы́тру». Отойдя́ в лес за мо́стик, де́вочка осторо́жно спусти́ла на́ воду у са́мого бе́рега плени́вшее её су́дно; (2) паруса́ то́тчас сверкну́ли а́лым отраже́нием в прозра́чной воде́.

(3) Вода́ поверну́ла я́хту но́сом к середи́не ручья́. (4) Де́вочка испуга́лась: ручей́ ей каза́лся тепе́рь огро́мной реко́й, а я́хта — далёким больши́м су́дном. Она́ побежа́ла за уплыва́ющей игру́шкой, наде́ясь, что её где́-нибудь прибьёт к бе́регу. Она́ стара́лась не теря́ть из ви́да краси́вый, пла́вно убега́ющий треуго́льник, (5) спотыка́лась, па́дала и сно́ва бежа́ла.

В тако́й безуспе́шной и трево́жной пого́не прошло́ о́коло ча́су. Вдруг с удивле́нием, (6) но и облегче́нием Ассо́ль уви́дела у́стье ручья́.

С невысо́кого бе́рега Ассо́ль уви́дела, что у ручья́, на пло́ском большо́м ка́мне, (7) спино́й к ней сиди́т челове́к, держа́ в рука́х её я́хту, и рассма́тривает её.

Ассо́ль бли́зко подошла́ к незнако́мцу.

Пе́ред ней был путеше́ствующий пешко́м Эгль, изве́стный собира́тель пе́сен, леге́нд, преда́ний и ска́зок.

— Тепе́рь отда́й мне,— несме́ло сказа́ла де́вочка. — Ты уже́ поигра́л. Как ты пойма́л её?

Эгль по́днял го́лову, урони́в я́хту,— так неожи́данно прозвуча́л взволно́ванный голосо́к Ассо́ль. (8) Стари́к с мину́ту разгля́дывал её, улыба́ясь.

— Как зову́т тебя́?

— Ассо́ль,— сказа́ла де́вочка, пря́ча в корзи́ну по́данную Эглем игру́шку.

— Что у тебя́ в корзи́не?

— Ло́дочки,— сказа́ла Ассо́ль.

— Отли́чно. Тебя́ посла́ли прода́ть. По доро́ге ты заняла́сь игро́й. Ты пусти́ла я́хту попла́вать, а она́ сбежа́ла. Ведь так?

— (9) Ты ра́зве ви́дел? — с сомне́нием спроси́ла Ассо́ль.

— (10) Я э́то знал.

— А как же?

— Потому́ что я са́мый гла́вный волше́бник. Не зна́ю, ско́лько пройдёт лет,— то́лько в Капе́рне расцветёт одна́ ска́зка. Ты бу́дешь большо́й, Ассо́ль. (11) Одна́жды у́тром в морско́й да́ли под со́лнцем сверкнёт а́лый па́рус. Сия́ющая грома́да а́лых парусо́в бе́лого корабля́ дви́нется, рассека́я во́лны, пря́мо к тебе́. (12) Ти́хо бу́дет плыть э́тот чуде́сный кора́бль, без кри́ков и вы́стрелов; на берегу́ мно́го соберётся наро́ду, удивля́ясь и а́хая; и ты бу́дешь стоя́ть там. (13) Кора́бль подойдёт к са́мому бе́регу под зву́ки прекра́сной му́зыки; (14) от него́ поплывёт бы́страя ло́дка. «Заче́м вы прие́хали? Кого́ вы и́щете?» — спро́сят лю́ди на берегу́. (15) Тогда́ ты уви́дишь хра́брого краси́вого при́нца, (16) он бу́дет стоя́ть и протя́гивать к тебе́ ру́ки. «Здра́вствуй, Ассо́ль! — ска́жет он. — Далеко́-далеко́ отсю́да я уви́дел тебя́ во сне и прие́хал, чтобы увезти́ тебя́ навсегда́ в своё ца́рство. (17) Ты бу́дешь там жить со мной в ро́зовой глубо́кой доли́не. У тебя́ бу́дет всё, что ты то́лько пожела́ешь; жить с тобо́й мы бу́дем так дру́жно и ве́село, что никогда́ твоя́ душа́ не узна́ет слёз и печа́ли». (18) Он поса́дит тебя́ в ло́дку, привезёт на кора́бль, и ты уе́дешь навсегда́ в страну́, где всхо́дит со́лнце и где звёзды спу́стятся с не́ба, что́бы поздра́вить тебя́ с прие́здом.

— Это всё мне? — ти́хо спроси́ла де́вочка. — Мо́жет быть, он уже́ пришёл... тот кора́бль?

— Не так ско́ро,— возрази́л Эгль,— снача́ла, как я сказа́л,— ты вы́растешь. Пото́м.. Что говори́ть? Это бу́дет. Что бы ты тогда́ сде́лала?

— Я? Я бы его́ люби́ла.

(b) Point out the numbers of the sentences in which the verbs (a) convey completed single actions; (b) state the occurrence of an action; (c) convey the process of an action; (d) convey the beginning of an action; (e) denote momentaneous actions; (f) convey repeated actions.

(c) As you have seen, the text can be divided into two parts: 1. Ассо́ль и ма́ленькая я́хта с а́лыми паруса́ми. 2. Предсказа́ние ста́рого Эгля.

What is the aspect of the verbs which express Assol's consecutive actions in the first part? What is the aspect of the verbs which convey the events predicted by Old Egle? What is the meaning of the perfective and imperfective verbs in the Egle's prediction?

# CHAPTER IV

## § 1

| The use of the imperfective infinitive after a group of verbs conveying the beginning, continuation or completion of an action and after verbs conveying one's wish to discontinue an action. | Мы **отговори́ли** бра́та **брать** о́тпуск в январе́. |
| --- | --- |

## 48.

(a) Read the sentences and their English translations.

1. По́сле оконча́ния институ́та мой брат *ста́нет рабо́тать* инжене́ром на заво́де.
2. По сове́ту отца́ Алексе́й *бро́сил кури́ть*.
3. Почему́ вы *переста́ли быва́ть* у нас?
4. Заво́д *прекрати́л выпуска́ть* э́ту моде́ль холоди́льников.
5. Мне *надое́ло повторя́ть* тебе́ одно́ и то же.
6. Спортсме́н *уста́л трениро́ваться*.

1. After graduating from the college, my brother will work as an engineer at a factory.
2. On his father's advice Alexei gave up smoking.
3. Why have you stopped visiting us?
4. The factory stopped producing this model of refrigerators
5. I'm tired of repeating one and the same thing to you.
6. The athlete was tired of training.

| | |
|---|---|
| 7. Вы́бежав во вре́мя переме́ны во двор, де́ти *приняли́сь бе́гать* и *пры́гать*. | 7. Running out into the court-yard during the break, the children began racing and jumping. |
| 8. Сестра́ *переду́мала (разду́мала) проводи́ть* о́тпуск в Крыму́. | 8. My sister changed her mind about spending her holidays in the Crimea. |
| 9. Ма́ша за вре́мя о́тпуска *научи́лась* хорошо́ *вяза́ть*. | 9. During her holiday Masha learned to knit well. |
| 10. За вре́мя кани́кул Андре́й *привы́к* ра́но *встава́ть* и *уходи́ть* в лес. | 10. During his holidays Andrei got into the habit of getting up early and going into the woods. |
| 11. Стари́к до́лго жил оди́н и *отвы́к* мно́го *разгова́ривать* с людьми́. | 11. The old man had lived alone for a long time and got out of the habit of speaking with people. |

(b) What common features are there in the structure of all these sentences?
(c) What verbs do the infinitives relate to?
(d) What is the meaning of these verbs?
(e) What is the aspect of the infinitives used after these verbs?

**Note.**—As you already know, the verbs начина́ть/нача́ть, продолжа́ть and конча́ть/ко́нчить are followed by *imperfective* infinitives (see Note 12).

*Imperfective* infinitives are also used (a) after other verbs conveying the beginning, continuation or end of an action, such as стать (the imperfective verb станови́ться is not used with an infinitive), принима́ться/приня́ться, бра́ться/взя́ться, перестава́ть/переста́ть, прекраща́ть/прекрати́ть, броса́ть/бро́сить; (b) after verbs conveying the speaker's wish to discontinue or not to perform an action (надое́сть, уста́ть, расхоте́ть, разду́мать, переду́мать, отговори́ть/отгова́ривать); and after some other verbs: привыка́ть/привы́кнуть, учи́ться/научи́ться, отвыка́ть/отвы́кнуть.

**Exercise 1.** Read the sentences, supplying verbs of the required aspect.

1. На восто́ке не́бо ста́ло (светле́ть — посветле́ть). 2. Телефо́н наконе́ц переста́л (звони́ть — позвони́ть). 3. О́льга отговори́ла Ири́ну (покупа́ть — купи́ть) э́ти ту́фли. 4. Мать уста́ла (разбира́ться — разобра́ться) в спо́рах свои́х дочере́й. 5. Ма́льчик привы́к (пить — вы́пить) ве́чером молоко́. 6. Са́ша бро́сил (реша́ть — реши́ть) кроссво́рд и на́чал смотре́ть телеви́зор. 7. Мне надое́ло (повторя́ть — повтори́ть) тебе́ одно́ и то же. 8. По́сле э́того слу́чая Оле́г переста́л (здоро́ваться — поздоро́ваться) с Воло́дей. 9. Ни́на расхоте́ла (писа́ть — написа́ть) письмо́ подру́ге. 10. В пе́рвом кла́ссе де́ти у́чатся (чита́ть — прочита́ть), (писа́ть — написа́ть) и (счита́ть — сосчита́ть).

**Exercise 2.** Answer the questions, saying that the action concerned has just begun. Use not only the verb **начáть** but also other verbs you know.

*Model:* — Мáльчик вы́учил стихотворéние?
    — Нет, он тóлько нáчал (стал, приня́лся) учи́ть егó.

1. Кóля перевёл статью́? 2. Ни́на перепечáтала текст? 3. Мáльчик реши́л задáчу? 4. Студéнты написáли курсову́ю рабóту? 5. Стадиóн ужé пострóили? 6. Ремóнт в дóме ужé сдéлали? 7. Результáты óпытов провéрили? 8. Мáша связáла себé кóфту?

**Exercise 3.** Answer the questions, saying that the action concerned has been completed and another one has begun. Apart from **кóнчить** use the verbs **перестáть**, **прекрати́ть** and **брóсить** wherever possible.

*Model:* — Мáльчик ещё читáет? (рисовáть)
    — Нет, он кóнчил читáть и стал рисовáть.

1. Дéти ещё игрáют? (слу́шать скáзку) 2. Мать ещё глáдит? (отдыхáть) 3. Студéнты ещё рабóтают в лаборатóрии? (слу́шать лéкцию) 4. Óльга ещё смóтрит телеви́зор? (занимáться) 5. Отéц ещё читáет газéту? (игрáть с детьми́) 6. Олéг всё тáк же мнóго занимáется спóртом? (учи́ться на ку́рсах францу́зского языкá) 7. Андрéй ещё перевóдит статью́? (читáть ромáн)

**Exercise 4.** Disagree with your conversation partner's statement and say that the action concerned is still in progress. Give the time when the action will be completed.

*Model:* — Я ду́маю, что Олéг ужé перевёл статью́.
    — Нет, он ещё продолжáет переводи́ть её, он кóнчит переводи́ть её чéрез полчасá.

1. Кáжется, Тамáра ужé прослу́шала нóвые пласти́нки. 2. Я ду́маю, что мáма ужé приготóвила обéд. 3. Кáжется, Пáвел ужé законспекти́ровал лéкции. 4. Я ду́маю, учи́тель ужé объясни́л ученикáм урóк. 5. По-мóему, дéти ужé поéли. 6. Я ду́маю, тури́сты ужé осмотрéли музéй. 7. Кáжется, стадиóн ужé пострóили.

**Exercise 5.** Answer the questions according to the model.

*Model:* — Олéг ку́рит?
    — Нет, он брóсил кури́ть.

1. Вáша дочь всё ещё занимáется му́зыкой? 2. Ваш сын по-прéжнему собирáет мáрки? 3. Ваш брат всё ещё коллекциони́рует стáрые монéты? 4. Óльга изучáет францу́зский язы́к? 5. Андрéй занимáется в сéкции бóкса?

**Exercise 6.** Read the sentences. Say that the actor concerned has decided not to perform the actions in question. For this you will need the verbs: **расхотéть**, **разду́мать**, **передýмать**, **отговори́ть**.

*Model:* — Кáжется, Олéг реши́л купи́ть мотоци́кл.
    — Нет, он расхотéл (егó отговори́ли...) покупáть мотоци́кл.

1. Я слы́шал, что Ири́на хóчет вы́ступить на конферéнции с доклáдом. 2. Кáжется, вáша дочь реши́ла поступи́ть на филологи́ческий факультéт. 3. Мне сказáли, что Андрéй собирáется завести́

собáку. 4. Кáжется, Кáтя хóчет подписáться на журнáл «Дрýж-ба нарóдов». 5. Кóля решил взять на экскýрсию фотоаппарáт. 6. Кáжется, вы хотéли позвонить кудá-то. 7. Лариса решила лéтом собрáть гербáрий.

**Exercise 7.** Respond to the requests (suggestions) as in the model.

*Model:* — Пусть Юра расскáжет нам о своéй поéздке в Самар-кáнд!
— Он устáл (емý надоéло, расхотéлось) расскáзывать об э́том.

1. Перепечáтай, пожáлуйста, э́тот текст! 2. Пусть Олéг подож-дёт нас ещё немнóго. 3. Уговорите вáшего дрýга поéхать с нáми. 4. Попросите Алексéя позвонить мне. 5. Пусть Вадим примет э́то лекáрство. 6. Объясните Андрéю, чтó нýжно дéлать. 7. Повторите, пожáлуйста, ещё раз вáше объяснéние. 8. Напóмните ещё раз Вé-ре о зáвтрашней экскýрсии.

**Exercise 8.** Say (1) what your children are learning to do at school; (2) what you are in the habit of doing every day; (3) what bad habits a man should get rid of. Use the verbs: учиться/научиться, привыкáть/привыкнуть, отдыхáть/отдохнýть.

## § 2

| The use of the perfective infinitive after the verbs *ус-пéть, забыть, остáться, удáться.* | Лéна **забыла сообщить** брá-ту о своём приéзде. |
|---|---|

## 49.

**(a)** Read the sentences and their English translations.

| | |
|---|---|
| 1. Я *забыл принести* на урóк словáрь. | 1. I forgot to bring the diction-ary to the class. |
| 2. Олéг *успéл перевести* статью до обéда. | 2. Oleg had managed to trans-late the article before lunch-time. |
| 3. Ирине *остáлось провéрить* результáты óпыта, и онá бýдет свобóдна. | 3. Irina has only to check the results of the experiment and she will be free. |
| 4. Нам *удалóсь купить* билéты на премьéру нóвого спектáк-ля. | 4. We managed to buy tickets for the play's first night. |

**(b)** What common features are there in the structure of these sentences?
**(c)** What verbs do the infinitives relate to?
**(d)** What is the aspect of the infinitives used after these verbs?

**Note.**—The verbs забыть, успéть, остáться and удáться are followed by *perfective* infinitives. The verbs остáться and удáться are used in impersonal sentences (see sentence 4).

**Exercise 1.** Read the sentences, supplying verbs of the required aspect.

1. Я забы́л (посыла́ть — посла́ть) дру́гу поздравле́ния с днём рожде́ния. 2. Оле́гу удало́сь (выполня́ть — вы́полнить) рабо́ту в срок. 3. За у́тро Мари́на мно́гое успе́ла (де́лать — сде́лать). 4. Ма́льчику оста́лось (чита́ть — прочита́ть) всего́ две страни́цы. 5. Пётр успе́л (сади́ться — сесть) в по́езд в после́днюю мину́ту. 6. Где вам удало́сь так хорошо́ (загора́ть — загоре́ть)? 7. До дере́вни нам оста́лось (проходи́ть — пройти́) пять киломе́тров. 8. Не забу́дьте (передава́ть — переда́ть) приве́т ва́шей ма́тери от меня́. 9. До заня́тий Да́ша успе́ла (ходи́ть — сходи́ть) в библиоте́ку.

**Exercise 2.** Read the sentences, supplying verbs of the required aspect. Give reasons for your choice of the verbs.

1. Мне оста́лось (переводи́ть — перевести́) в статье́ полстрани́цы. 2. Пошёл дождь, а Ольга забы́ла (брать — взять) с собо́й зо́нтик. 3. Андре́ю удало́сь (достава́ть — доста́ть) о́чень ре́дкую моне́ту для свое́й колле́кции. 4. Сде́лав уро́ки, де́вочка приняла́сь (помога́ть — помо́чь) ма́тери. 5. Ма́льчик привы́к по́сле у́тренней гимна́стики (принима́ть — приня́ть) душ. 6. Ве́ра забы́ла ( сообща́ть — сообщи́ть) му́жу о своём прие́зде.

**Exercise 3.** Answer the questions, using the verbs забы́ть, успе́ть, уда́ться and оста́ться.

*Model:* — Ты принёс на уро́к слова́рь?
— Нет, я забы́л принести́ его́.

1. Илья́ реши́л все зада́чи? 2. Ма́ша позвони́ла подру́ге? 3. Де́ти пришли́ на заня́тия во́время? 4. Этот спортсме́н прибежа́л к фи́нишу пе́рвым? 5. Ты вы́ключила телеви́зор? 6. Ольга купи́ла биле́ты в Большо́й теа́тр? 7. Ле́том вы сде́лали ремо́нт кварти́ры? 8. Ири́на перерабо́тала весь свой докла́д? 9. Племя́нник Алексе́я поступи́л в университе́т?

**Exercise 4.** Respond to each statement, saying that the actor has forgotten to perform the action concerned.

*Model:* — Игорь всегда́ покупа́ет газе́ты у́тром.
— А сего́дня он забы́л их купи́ть.

1. Со́ня всегда́ поздравля́ла родны́х с пра́здником. 2. Ма́льчик всегда́ де́лал у́тром заря́дку. 3. Тама́ра всегда́ брала́ на экску́рсию фотоаппара́т. 4. Пе́ред сном де́вочка всегда́ пьёт молоко́. 5. Пе́ред ухо́дом я всегда́ выключа́ю свет. 6. Пе́ред сном я всегда́ завожу́ буди́льник. 7. Матве́й всегда́ звони́л роди́телям пе́ред отъе́здом в командиро́вку. 8. Пе́ред ухо́дом Лю́да всегда́ проверя́ла, вы́ключен ли свет. 9. Пе́ред ухо́дом на рабо́ту я всегда́ просма́триваю у́тренние газе́ты.

**Exercise 5.** Respond to each statement, saying that the actor has managed to perform the action concerned.

*Model:* — Игорь всегда́ прихо́дит на заня́тия во́время.
— Да, он и сего́дня успе́л прийти́ во́время.

1. После за́втрака де́ти гуля́ют. 2. В переры́ве ме́жду заня́ти-
ями мы пьём ко́фе. 3. Оте́ц просма́тривает у́треннюю по́чту за за́вт-
раком. 4. Пе́ред сном он всегда́ чита́ет. 5. Во вре́мя шко́льной
переме́ны де́ти за́втракают.

**Exercise 6.** Respond to each statement, stating what else the actor has to
do.

*Model:* Де́вочка реша́ет зада́чи.
　　　　Ей оста́лось реши́ть ещё одну́.

1. Шахмати́сты сыгра́ли в ма́тче уже́ во́семь па́ртий. 2. Ве́ра
покупа́ет о́вощи на ры́нке. Она́ уже́ купи́ла морко́вь, помидо́ры.
3. Врач осма́тривает больны́х. 4. Профе́ссор при́нял экза́мен у
пяти́ студе́нтов. 5. Ле́на звони́т друзья́м, что́бы пригласи́ть их в
го́сти. 6. У Ната́ши есть всё для путеше́ствия, кро́ме биле́та.

**Exercise 7.** Complete the statements, saying that the actor has managed
to complete the actions concerned.

*Model:* Де́вочка реша́ет зада́чи.
　　　　Ей удало́сь реши́ть (все) зада́чи.

1. Студе́нты перево́дят тру́дную статью́. 2. Мой племя́нник со-
бира́ет колле́кцию ма́рок. 3. Студе́нт отвеча́ет на вопро́сы экза-
мена́тора. 4. Учёный прово́дит о́пыты и получа́ет интере́сные
результа́ты. 5. Альпини́сты поднима́ются на верши́ну ледника́.
6. Серёжа дока́зывает тру́дную теоре́му.

## § 3

| Conveying the repetition of the action by the verb to which the infinitive is related. | Юра **предложи́л рассказа́ть** обо всём отцу́.<br>Юра мно́го раз **предлага́л рассказа́ть** обо всём отцу́. |
|---|---|

## 50.

**(a)** Read the sentences.

1. Оле́г *пообеща́л принести́* мне магнитофо́н.
2. Мы *собрали́сь* ле́том *по-е́хать* на юг.
3. Ири́на *попроси́ла* сестру́ *помо́чь* ей.

1. Оле́г мно́го раз *обеща́л принести́* мне магнитофо́н.
2. Мы мно́го раз *собира́лись поéхать* на юг.
3. Ири́на не́сколько раз *проси́ла* сестру́ *помо́чь* ей.

**(b)** Find the verbs used to convey semelfactive actions. What is their aspect?
In which column are they?

**(c)** Find the verbs used to convey repeated actions. What is their aspect? In
which column are they?

**(d)** Find the infinitives. What is their aspect? What verbs are they related
to in the sentences in the left and right-hand columns? Does the aspect of the
infinitive depend on the aspect of the verb?

**Note.**—The verb to which the infinitive is related also has
aspectual characteristics. The idea of repetition conveyed by

the adverbials may not pass to the infinitive and thus may remain restricted to the conjugated verb to which the infinitive is related. In such cases imperfective verbs are used, while the infinitive may be of the perfective aspect (see the sentences in the right-hand column).

If the repetition of the action of the infinitive is to be conveyed, the conjugated verb may be perfective; and the infinitive, imperfective; the idea of repetition being emphasised by adverbials which in this case are related to the infinitive and not to the conjugated verb (see sentences 2, 3, 6, 7 and 9 in Exercise 1).

**Exercise 1.** Read the sentences. Write out the numbers of the sentences in which (a) the action of the conjugated verb to which the infinitive is related is repeated; (b) the action of the infinitive is repeated. In the first case the adverbials denoting the repetition of the action relate to the conjugated verb; and in the second, to the infinitive.

1. Глеб мно́го раз собира́лся написа́ть бра́ту, но так и не написа́л ему́. 2. Ко́ля собира́лся ча́сто писа́ть родны́м. 3. Да́ша обеща́ла заходи́ть к ба́бушке в свобо́дное вре́мя. 4. Со́фья мно́го раз обеща́ла подру́ге зайти́ к ней. 5. Ма́льчик мно́го раз проси́л отца́ купи́ть ему́ велосипе́д. 6. Я попроси́ла бра́та покупа́ть по утра́м газе́ту. 7. Врач посове́товал больно́му пить по вечера́м молоко́. 8. Врач мно́го раз сове́товал Его́ру уе́хать в дере́вню. 9. Профе́ссор предложи́л студе́нтам проводи́ть заня́тия по вто́рникам. 10. Андре́й не́сколько раз предлага́л И́горю помо́чь ему́, но он отказа́лся.

**Exercise 2.** Read the sentences. Change them, saying that the actions of the verbs to which the infinitives relate were repeated.

*Model:* Оле́г пообеща́л помо́чь бра́ту.
Оле́г мно́го раз (не́сколько раз, неоднокра́тно, etc.) обеща́л помо́чь бра́ту.

1. Я собра́лся прие́хать к вам. 2. Де́вочка пообеща́ла ма́тери убра́ть свою́ ко́мнату. 3. Вале́рий посове́товал своему́ дру́гу перейти́ на другу́ю рабо́ту. 4. Алексе́й предложи́л рассказа́ть обо всём бра́ту. 5. Ни́не предложи́ли вы́ступить с докла́дом на конфере́нции. 6. Сын попроси́л отца́ сходи́ть с ним в зоопа́рк. 7. Преподава́тель посове́товал студе́нтам посети́ть Истори́ческий музе́й. 8. Мы договори́лись встре́титься.

**Exercise 3.** Complete the sentences, saying that the actor intended (wanted, promised) to perform the action concerned on many occasions.

*Model:* Кири́лл не перевёл статью́, хотя́...
Кири́лл не перевёл статью́, хотя́ мно́го раз собира́лся её перевести́.

1. Светла́на не сходи́ла к врачу́, хотя́... 2. Дми́трий не посла́л сестре́ кни́ги, хотя́... 3. Мы так и не съе́здили на вы́ставку, хотя́... 4. Друзья́ не зае́хали к нам, несмотря́ на то, что... 5. Константи́н не показа́л дру́гу свою́ колле́кцию ма́рок, хотя́...

**Exercise 4.** Read the questions. Reply to them, saying that the action concerned has not taken place, although the actor intended (wanted, promised, gave his word, etc.) to perform it.

*Model:* — Олéг вернýл тебé словáрь?
— Нет, не вернýл, хотя́ мнóго раз собирáлся вернýть.

1. Вы позвони́ли профéссору Орлóву? 2. Ири́на сши́ла себé нóвое плáтье? 3. Андрéй óтдал часы́ в ремóнт? 4. Алёша сходи́л к стоматóлогу? 5. Олéг встрéтился с наýчным руководи́телем? 6. Óльга далá подрýге нóвый ромáн? 7. Сергéй послáл роди́телям свои́ нóвые фотогрáфии? 8. Илья́ купи́л себé лы́жи?

**Exercise 5.** Read the sentences. Change them, saying that the actor intended (wanted, promised, gave his word, etc.) to perform the action concerned on a number of occasions.

*Model:* Олéг чáсто давáл дрýгу магнитофóн.
Олéг чáсто обещáл дать дрýгу магнитофóн.

1. Ири́на чáсто писáла подрýге. 2. Друзья́ чáсто встречáлись. 3. Андрéй чáсто расскáзывал нам о своéй поéздке в Москвý. 4. Отéц нéсколько раз води́л детéй в зоопáрк. 5. Ромáн нéсколько раз переходи́л на другýю рабóту. 6. Отéц нéсколько раз бросáл кури́ть. 7. Мáльчик чáсто покáзывал учи́телю свои́ рисýнки. 8. Лари́са чáсто приезжáла в дерéвню.

## Revision IV

**Assignment 1.** Read the sentences, supplying verbs of the required aspect.

1. — Почемý вы раздýмали (покупáть — купи́ть) сейчáс маши́ну? — Мой брат отговори́л меня́ (покупáть — купи́ть) маши́ну в э́том годý. Я (бýду покупáть — куплю́) её в бýдущем годý, когдá поя́вится нóвая модéль. — Ну, конéчно, лýчше (покупáть — купи́ть) нóвую модéль.
2. — Ты успéл (закáзывать — заказáть) билéты на самолёт? — Нет, мне удалóсь (закáзывать — заказáть) билéты тóлько на пóезд. Это дáже лýчше: я передýмал (летéть — полетéть) на самолёте. (бýду éхать — поéду) на пóезде.
3. — Ты кóнчил (читáть — прочитáть) расскáз? — Нет ещё. Мне остáлось (читáть — прочитáть) нéсколько страни́ц.
4. — Вы собирáетесь (есть — поéсть) в буфéте? — Нет, мне надоéло (есть — поéсть) холóдные блю́да. Давáйте лýчше (бýдем есть — поеди́м) в столóвой.
5. — Дéти! Порá (ложи́ться — лечь) спать.
6. — Какóй дождь! А я забы́ла (брать — взять) с собóй зóнтик. (прихóдится — придётся) подождáть, покá не кóнчится дождь.
7. — Почемý ты так рáно (вставáл — встал)? Ведь сегóдня воскресéнье. — А я привы́к рáно (вставáть — встать).

**Assignment 2.** Read through the jokes. Find the verbs which convey the beginning (continuation, end) of an action.

— Почемý ты перестáл игрáть в шáхматы с сосéдом?

— А ты бы стала играть с человеком, который, проиграв, устраивает истерику?

— Конечно, нет.

— Вот и он не стал играть.

\*\*\*

Директор театра пообещал молодому драматургу поставить его пьесу летом. Пришла осень, а пьеса не была поставлена. Потерявший терпение автор отправился к директору.

— Вы не выполнили своего обещания,— начал говорить он. — Вы же собирались поставить пьесу летом.

— А я не отказываюсь её ставить,— любезно улыбнулся директор,— но посудите сами, разве в этом году было вообще лето?

\*\*\*

Доктор утешает пациента.

— Поверьте, у вас нет ничего страшного. Просто вам необходим свежий воздух. Я советую вам начать больше ходить. Кто вы по профессии?

— Почтальон.

### В театре

— Прошу вас, прекратите разговаривать, потому что я не слышу ни слова.

— А вам и не надо слышать, что я говорю своей жене.

**Assignment 3.** (a) Read through these extracts from Maxim Gorky's story, *The First Love*.

На третий год совместной жизни (1) *я стал замечать* — в душе у меня что-то зловеще поскрипывает и — всё звучнее, заметней. Я непрерывно, жадно учился, читал и (2) *начал серьёзно увлекаться литературной работой;* мне всё больше мешали гости, люди мало интересные, они количественно разрастались, ибо (3) *я и жена стали зарабатывать больше* и (4) *могли чаще устраивать обеды и ужины.*

К моим рассказам жена относилась довольно равнодушно, но это нисколько не задевало меня до некоторой поры: я сам тогда ещё не верил, что могу быть серьёзным литератором, и смотрел на мою работу в газете только как на средство к жизни, (5) хотя уже *нередко испытывал приливы горячей волны какого-то страшного самозабвенья.* Но однажды утром, когда я читал ей в ночь написанный рассказ «Старуха Изергиль», она крепко уснула. В первую минуту это не обидело меня, (6) *я перестал читать и задумался,* глядя на неё... Я встал и тихонько вышел в сад, испытывая боль глубокого укола обиды, угнетённый сомнением в моих силах...

Мне думалось, что (7) *история жизни Изергиль должна нравиться женщинам, способна возбудить в них жажду свободы,*

*красоты.* И — вот са́мая бли́зкая мне не тро́нута мои́м расска́-
зом,— спит!

Почему́? Недоста́точно зву́чен ко́локол, отли́тый жи́знью в мое́й
груди́?

***

...Ко́нчилась исто́рия мое́й пе́рвой любви́,— хоро́шая исто́рия,
несмотря́ на её плохо́й коне́ц.

Неда́вно моя́ пе́рвая же́нщина умерла́.

В похвалу́ ей скажу́: э́то была́ настоя́щая же́нщина! Она́
уме́ла жить тем, что есть, но ка́ждый день был для неё кану́ном
пра́здника, она́ всегда́ ждала́, что (8) *за́втра на земле́ расцвету́т
но́вые, необыкнове́нные цветы́, отку́да-то приду́т необы́чно
интере́сные лю́ди, разыгра́ются удиви́тельные собы́тия.*

Относя́сь к невзго́дам жи́зни насме́шливо, полупрезри́тельно,
она́ отма́хивалась от них, то́чно от комаро́в, и всегда́ в душе́ её
трепета́ла (9) *гото́вность ра́достно удиви́ться...*

Вся́кое страда́ние бы́ло вражде́бно ей, (10) *она́ не люби́ла
слу́шать расска́зы о несча́стьях,* лири́ческие стихи́ почти́ не
тро́гали её, сострада́ние ре́дко вспы́хивало в её ма́леньком весёлом
се́рдце. Её люби́мыми поэ́тами бы́ли Беранже́ и Ге́йне, челове́к,
кото́рый му́чился — смея́сь.

В её отноше́нии к жи́зни бы́ло не́что сро́дное ве́ре ребёнка
в безграни́чную ло́вкость фо́кусника: все пока́занные фо́кусы
интере́сны, но са́мый интере́сный ещё впереди́. (11) *Его́ пока́жут
в сле́дующий час, мо́жет быть,—за́втра, но — его́ пока́жут!*

Я ду́маю, что в мину́ты сме́рти свое́й она́ всё ещё наде́ялась
уви́деть э́тот после́дний, соверше́нно непоня́тный, удиви́тельно
ло́вкий фо́кус.

**(b)** Point out the numbers of the sentences which convey (a) the beginning
or end of an action; (b) repeated actions; (c) single actions in the future;
(d) potentially possible actions.

**Assignment 4.** Speak about (a) how the author began his literary career;
(b) his wife's character.

## CHAPTER V

### § 1

| The use of imperfective infinitives in negative sentences when the negation directly involves the infinitive. | Мы реши́ли **не покупа́ть** цветно́й телеви́зор. |
|---|---|

## 51.

(a) Read the sentences.

1. Мы реши́ли *провести́* о́тпуск на ю́ге.

1. Мы реши́ли *не проводи́ть* о́тпуск на ю́ге.

2. Брат посове́товал мне *купи́ть* э́ту кни́гу.
2. Брат посове́товал мне *не покупа́ть* э́ту кни́гу.
3. На уро́к ну́жно *принести́* слова́рь.
3. На уро́к мо́жно *не приноси́ть* слова́рь.

**(b)** What is the aspect of the infinitives used in the sentences in the left-hand column? Why is this so? (If you should find it difficult to answer the question, read Note 43).

**(c)** What is the aspect of the infinitives used in the corresponding sentences in the right-hand column? Why is this so?

**Note.**—If the negation directly involves the action of the infinitive (and the negative particle stands immediately before the infinitive), the latter is generally of the *imperfective* aspect.

**Exercise 1.** Read the sentences. Point out the numbers of the sentences in which the use of the imperfective infinitive is determined by the negative particle preceding the infinitive.

1. Сестра́ посове́товала Мари́не сшить из э́того материа́ла не пла́тье, а костю́м. 2. Мари́не посове́товали не шить из э́того материа́ла пла́тье. 3. Ири́на попроси́ла не звони́ть её больно́й ма́тери по́сле семи́ часо́в ве́чера. 4. Ири́на попроси́ла звони́ть не то́лько ма́тери, но и ей. 5. Я слы́шал, что вы собира́етесь в э́том году́ провести́ о́тпуск не на мо́ре, а в гора́х. 6. Я слы́шал, что вы собира́етесь ле́том не отдыха́ть, а рабо́тать. 7. Я слы́шал, что вы не собира́етесь проводи́ть о́тпуск на мо́ре, как обы́чно, а пое́дете на Ура́л. 8. О́льга реши́ла не заходи́ть в библиоте́ку, а сра́зу е́хать домо́й. 9. О́льга не реши́ла ещё — зайти́ ей снача́ла в библиоте́ку и́ли сра́зу е́хать домо́й.

**Exercise 2.** Read the sentences, supplying verbs of the required aspect.

1. О́льгу уговори́ли не (передава́ть — переда́ть) о случи́вшемся ма́тери. 2. Я пло́хо себя́ чу́вствовал и реши́л не (подходи́ть — подойти́) к телефо́ну. 3. Жена́ проси́ла му́жа не (заде́рживаться — задержа́ться) на рабо́те. 4. Эту экспози́цию мо́жно не (осма́тривать — осмотре́ть): там нет ничего́ интере́сного. 5. Де́ти обеща́ли не (включа́ть — включи́ть) телеви́зор без ма́тери. 6. Мы договори́лись не (остава́ться — оста́ться) в гостя́х по́зже девяти́ часо́в. 7. Кни́ги из чита́льного за́ла про́сят не (выноси́ть — вы́нести). 8. Ири́на реши́ла ни о чём не (спра́шивать — спроси́ть) бра́та. 9. Мать угова́ривала сы́на не (е́здить — пое́хать) в э́ту опа́сную экспеди́цию.

**Exercise 3.** Answer the questions, saying that the action of the infinitive will not be taking place.

*Model:* — Вы реши́ли оста́ться ещё на не́сколько дней в Москве́?
— Нет, я реши́л не остава́ться.

1. Ваш брат реши́л перейти́ на друго́й факульте́т? 2. Мать проси́ла сы́на вы́звать врача́? 3. Спортсме́ны договори́лись отложи́ть встре́чу? 4. Студе́нты реши́ли сдать экза́мены досро́чно?

5. Профессор просил ассистентов повторить опыт? 6. Вы решили задержаться на несколько дней в Ленинграде? 7. Вы советовали брату купить мотоцикл? 8. Мать советовала дочери надеть плащ? 9. Ирина решила сообщить о своём несчастье друзьям?

**Exercise 4.** Respond to the statements, saying that in your opinion the actions concerned need not take place.

*Model:* (a) Нужно послать Олегу телеграмму...
        (По-моему), можно не посылать Олегу телеграмму. (Можно телеграмму Олегу не посылать.)
     (б) Олег должен зайти в магазин.
        Он может не заходить в магазин.

(a) 1. Нужно сделать в квартире ремонт. 2. Нужно срочно послать Алёшу за лекарством. 3. Нужно вызвать врача. 4. Нужно отнести сегодня книги в библиотеку. 5. Нужно примерить пальто, прежде чем его покупать.
(b) 1. Марина должна принести вам последние журналы. 2. Я должен вернуть вам учебники, которые у вас брал. 3. Я должен сфотографировать детей. 4. Я должен узнать результаты последних опытов. 5. Я должен выполнить вашу просьбу. 6. Дети должны завтра рано встать.

**Exercise 5.** Two people are answering questions, one of them saying that the action concerned will take place; and the other, that it will not take place.

*Model:* — Что же вы решили?
      — Я решила рассказать всё отцу.
      — А я решила ничего не рассказывать.

1. (оставаться — остаться здесь ещё на три дня) Что же вы решили? 2. (заказывать — заказать билеты на этот фильм) О чём вы договорились? 3. (рассказывать — рассказать о случившемся) О чём вы просили друга? 4. (подниматься — подняться на гору) Что вы предполагаете делать завтра? 5. (переезжать — переехать в июне на дачу) Что вы думаете делать летом? 6. (переносить — перенести экзамены на неделю) О чём вы договорились с преподавателем? 7. (отвечать — ответить на письмо) Что вы думаете делать с этим письмом? 8. (принимать — принять это лекарство) Что вы посоветовали брату?

**Exercise 6.** Respond to the statements, saying that the actions concerned will not take place.

*Model:* — Я слышал, что вы собираетесь выступить с сообщением на конференции.
      — Нет, я решил не выступать.

1. Кажется, ваша племянница хочет поступить в медицинский институт. 2. Я слышал, что Андрей собирается принять участие в соревнованиях по плаванию. 3. Я думаю, что Саша и Игорь приедут к нам на каникулы. 4. Я слышал, что вы решили купить новый телевизор. 5. По-моему, ваш брат собирается завести собаку. 6. Мне кажется, что вам лучше отвести на сегодняшний день детей к вашей матери.

**Exercise 7.** Answer the questions, saying that the actions concerned are going to take place.

*Model:* — Ты реши́л не выступа́ть на заседа́нии ка́федры?
— Нет, я реши́л вы́ступить.

1. Ми́ша реши́л не де́лать докла́д на студе́нческой конфере́нции? 2. Ва́ша спорти́вная кома́нда реши́ла не выступа́ть на соревнова́ниях? 3. Ваш студе́нческий хор реши́л не принима́ть уча́стия в конце́рте? 4. Вы реши́ли не сдава́ть экза́мены досро́чно? 5. Ва́ша мать реши́ла не обраща́ться к врачу́? 6. Ваш брат реши́л не поступа́ть на ку́рсы англи́йского языка́? 7. Профе́ссор Моро́зов реши́л не включа́ть вас в соста́в экспеди́ции?

## 52.

(a) Read the sentences and their English translations.

| | | |
|---|---|---|
| 1. На экску́рсию *мо́жете взять* фотоаппара́т. | 1. На экску́рсию *мо́жете не брать* фотоаппарат. | 1. Я бою́сь, что Оле́г *мо́жет не взять* на экску́рсию фотоаппара́т. Он всегда́ всё забыва́ет. |
| You may take your camera on the excursion. | You needn't take your camera on the excursion. | I'm afraid Oleg may not take his camera on the excursion. He always leaves everything behind. |
| 2. В э́том магази́не вы *мо́жете купи́ть* хлеб. | 2. Хлеб *мо́жешь не покупа́ть*: я уже́ купи́л. | 2. Он *мо́жет не купи́ть* хлеб, е́сли у него́ не бу́дет вре́мени. |
| You can buy bread at this shop. | ·You needn't buy any bread; I've already bought some. | He may not buy bread if he is short of time. |
| 3. Оле́г *мо́жет прие́хать* к нам то́лько в воскресе́нье. | 3. Оле́г *мо́жет не приезжа́ть*: мы всё сде́лаем без него́. | 3. Бою́сь, что Оле́г *мо́жет не прие́хать* к нам в воскресе́нье. У него́ ско́ро экза́мен. |
| Oleg can come to see us only on Sunday. | Oleg needn't come; we'll manage to do everything without him. | I'm afraid Oleg may not come to see us on Sunday. He's got an exam soon. |

(b) What is the aspect of the italicised infinitives? What does it depend on in the first and second columns? (If you should find it difficult to answer this question, read notes 43 and 51.)

(c) What is the meaning of 'the verb *мочь* + *не*+ a perfective infinitive' construction in the sentences given in the third column?

**Note.**—As you have seen, to convey single actions after the verb *мочь* in the sentences in the 1st column, perfective infinitives are used (see Note 43).

In the sentences in the 2nd column the negative particle **не** is related immediately to the infinitive therefore imperfective infinitives are used (see Note 51). These sentences convey permission not to perform an action.

Phrases consisting of the verb *мочь* and a perfective infinitive preceded by the negative particle **не** are used in Russian to convey *an apprehension, a supposition that the desired action may not occur* (see the sentences in the 3rd column).

**Exercise 8.** Read the sentences. Point out the numbers of the sentences which convey (a) permission not to perform an action; (b) an apprehension that this action may not take place.

1. Кварти́ру сего́дня мо́жешь не убира́ть. 2. Ольга мо́жет не убра́ть кварти́ру: ей не хва́тит вре́мени. 3. Тако́е дли́нное стихотворе́ние ма́льчик мо́жет не вы́учить. 4. Это стихотворе́ние мо́жете не учи́ть наизу́сть. 5. Эту рабо́ту мо́жете не проверя́ть: я уже́ прове́рила её. 6. Учи́тель мо́жет не прове́рить все рабо́ты к понеде́льнику, так как их сли́шком мно́го. 7. Бою́сь, что в шесть часо́в утра́ я могу́ не просну́ться. 8. За́втра я могу́ не встава́ть ра́но. 9. Бою́сь, что сестра́ мо́жет не посла́ть телегра́мму: она́ всё забыва́ет. 10. Телегра́мму Алексе́ю мо́жете не посыла́ть: я уже́ посла́л.

**Exercise 9.** Read the sentences, supplying verbs of the required aspect which convey permission not to perform the action concerned.

1. Я прие́ду в суббо́ту ве́чером. Мо́жешь меня́ не (встреча́ть — встре́тить). 2. Дверь мо́жете не (запира́ть — запере́ть). 3. Де́ти мо́гут не (реша́ть — реши́ть) э́ти зада́чи. 4. Ольга мо́жет не (покупа́ть — купи́ть) сего́дня проду́кты. 5. Магнитофо́н мо́жете не (выключа́ть — вы́ключить), он мне не меша́ет. 6. Игорь за́втра мо́жет не (встава́ть — встать) ра́но, заня́тий у́тром не бу́дет. 7. Мо́жете не (закрыва́ть — закры́ть) окно́, мне не хо́лодно. 8. На моё письмо́ мо́жешь не (отвеча́ть — отве́тить). 9. Больно́й мо́жет бо́льше не (принима́ть — приня́ть) лека́рство.

**Exercise 10.** Read the sentences, supplying verbs of the required aspect which convey an apprehension that the action concerned may not take place.

1. Так ра́но Ири́на мо́жет не (встава́ть — встать). 2. Бою́сь, что на на́шу встре́чу Серге́й мо́жет не (приходи́ть — прийти́). 3. Тако́й тяжёлый чемода́н Ольга мо́жет не (доноси́ть — донести́). 4. Бою́сь, что мой больно́й сын мо́жет не (принима́ть — приня́ть) лека́рство во́время. 5. Таку́ю тру́дную зада́чу ма́льчик мо́жет не (реша́ть — реши́ть). 6. Бою́сь, что Лев Григо́рьевич мо́жет не (вспомина́ть — вспо́мнить) о на́шей встре́че сего́дня. 7. Бою́сь, что к нача́лу спекта́кля мы мо́жем не (успева́ть — успе́ть). 8. Бою́сь, что де́вочка мо́жет не (приноси́ть — принести́) на уро́к слова́рь.

**Exerise 11.** Read the sentences, supplying verbs of the required aspect.

1. Бою́сь, что Ко́стя сам мо́жет не (встава́ть — встать) так ра́но. 2. За́втра воскресе́нье, де́ти мо́гут не (встава́ть — встать) ра́но. 3. Ле́на мо́жет не (звони́ть — позвони́ть) мне за́втра: она́ иногда́ забыва́ет э́то де́лать. 4. Оле́гу мо́жете не (звони́ть — позвони́ть): он уже́ всё зна́ет. 5. Я купи́ла для вас э́ту кни́гу, так что мо́жете её не (покупа́ть — купи́ть). 6. Бою́сь, что вы мо́жете не (покупа́ть — купи́ть) э́ту кни́гу, она́ о́чень ре́дкая. 7. Мо́жете меня́ не (встреча́ть — встре́тить) на вокза́ле, я сам дое́ду до гости́ницы. 8. Я не зна́ю но́мер по́езда, с кото́рым приезжа́ет Мари́я, и бою́сь, что могу́ не (встреча́ть — встре́тить) её.

**Exercise 12.** Answer the questions, giving permission not to perform the action concerned.

*Model :* — Цветы́ уже́ поли́ты?
— Да, мо́жете не полива́ть их.

1. Обе́д уже́ пригото́влен? 2. Кварти́ра уже́ у́брана? 3. Посу́да уже́ вы́мыта? 4. Статья́ уже́ перепеча́тана? 5. Ве́щи уже́ уло́жены? 6. Письмо́ уже́ отпра́влено? 7. Ко́мната уже́ прове́трена?

**Exercise 13.** Respond to the statements, expressing your apprehension that the actions concerned may not take place.

*Model :* — Оле́г до́лжен позвони́ть мне.
— Бою́сь, что он мо́жет не позвони́ть вам.

1. Серёжа до́лжен сего́дня вы́учить стихотворе́ние Ле́рмонтова. 2. Ири́на должна́ прие́хать ко мне за́втра. 3. Степа́н обеща́л принести́ мне но́вые пласти́нки. 4. А́нна хоте́ла перепеча́тать э́ту статью́ к за́втрашнему дню. 5. Ма́ша обеща́ла купи́ть мне э́ту кни́гу. 6. По́сле оконча́ния фи́льма Ве́ра должна́ вы́ключить телеви́зор. 7. Он до́лжен отве́тить на моё письмо́. 8. Мари́я должна́ вы́полнить мою́ про́сьбу.

## § 2

| The use of the imperfective infinitive to deny the necessity of an action. | **Не ну́жно вызыва́ть** врача́. |
| --- | --- |

## 53.

**(a)** Read the sentences.

1. *Ну́жно сказа́ть* ему́ о случи́вшемся.
2. Вам *сле́дует обрати́ться* к дире́ктору.
3. Э́ту кни́гу *сто́ит купи́ть.*

1. *Не ну́жно говори́ть* ему́ о случи́вшемся.
2. Вам *не сле́дует обраща́ться* к дире́ктору.
3. Э́ту кни́гу *не сто́ит покупа́ть.*

**(b)** What is the aspect of the infinitives used in the sentences in the left-hand column? Why is this so? (If you should find it difficult to answer this question, read Note 43.)

**(c)** What is the aspect of the infinitives used in the sentences in the right-hand column?

> **Note.**—To convey single actions after the words нýжно and слéдует in the sentences in the left-hand column, perfective infinitives are used (see Note 43).
>
> The words не нýжно, не нáдо, не слéдует, не стóит, etc., denoting the undesirability or unnecessariness of an action are followed *only by imperfective infinitives.*
>
> As you remember, to convey the undesirability of an action after the negative particle **не**, only imperfective imperatives are used (see Note 21).
>
> Не *открывáй* окнó = не нýжно *открывáть* окнó (in both cases imperfective verbs are used).

**Exercise 1.** Read the sentences, supplying verbs of the required aspect.

1. Не нýжно (выбрáсывать — вы́бросить) э́ти стáрые конспéкты: они́ мóгут ещё пригоди́ться. 2. Не слéдует (серди́ться — рассерди́ться) на малышá. 3. В аудитóрии не полагáется (кури́ть — покури́ть). 4. Не нýжно (прерывáть — прервáть) доклáдчика вопрóсами. 5. Не слéдует (пренебрегáть — пренебрéчь) совéтами врачá. 6. Не слéдует (прощáть — прости́ть) э́ту шýтку. 7. Не стóит (обсуждáть — обсуди́ть) э́ту статью́: её снача́ла нýжно передéлать.

**Exercise 2.** Read the sentences, supplying verbs of the required aspect. Give reasons for your choice of the verbs.

1. Не забýдьте (давáть — дать) вéчером больнóму лекáрство. 2. Не стóит (покáзывать — показáть) э́то письмó его́ мáтери. 3. Пригласи́те Ири́ну зáвтра в кинó: нáдо (отвлекáть — отвлéчь) её от тяжёлых мы́слей. 4. Во врéмя рабóты не слéдует (отвлекáться — отвлéчься). 5. Не нýжно (обижáться — оби́деться) на его́ необдýманные словá. 6. Ужé прошлó мнóго врéмени и, по-мóему, стóит (напоминáть — напóмнить) Андрéю о его́ обещáнии. 7. Не нýжно (закáзывать — заказáть) мне нóмер в гости́нице, я приéду тóлько на оди́н день. 8. Не стóит (зажигáть — зажéчь) свет: ещё светлó. 9. Нýжно (добавля́ть — добáвить) в наш доклáд побóльше примéров.

**Exercise 3.** Answer the questions, saying that the action concerned should not be performed.

*Model:* — Откры́ть окнó?
— Нет, не стóит (не нýжно, не нáдо, не слéдует) открывáть.

1. Включи́ть телеви́зор? 2. Взять для тебя́ кни́ги в библиотéке? 3. Позвони́ть Ви́ктору ещё раз? 4. Вы́звать врачá? 5. Заказáть такси́? 6. Встрéтить тебя́ на вокзáле? 7. Купи́ть тебé морóженое? 8. Закры́ть дверь?

**Exercise 4.** Change the sentences, giving your conversation partner advice not to do something.

*Model:* Не переводи́те э́ту статью́.

Не ну́жно (не на́до, не сле́дует) переводи́ть э́ту статью́.

1. Не спеши́те, мы успе́ем к нача́лу спекта́кля. 2. Не беспоко́й мать: она́ то́лько что засну́ла. 3. Не волну́йтесь — всё ко́нчится хорошо́. 4. Не придава́йте большо́го значе́ния его́ необду́манным слова́м. 5. Не отвлека́йтесь от рабо́ты. 6. Не соглаша́йтесь на э́ти усло́вия. 7. Не бери́те на себя́ сто́лько обя́занностей. 8. Не вкла́дывайте сто́лько сил в э́то де́ло. 9. Не возража́й на справедли́вую кри́тику. 10. Не вступа́й в спор по пустяка́м.

**Exercise 5.** Change the sentences, giving your conversation partner advice not to do something. Use the imperative.

*Model:* Не ну́жно опа́здывать на заня́тия.

Не опа́здывай(те) на заня́тия.

1. Не ну́жно повыша́ть го́лос на дете́й. 2. Не сто́ит отстраня́ть его́ от рабо́ты. 3. Не ну́жно относи́ться к его́ слова́м с недове́рием. 4. Не сто́ит осужда́ть её за легкомы́слие. 5. Не сле́дует превыша́ть ско́рость, осо́бенно на плохи́х доро́гах. На́до быть осторо́жным на поворо́тах. 6. Не сле́дует не́рвничать на экза́мене. 7. Не сле́дует наде́яться то́лько на по́мощь други́х. 8. Не ну́жно посыла́ть в реда́кцию э́ту статью́, она́ напи́сана неинтере́сно. 9. Не ну́жно спо́рить и ссо́риться!

## 54.

**(a)** Read the sentences and their English translations.

**(a)** 1. Не ну́жно вызыва́ть врача́.

**(a)** 1. There is no need to call the doctor.

2. К чему́ вызыва́ть врача́?

2. What should the doctor be called for?

3. Заче́м вызыва́ть врача́?

3. Why should the doctor be called?

4. Ну́жно ли вызыва́ть врача́?

4. Should the doctor be called?

5. Сто́ит ли вызыва́ть врача́?

5. Is it worth calling the doctor?

**(b)** 1. Не ну́жно говори́ть ма́льчику об э́том.

**(b)** 1. There is no need to tell that to the boy.

2. Заче́м говори́ть ма́льчику об э́том?

2. Why should the boy be told that?

3. К чему́ говори́ть ма́льчику об э́том?

3. What should the boy be told that for?

4. Ну́жно ли говори́ть ма́льчику об э́том?

4. Should the boy be told that?

5. Сто́ит ли говори́ть ма́льчику об э́том?

5. Is it worth telling that to the boy?

**(b)** What meaning is contained in the first sentences of each group?

**(c)** By what means is the doubt about the expediency of the action conveyed in the other sentences? What is the aspect of the infinitives used in these sentences?

**Note.**—To convey doubt about the expediency of an action after the words зачём, к чему, ну́жно ли, сто́ит ли, etc., *imperfective infinitives* are used.

**Exercise 6.** Read the sentences. Write out the numbers of the sentences in which the word зачём can be replaced by не ну́жно; then make this change.

1. Зачём покупа́ть слова́рь? Его́ мо́жно взять в библиоте́ке. 2. Зачём брать с собо́й зо́нтик? По ра́дио сказа́ли, что дождя́ не бу́дет. 3. Зачём ты е́здил в Ленингра́д? 4. Зачём переставля́ть ме́бель в кварти́ре? И так всё хорошо́. 5. Зачём вы переста́вили ме́бель в кварти́ре? 6. Зачём Ма́ша заходи́ла к тебе́? 7. Зачём заходи́ть в магази́н? В холоди́льнике мно́го проду́ктов. 8. Зачём открыва́ть окно́? В ко́мнате и так хо́лодно. 9. Зачём ты откры́л окно́? 10. Зачём говори́ть ещё раз с Игорем? Он всё равно́ оста́нется при своём мне́нии.

**Exercise 7.** Respond to the statements, expressing your doubt about the expediency of the action concerned.

*Model:* — Ну́жно позвони́ть Оле́гу.
— Зачём (к чему́, ну́жно ли, сто́ит ли) звони́ть?

1. Ну́жно записа́ть э́ту пе́сню на магнитофо́н. 2. Ну́жно заказа́ть на ве́чер такси́. 3. Я ду́маю, что тебе́ ну́жно позанима́ться: за́втра экза́мен. 4. Ну́жно предупреди́ть Андре́я, чтобы он не наде́лал глу́постей. 5. Ну́жно взять с собо́й тёплые ве́щи. 6. Дава́й зайдём к Ири́не!

# 55.

**(a)** Read the sentences and their English translations.

1. Студе́нты *не должны́ опа́здывать* на ле́кции.

Students should not be late for lectures.

1. И́горь о́чень аккура́тный челове́к: он *не до́лжен опозда́ть* на ле́кцию.

Igor is a very punctual fellow: he shouldn't be late for the lecture.

2. Вы *не должны́ сдава́ть* экза́мен по исто́рии: он у вас уже́ сдан.

You needn't take an examination in history: you have already passed it.

2. Вы хорошо́ подгото́вились и *не должны́* пло́хо *сдать* экза́мен.

You are well prepared and you shouldn't pass the exam with low marks (i. e. should pass it with high marks).

3. Мы *не должны́ забыва́ть* о друзья́х.

We must not forget our friends.

3. Я ду́маю, что Ма́ша *не должна́ забы́ть* о традицио́нной встре́че шко́льных друзе́й.

I shouldn't think Masha will forget about the traditional meeting of the old school-mates.

**(b)** In which column do the sentences deny the obligatory character or necessity of an action? What is the aspect of the infinitives in these sentences?

167

**(c)** In which column do the sentences convey a supposition that the action will not take place? What is the aspect of the infinitives used in these sentences?

**Note.**—The 'не до́лжен + *an imperfective* infinitive' construction is used to deny the obligatory character or necessity of an action (see the sentences in the left-hand column).

The '*не до́лжен + a perfective* infinitive' construction (see the sentences in the right-hand column) conveys a supposition that the action concerned will not take place (in the specific case in question).

**Exercise 8.** Read the sentences. Point out the numbers of the sentences in which the phrase 'не до́лжен + an infinitive' (a) is used to deny the obligatory character or necessity of an action; (b) conveys the speaker's supposition.

1. Ко́ля не до́лжен заболе́ть: он совсе́м немно́го промочи́л но́ги. 2. Де́ти не должны́ так мно́го смотре́ть телеви́зор. 3. Вы не должны́ спеши́ть: до отправле́ния по́езда ещё мно́го вре́мени. 4. Людми́ла прекра́сно зна́ет матема́тику, она́ не должна́ ошиби́ться в расчётах. 5. Шко́льники не должны́ по́здно ложи́ться спать. 6. Андре́й не до́лжен проспа́ть: он всегда́ встаёт ра́но. 7. Ви́ктор аккура́тный челове́к: он не до́лжен пропусти́ть за́втрашнюю ле́кцию. 8. Мой брат о́чень обяза́тельный челове́к: он не до́лжен задержа́ть отве́т на ва́ше письмо́. 9. Вы не должны́ переводи́ть э́тот текст.

**Exercise 9.** Read the sentences, supplying verbs of the required aspect which convey actions that should not take place.

1. Ва́ша сестра́ уже́ здоро́ва, она́ не должна́ (принима́ть — приня́ть) лека́рства. 2. Ма́льчик не до́лжен (брать — взять) без разреше́ния кни́ги отца́. 3. Ты не до́лжен был (возобновля́ть — возобнови́ть) разгово́р с ним на э́ту те́му. 4. Не сле́довало (выбра́сывать — вы́бросить) ста́рые пи́сьма отца́. 5. Мать не должна́ была́ (дава́ть — дать) до́чери э́ти журна́лы. 6. Ты не до́лжен был (дожида́ться — дожда́ться) сестры́. 7. Де́ти не должны́ (доставля́ть — доста́вить) роди́телям сто́лько хлопо́т. 8. И́горь не до́лжен (заде́рживаться — задержа́ться) в командиро́вке. 9. Вы не должны́ (замедля́ть — заме́длить) те́мпы ва́шей рабо́ты. 10. Вам не сле́довало (напомина́ть — напо́мнить) сестре́ об её опло́шности.

**Exercise 10.** Read the sentences, supplying verbs of the required aspect which convey actions that should not take place.

1. Оле́г не до́лжен (забыва́ть — забы́ть) о конце́рте: я ему́ сего́дня ещё раз напо́мнила. 2. Я ду́маю, что Ири́на не должна́ (пропуска́ть — пропусти́ть) э́тот спекта́кль: ведь она́ быва́ет на всех премье́рах. 3. Не спеши́: без нас не должны́ (начина́ть — нача́ть) обе́д. 4. Де́вочка не должна́ (простужа́ться — простуди́ться) по́сле э́той прогу́лки: она́ доста́точно закалена́. 5. Э́та рабо́та не должна́ (отнима́ть — отня́ть) у вас мно́го вре́мени: вы де́лали ве́щи куда́ бо́лее сло́жные. 6. На́ша футбо́льная кома́нда не должна́ (прои́грывать — проигра́ть): она́ сто́лько

тренирова́лась! 7. Ольга не должна́ (тра́тить — истра́тить) все де́ньги: она́ доста́точно рассуди́тельна и эконо́мна.

**Exercise 11.** Answer the questions, saying that the action concerned need not take place.

*Model:* — Вы должны́ вы́ступить на конфере́нции с докла́дом?
— Нет, я не до́лжен выступа́ть.

1. Вы должны́ провести́ э́ти о́пыты? 2. Лю́да должна́ позвони́ть в университе́т? 3. Студе́нты должны́ сдать экза́мен по э́тому предме́ту? 4. Вы должны́ соста́вить план ва́шей рабо́ты? 5. Андре́й до́лжен приня́ть уча́стие в рабо́те семина́ра? 6. Вы должны́ зайти́ к сестре́? 7. Вы должны́ обрати́ться с заявле́нием к дире́ктору? 8. Вы должны́ напо́мнить де́тям об экску́рсии? 9. Вы должны́ переде́лать свою́ статью́?

**Exercise 12.** Supply continuations, concurring with your conversation partner's opinion.

*Model:* — Я ду́маю, что самолёт не до́лжен опозда́ть.
— Да, (Я то́же ду́маю, что) он не опозда́ет.

1. Ду́маю, что де́ти не должны́ прийти́ по́здно. 2. По-мо́ему, Ири́на не должна́ забы́ть о на́шей встре́че. 3. Ду́маю, что учи́тель не до́лжен поста́вить ма́льчику плоху́ю отме́тку. 4. По-мо́ему, библиоте́ку в во́семь часо́в не должны́ закры́ть. 5. Мне ка́жется, е́сли мы пове́сим э́ту карти́ну здесь, она́ не должна́ упа́сть. 6. Я уве́рен, что Валенти́н не мо́жет нас подвести́. 7. По-мо́ему, на́ша кома́нда не должна́ проигра́ть.

**Exercise 13.** Answer the questions, expressing your supposition that the action concerned will not take place.

*Model:* — Как вы ду́маете, Анто́н не опозда́ет на по́езд?
— Не до́лжен опозда́ть: у него́ ещё мно́го вре́мени.

1. Как вы ду́маете, Андре́й не забу́дет о мое́й про́сьбе? 2. Как вы ду́маете, оте́ц не заде́ржится в командиро́вке? 3. Как вы ду́маете, Ма́ша не уйдёт, не дожда́вшись меня́? 4. Как вы ду́маете, Никола́й не прекрати́т рабо́ту ра́ньше вре́мени? 5. Как вы ду́маете, моро́женое в холоди́льнике на раста́ет? 6. Как вы ду́маете, дождь не помеша́ет на́шей прогу́лке? 7. Как вы ду́маете, Серёжа не уста́нет во вре́мя турпохо́да? Ему́ ведь то́лько де́сять лет. 8. Как вы ду́маете, в результа́те лече́ния я не располне́ю? 9. Как вы ду́маете, в ла́гере Ко́ля не соску́чится по роди́телям?

## § 3

| The use of imperfective and perfective infinitives with the word *нельзя*. | Эту дверь **нельзя́ открыва́ть.** Эту дверь **нельзя́ откры́ть.** |
|---|---|

## 56.

(a) Read the sentences and their English translations.

1. При кра́сном све́те у́лицу *переходи́ть нельзя́.*

   You may not cross a street on the red light.

1. Здесь идёт строи́тельство, в э́том ме́сте у́лицу *перейти́ нельзя́.*

   There's construction work under way here; it is impossible to cross the street at this place.

2. В сосе́дней ко́мнате спит ребёнок. Дверь туда́ *открыва́ть нельзя́.*

   A baby is sleeping in the next room. You may not open the door there.

2. Поте́рян ключ, и дверь *откры́ть нельзя́.*

   The key has been lost and it's impossible to unlock the door.

3. Телеви́зор *включа́ть нельзя́:* оте́ц рабо́тает, и шум меша́ет ему́.

   You may not switch on the TV; Father is working and a noise would disturb him.

3. Све́та нет, и поэ́тому телеви́зор *включи́ть нельзя́.*

   There's no electricity, so it is impossible to switch on the TV.

(b) In which column does the word нельзя́ in the sentences convey prohibition to perform an action?

(c) In which column does нельзя́ in the sentences convey the impossibility of performing an action?

(d) Compare the aspects of the infinitives in the sentences in the left and right-hand columns.

**Note.**—The 'нельзя́ + an *imperfective* infinitive' construction conveys *prohibition* to perform an action (see the sentences in the left-hand column).

The 'нельзя́ + a *perfective* infinitive' construction conveys *the impossibility* of performing an action for objective reasons (see the sentences in the right-hand column).

Such uses of imperfective and perfective infinitives after нельзя́ are rooted in the different meanings of this word ('one may not', 'it is not allowed' and 'it is impossible').

**Exercise 1.** Read the sentences. Point out the numbers of the sentences which convey (a) prohibition to perform an action; (b) the impossibility of performing an action.

1. Холоди́льник нельзя́ откры́ть: сло́ман замо́к. 2. Де́тям нельзя́ открыва́ть холоди́льник: не разреша́ет мать. 3. Здесь нельзя́ проезжа́ть на маши́не: прохо́д разрешён то́лько пешехо́дам. 4. На грузовике́ здесь нельзя́ прое́хать: у́лица сли́шком у́зкая. 5. Э́ти грибы́ нельзя́ есть: они́ ядови́тые. 6. Все грибы́ сра́зу съесть нельзя́: их сли́шком мно́го. 7. Все э́ти кни́ги нельзя́ унести́ сра́зу: они́ о́чень тяжёлые. 8. Кни́ги из чита́льного за́ла уноси́ть нельзя́. 9. Мно́гие кни́ги для взро́слых де́тям чита́ть нельзя́. 10. Прочита́ть письмо́ нельзя́: в ко́мнате темно́.

**Exercise 2.** Read the sentences, supplying verbs of the required aspect which convey the inexpediency of the action concerned or prohibition to perform that action.

1. Больно́му нельзя́ (встава́ть — встать) без разреше́ния врача́. 2. Нельзя́ (выходи́ть — вы́йти) из авто́буса не на остано́вке. 3. Эти грибы́ нельзя́ (употребля́ть — употреби́ть) в пи́щу. 4. Нельзя́ (наруша́ть — нару́шить) пра́вила доро́жного движе́ния. 5. Нельзя́ (дава́ть — дать) ма́леньким де́тям спи́чки.

**Exercise 3.** Read the sentences, supplying verbs of the required aspect which convey the impossibility of performing an action.

1. Эту зада́чу нельзя́ (реша́ть — реши́ть): она́ не име́ет реше́ния. 2. На э́ту го́ру нельзя́ (поднима́ться — подня́ться): она́ сли́шком крута́я. 3. Эта кни́га вы́шла давно́, и сейча́с её нельзя́ (находи́ть — найти́) в магази́не. 4. Красоту́ приро́ды Кавка́за нельзя́ (опи́сывать — описа́ть). 5. Без хими́ческих удобре́ний нельзя́ (получа́ть — получи́ть) хоро́ший урожа́й. 6. Ири́на так самоуве́ренна, что ей нельзя́ (де́лать — сде́лать) ни одного́ крити́ческого замеча́ния. 7. У маши́ны плохи́е тормоза́, и (остана́вливать — останови́ть) её на по́лном ходу́ нельзя́. 8. Я за́втра уезжа́ю, и поэ́тому (откла́дывать — отложи́ть) на́шу встре́чу бо́льше нельзя́. 9. У Игоря не рабо́тает телефо́н, поэ́тому (звони́ть — позвони́ть) ему́ о переме́не расписа́ния нельзя́.

**Exercise 4.** Read the sentences, supplying verbs of the required aspect.

1. Этот чемода́н тако́й тяжёлый, что его́ невозмо́жно (поднима́ть — подня́ть). 2. Этому челове́ку нельзя́ (поднима́ться — подня́ться) в го́ру: у него́ больно́е се́рдце. 3. Нельзя́ (превыша́ть — превы́сить) устано́вленную ско́рость. 4. Из-за шу́ма нельзя́ бы́ло (слы́шать — услы́шать) звоно́к телефо́на. 5. Ле́ктор говори́л так бы́стро и невня́тно, что ничего́ нельзя́ бы́ло (понима́ть — поня́ть). 6. Таку́ю большу́ю рабо́ту нельзя́ бы́ло (выполня́ть — вы́полнить) за коро́ткий срок. 7. За не́сколько ме́сяцев нельзя́ хорошо́ (изуча́ть — изучи́ть) иностра́нный язы́к. 8. Студе́нты все разошли́сь и тепе́рь уже́ нельзя́ им (сообща́ть — сообщи́ть) о переме́не расписа́ния на за́втра. 9. По́чта закры́та, и сего́дня (отправля́ть — отпра́вить) заказно́е письмо́ уже́ нельзя́.

**Exercise 5.** Agree that it is impossible to perform the action concerned.

*Model:* — Ма́льчик бе́гает так бы́стро, что его́ невозмо́жно догна́ть.
— Да, его́ нельзя́ догна́ть.

1. Че́рез э́то боло́то невозмо́жно пройти́. 2. Биле́ты на премье́ру уже́ невозмо́жно купи́ть. 3. Го́лос э́того певца́ невозмо́жно забы́ть. 4. Есть оши́бки, кото́рые невозмо́жно испра́вить. 5. Этой исто́рии невозмо́жно пове́рить. 6. Этот ка́мень невозмо́жно сдви́нуть с ме́ста. 7. По э́тому обры́ву невозмо́жно спусти́ться к реке́.

**Exercise 6.** Reply to the questions, prohibiting the questioner to perform the action concerned.

*Model:* — Мóжно взять эти книги?

— Нет, эти книги брать нельзя́ (нельзя́ брать).

1. Мóжно пройти че́рез э́тот сад? 2. Мóжно перейти здесь у́лицу? 3. Мóжно остановить маши́ну о́коло перехо́да? 4. Мóжно оста́вить здесь на́ ночь маши́ну? 5. Мóжно распеча́тать э́то письмо́? 6. Мóжно согласи́ться с несправедли́вой кри́тикой? 7. Мóжно уйти́, не прости́вшись с хозя́евами до́ма? 8. Мóжно навести́ть ва́шу больну́ю сестру́?

**Exercise 7.** Reply to the questions, informing the questioner that it is impossible to perform the action concerned.

*Model:* — Отсю́да мóжно позвони́ть в го́род?

— Нет, отсю́да в го́род позвони́ть нельзя́.

1. Мóжно переплы́ть здесь реку́? 2. Мóжно согласи́ться с вы́водами иссле́дователя? 3. Мóжно опрове́ргнуть вы́воды э́того иссле́дователя? 4. Мóжно ли объедини́ть предста́вленные докла́ды в оди́н сбо́рник стате́й? 5. Мóжно ли убеди́ть упря́мого челове́ка в его́ неправоте́? 6. Мóжно ли вы́растить ребёнка без тру́дностей и сомне́ний? 7. Мóжно ли восстанови́ть потеря́нное здоро́вье?

**Exercise 8.** Read the sentences, completing them with one of the following phrases:

(a) «нельзя́ поднима́ться на́ гору» or «нельзя́ подня́ться на́ гору»

1. Тем, у кого́ больно́е се́рдце,... 2. Гора́ сли́шком крута́я,...

(b) «нельзя́ входи́ть» or «нельзя́ войти́»

1. В ваго́не сто́лько наро́ду, что туда́... 2. В кабине́те дире́ктора идёт совеща́ние, туда́...

(c) «нельзя́ брать» or «нельзя́ взять»

1. Веще́й так мно́го, что сра́зу все... 2. Де́тям со стола́ отца́ бума́ги...

(d) «нельзя́ лови́ть» or «нельзя́ пойма́ть»

1. Это запове́дник, бе́лок здесь... 2. Бе́лка така́я бы́страя, что рука́ми её....

## § 4

| | |
|---|---|
| Some peculiarities in the use of verb aspects in infinitival sentences. | На сле́дующей остано́вке нам **выходи́ть.** |

## 57.

(a) Read and compare the synonymous sentences in the left and right-hand columns.

1. (a) На сле́дующей остано́вке нам *на́до выходи́ть.*

(b) На сле́дующей остано́вке нам *на́до вы́йти.*

1. На сле́дующей остано́вке нам *выходи́ть.*

2.  (a) Мне ещё *нýжно перево-*
        *дúть* статью.
    (b) Мне ещё *нýжно пере-*
        *вестú* статью.
3.  (a) Зáвтра *нáдо* рáно *вста-*
        *вáть.*
    (b) Зáвтра *нáдо* рáно
        *встать.*

2. Мне ещё *переводúть* статью.

3. Зáвтра рáно *вставáть.*

**(b)** How does the structure of the sentences in the left-hand column differ from that of the sentences in the right-hand column?

**(c)** What is the aspect of the infinitives in the sentences in the left ˋand right-hand columns?

**Note.** — In infinitival sentences which contain the word *нáдо* or *нýжно* (see the left-hand column) infinitives of either aspect can be used, imperfective infinitives conveying semelfactive actions generally having a nuance of 'tackling' the action.

In infinitival sentences which do not contain the word *нýжно* or *нáдо* (see the right-hand column) *only imperfective* verbs are used. Such sentences convey forthcoming actions.

**Exercise 1.** Read the sentences, supplying verbs of the required aspect which convey forthcoming actions.

1. Мне ещё (закáзывать — заказáть) билéты на самолёт в воскресéнье. 2. Сергéю ещё (сдавáть — сдать) два экзáмена. 3. В воскресéнье нам (переезжáть — перееéхать) на дáчу. 4. До отъéзда остáлось два часá, а тебé ещё (уклáдывать — уложúть) вéщи. 5. Чéрез пять минýт порá уходúть, а тебé ещё (переодевáться — переодéться). 6. В понедéльник мне (éхать — поéхать) в командирóвку. 7. Игорю ещё чертежú к диплóмной рабóте (дéлать — сдéлать).

**Exercise 2.** Answer the questons, informing your conversation partner of a forthcoming action.

*Model:* — Тебé ещё нáдо готóвиться (подготóвиться) к до-
кла́ду?
— Да, мне ещё готóвиться к докла́ду.

1. Олéгу ещё нáдо написáть отчёт о рабóте? 2. Отцý нýжно ещё постáвить машúну в гарáж? 3. Вам нýжно ещё вы́звать таксú? 4. Пáвлу ещё нáдо вы́ступить с доклáдом на конферéнции? 5. Тебé ещё нáдо позвонúть брáту? 6. Преподавáтелю нýжно ещё провéрить контрóльные рабóты? 7. Врачý нáдо осмотрéть больнóго? 8. Студéнтам нýжно подготóвиться к экзáмену?

**Exercise 3.** Confirm that the actions concerned are to be performed.

*Model:* — Олéг ещё дóлжен подготóвиться (готóвиться) к
докла́ду.
— Да, Олéгу ещё готóвиться к докла́ду.

1. Серёжа ещё дóлжен погуля́ть с соба́кой. 2. Зáвтра мы должны́ рáно встать. 3. Студéнты ещё должны́ провéрить результá-

173

ты о́пытов. 4. Ольга ещё должна́ купи́ть всем пода́рки к пра́зднику. 5. Оте́ц до́лжен отвезти́ в мастерску́ю фотоаппара́т. 6. Вы ещё должны́ вы́звать врача́. 7. Ве́ра Серге́евна должна́ ещё принима́ть лека́рство. 8. Я до́лжен отве́тить на все поздрави́тельные пи́сьма.

## 58.

(a) Read the corresponding similar sentences in the left and right-hand columns.

| | |
|---|---|
| 1. Как *мо́жно дое́хать* до це́нтра? | 1. Как *дое́хать* до це́нтра? |
| 2. Где *мо́жно купи́ть* телефо́нный спра́вочник? | 2. Где *купи́ть* телефо́нный спра́вочник? |
| 3. Куда́ *мо́жно позвони́ть*, что́бы заказа́ть такси́? | 3. Куда́ *позвони́ть*, что́бы заказа́ть такси́? |

(b) Compare the structure of the sentences in the left and right-hand columns.
(c) What is the aspect of the verbs in the left-hand column? Why is this so?

**Note.**— In interrogative sentences in which the speaker is asking how the action can be carried out, *perfective* infinitives are used.

**Exercise 4.** Read the sentences, supplying verbs of the required aspect to make them convey a question about the possibility of an action.

1. Где (узнава́ть — узна́ть) результа́т вчера́шнего экза́мена? 2. Где (подпи́сываться — подписа́ться) на журна́л «Крокоди́л»? 3. Как (проезжа́ть — прое́хать) к Большо́му теа́тру? 4. Как (находи́ть — найти́) ну́жную кни́гу в библиоте́ке? 5. У кого́ (узнава́ть — узна́ть) пове́стку дня за́втрашнего собра́ния? 6. Куда́ (поступа́ть — поступи́ть) учи́ться, что́бы стать медици́нской сестро́й? 7. Где (получа́ть — получи́ть) ну́жную спра́вку о расписа́нии самолётов? 8. Как (переводи́ть — перевести́) сло́во country на ру́сский язы́к? 9. Как (вызыва́ть — вы́звать) врача́ к заболе́вшему ребёнку?

## 59.

(a) Read the pairs of synonymous sentences in the left and right-hand columns.

| | |
|---|---|
| 1. Иго́рю *не ну́жно сдава́ть* экза́мен по матема́тике: он его́ уже́ сдал. | 1. Иго́рю *не сдава́ть* экза́мен по матема́тике, он его́ уже́ сдал. |
| 2. И́горь *не смо́жет сдать* экза́мен по матема́тике: экза́мен тру́дный, а он ма́ло занима́лся. | 2. Иго́рю *не сдать* экза́мен по матема́тике: экза́мен тру́дный, а он ма́ло занима́лся. |
| 3. Де́тям *не ну́жно учи́ть* э́ти стихи́: в програ́мме их нет. | 3. Де́тям *не учи́ть* э́ти стихи́: в програ́мме их нет. |
| 4. Де́ти *не смо́гут вы́учить* э́ти стихи́: они́ им не поня́тны. | 4. Де́тям *не вы́учить* э́ти стихи́: они́ им не поня́тны. |

5. Нам *не нужно вставать* ра́но: за́втра воскресе́нье.
6. Больно́й ещё о́чень слаб, он *не смо́жет* сам *встать* с посте́ли.

5. Нам *не вставать* ра́но: за́втра воскресе́нье.
6. Больно́й ещё о́чень слаб, ему́ самому́ *не встать* с посте́ли.

(b) How is the unnecessariness of an action (sentences 1, 3 and 5) conveyed in the left and right-hand columns?

(c) How is the impossibility of performing an action (sentences 2, 4 and 6) conveyed in the left and right-hand columns?

**Note.**—Infinitival sentences with a negative convey the *unnecessariness* of actions if an *imperfective* infinitive is used (sentences 1, 3 and 5 in the right-hand column) and the *impossibility* of performing an action if a *perfective* infinitive is used (sentences 2, 4 and 6 in the right-hand column). You have already come across this usage in notes 21, 53 and 56).

**Exercise 5.** Read the sentences. Point out the numbers of the sentences conveying (a) the unnecessariness of an action; (b) the impossibility of carrying out an action.

1. Шко́льникам пя́того кла́сса не реши́ть э́ту зада́чу: она́ сли́шком трудна́. 2. Шко́льникам не реша́ть сего́дня зада́чи: им сего́дня их не задава́ли. 3. Тебе́ не выполня́ть э́ту рабо́ту: э́то обя́занность Никола́я. 4. Тебе́ не вы́полнить э́ту рабо́ту: ты не уме́ешь обраща́ться с но́вым прибо́ром. 5. Де́вочке посу́ду не мыть: её уже́ вы́мыла мать. 6. Де́вочке всю посу́ду не вы́мыть: её сли́шком мно́го. 7. Здесь тури́стам э́ту ре́ку вброд не перейти́: она́ глубо́кая. 8. Тури́стам э́ту ре́ку вброд не переходи́ть: там есть мост. 9. Мне не конча́ть э́ту рабо́ту к за́втрашнему дню: она́ не сро́чная. 10. За за́втрашний день мне э́ту рабо́ту не ко́нчить: она́ сли́шком больша́я. 11. Та́не не переводи́ть э́ту статью́ к экза́мену: она́ её уже́ перевела́ ра́ньше. 12. Та́не не перевести́ э́ту статью́ само́й: она́ недоста́точно хорошо́ зна́ет англи́йский.

**Exercise 6.** Read the sentences, supplying verbs of the required aspect to convey the unnecessariness of an action.

1. Де́ти мо́гут поспа́ть подо́льше: сего́дня воскресе́нье и им в шко́лу не (идти́ — пойти́). 2. Преподава́тель заболе́л, семина́ра в понеде́льник не бу́дет, зна́чит, к семина́ру мне не (гото́виться — подгото́виться). 3. Эта статья́ в сбо́рник не пойдёт, и, зна́чит, мне её не (редакти́ровать — отредакти́ровать). 4. Кто́-то уже́ перепеча́тал после́дние страни́цы, и мне их не (печа́тать — напеча́тать). 5. Ты уже́ звони́л Васи́лию Петро́вичу? Хорошо́, зна́чит, мне не (звони́ть — позвони́ть).

**Exercise 7.** Read the sentences, supplying verbs of the required aspect to convey the impossibility of carrying out an action.

1. За оди́н день мне к докла́ду не (гото́виться — подгото́виться). 2. Алекса́ндр недоста́точно зна́ет англи́йский язы́к, ему́ э́ту статью́ не (переводи́ть — перевести́). 3. В медици́нский институ́т о́чень большо́й ко́нкурс, тебе́ с твои́ми зна́ниями туда́ не (посту-

пи́ть — поступи́ть). 4. Сто́лько су́па ребёнку не (есть — съесть). 5. На пя́том авто́бусе в центр не (доезжа́ть — дое́хать), на́до сесть на восьмо́й. 6. Е́сли мне зададу́т на экза́мене таки́е тру́дные вопро́сы, как Анто́ну, мне на них не (отвеча́ть — отве́тить). 7. Без по́мощи ма́тери де́вочке пла́тье не (шить — сшить). 8. Ники́та игра́ет в ша́хматы ху́же Ильи́, ему́ у него́ не (выи́грывать — вы́играть). 9. Больно́й безнадёжен, ему́ уже́ ниче́м не (помога́ть — помо́чь). 10 Пра́здничный фейерве́рк в Москве́. Мне никогда́ не (забыва́ть — забы́ть) э́того великоле́пного зре́лища!

**Exercise 8.** Answer the questions, saying that there is no need to perform the action concerned.

*Model:* — Вы бу́дете сдава́ть экза́мен по исто́рии?
     — Нет, нам экза́мен по исто́рии бо́льше не сдава́ть.

1. Светла́на бу́дет писа́ть в э́том семе́стре курсову́ю рабо́ту? 2. Ася бу́дет де́лать докла́д на сле́дующем заседа́нии НСО (нау́чного студе́нческого о́бщества)? 3. Де́ти бу́дут выполня́ть дома́шние зада́ния в воскресе́нье? 4. Ваш брат бу́дет в э́том году́ выступа́ть на соревнова́ниях по бо́ксу? 5. Вы должны́ ещё сде́лать каки́е-то чертежи́?

**Exercise 9.** Answer the questions, saying that it is impossible to perform the action concerned.

*Model:* — Вы мо́жете отве́тить на э́тот вопро́с?
     — Нет, на э́тот вопро́с мне не отве́тить. Он о́чень тру́дный.

1. Вы мо́жете подня́ть ги́рю в де́сять килогра́ммов? 2. Вы мо́жете перепры́гнуть че́рез э́ту кана́ву? 3. Вы мо́жете переплы́ть э́ту реку́? 4. Вы мо́жете пройти́ пять киломе́тров за полчаса́? 5. Ма́ша смо́жет сыгра́ть роль учи́тельницы в студе́нческом спекта́кле? 6. Вы мо́жете вы́учить так мно́го но́вых слов к сле́дующему уро́ку? 7. Вы смо́жете убеди́ть сестру́ в необходи́мости продолжа́ть на́чатую рабо́ту? 8. Вы смо́жете успе́ть до нача́ла спекта́кля съе́здить домо́й? 9. Вы смо́жете отве́тить за́втра на все пи́сьма?

**Exercise 10.** Agree with your conversation partner's statements, conveying the same meaning in your responses.

*Model:* (a) — Игорю не сдава́ть э́тот экза́мен.
           — Да, ему́ не ну́жно сдава́ть э́тот экза́мен. Он его́ уже́ сдал.
       (b) — Игорю не сдать э́тот экза́мен.
           — Да, он не мо́жет сдать э́тот экза́мен, он не гото́в к нему́.

1. Нам не плати́ть за прово́з багажа́. 2. Де́вочке не пройти́ тако́е большо́е расстоя́ние. 3. Серёже не гото́виться к экза́мену. 4. Де́тям за́втра в шко́лу не идти́. 5. Татья́не одно́й э́ту рабо́ту не сде́лать. 6. Э́тому ста́рому челове́ку без посторо́нней по́мощи у́лицу не перейти́. 7. Оте́ц так бы́стро идёт, что ма́льчику его́ не догна́ть.

**Exercise 11.** Read the sentences, supplying suitable continuations:

(a) «у́лицу не переходи́ть» ог «у́лицу не перейти́»

1. Де́вочка ма́ленькая, ей одно́й... 2. Кинотеа́тр нахо́дится на э́той стороне́ у́лицы, поэ́тому нам...

(b) «экза́мен не сдава́ть» ог «экза́мен не сдать»

1. Экза́мен по ру́сскому языку́ у нас бу́дет че́рез год, поэ́тому в э́том году́ нам по ру́сскому языку́... 2. Е́сли ты весь год не занима́лся, то тебе́...

(c) «кни́ги не покупа́ть» ог «кни́ги не купи́ть»

1. Де́тям в шко́ле даю́т уче́бники беспла́тно, поэ́тому роди́телям для дете́й... 2. Э́ти кни́ги вы́шли не́сколько лет наза́д, тира́ж весь разошёлся, и уже́...

# Revision V

**Assignment 1.** Read the sentences, supplying verbs of the required aspect.

1. Сын дал сло́во отцу́ не (кури́ть — покури́ть).

2. Я сове́тую тебе́ не (покупа́ть — купи́ть) телеви́зор э́той ма́рки: заво́д на́чал (выпуска́ть — вы́пустить) но́вые телеви́зоры. Заче́м же (покупа́ть — купи́ть) ста́рую моде́ль?

3. Сто́ит ли так (волнова́ться — взволнова́ться) из-за пустяко́в? Не волну́йтесь! Вы обяза́тельно (бу́дете сдава́ть — сдади́те) э́тот экза́мен. Должны́ (сдава́ть — сдать).

4. — Кого́ вы (ждёте — подождёте)? — Валенти́на. Мы договори́лись (встреча́ться — встре́титься) с ним в два часа́. Он никогда́ не (опа́здывает — опозда́ет). Он не до́лжен (опа́здывать — опозда́ть) и сего́дня.

5. Ваш брат так (изменя́лся — измени́лся), что его́ нельзя́ (узнава́ть — узна́ть).

6. — Я предлага́ю (спуска́ться — спусти́ться) с э́той горы́ на лы́жах. — Что вы, мне не (спуска́ться — спусти́ться) с тако́й высоты́!

7. Ве́ра, молода́я актри́са, была́ сча́стлива, что (получа́ла — получи́ла) наконе́ц большу́ю роль в но́вой пье́се. Она́ (ду́мала — поду́мала), что ей никогда́ не (получа́ть — получи́ть) таку́ю роль. Она́ (слы́шала — услы́шала), как режиссёр сказа́л: «Не сто́ит (дава́ть — дать) э́ту роль нео́пытной арти́стке. Ей не (игра́ть — сыгра́ть) её!» Но Ве́ра была́ уве́рена, что (бу́дет игра́ть — сыгра́ет) но́вую роль хорошо́.

8. — Скажи́те, пожа́луйста, где (покупа́ть — купи́ть) путеводи́тель по го́роду? — Его́ мо́жно (покупа́ть — купи́ть) в газе́тном кио́ске.

9. — Пойдём в кино́ сего́дня ве́чером! — Нет, не могу́. Мне ещё (переводи́ть — перевести́) статью́, (зака́нчивать — зако́нчить) рефера́т, а за́втра (выступа́ть — вы́ступить) на семина́ре.

10. — Скажи́те, как мне (доезжа́ть — дое́хать) до стадио́на? — Лу́чше всего́ на метро́. — А где мне (выходи́ть — вы́йти)? — На «Спорти́вной».

**Assignment 2.** Point out in each group the sentences which have similar meanings.

*Model:* 1 a, c.

1. (a) Не выбра́сывай э́ти ста́рые журна́лы. (b) Я реши́л не выбра́сывать э́ти ста́рые журна́лы. (c) Не ну́жно выбра́сывать э́ти ста́рые журна́лы. (d) Я ещё не реши́л, выбра́сывать ли э́ти журна́лы.
2. (a) Не ну́жно звони́ть ему́. (b) Заче́м звони́ть ему́? (c) Не звони́те ему́. (d) Не сто́ит звони́ть ему́.
3. (a) Нам на́до уйти́. (b) Не уходи́те! (c) Нам ско́ро уходи́ть. (d) Не на́до уходи́ть.
4. (a) Невозмо́жно вы́полнить всё, что он тре́бует. (b) Нельзя́ не вы́полнить всё, что он тре́бует. (c) Нельзя́ вы́полнить всё, что он тре́бует. (d) Нельзя́ выполня́ть всё, что он тре́бует.
5. (a) Ва́шей кома́нде не вы́играть э́тот матч. (b) Ва́ша кома́нда не должна́ вы́играть э́тот матч. (c) Ва́ша кома́нда не смо́жет вы́играть э́тот матч. (d) Ва́шей кома́нде никогда́ не выи́грывать таки́е ма́тчи.
6. (a) Ты мо́жешь не вспо́мнить слова́ э́той пе́сни. (b) Вспо́мни слова́ э́той пе́сни! (c) Ты не мо́жешь вспо́мнить слова́ э́той пе́сни? (d) Ну́жно вспо́мнить слова́ э́той пе́сни.
7. (a) Мы не бу́дем за́втра писа́ть сочине́ние. (b) Нам не написа́ть за́втра сочине́ние. (c) Нам не писа́ть за́втра сочине́ние. (d) Мо́жно нам не писа́ть за́втра сочине́ние?

**Assignment 3.** Translate the sentences into English.

1. (a) Я реши́л пое́хать на да́чу. (b) Я реши́л не е́здить на да́чу. (c) Я реши́л е́здить на да́чу ка́ждую суббо́ту. (d) Я ещё не реши́л, е́хать ли на да́чу в суббо́ту.

2. (a) В э́том ме́сте нельзя́ стро́ить мост. (b) В э́том ме́сте нельзя́ постро́ить мост. (c) В э́том ме́сте нельзя́ не постро́ить мост. (d) Не стро́йте мост в э́том ме́сте! (e) Не сто́ит стро́ить мост в э́том ме́сте. (f) Заче́м стро́ить мост в э́том ме́сте?

**Assignment 4.** **(a)** Say what actions pedestrians in a city or town, drivers and railway passengers are not allowed to perform. For this use the 'нельзя́ + an infinitive' construction.

**(b)** Say what actions it is impossible to perform (at the present level of technological development), using the same construction.

**Assignment 5.** Explain why the following actions cannot be performed.

*Model:* 1. Ему́ не сдать экза́мен. — Ему́ не сдать экза́мен, потому́ что он пло́хо подгото́вился. 2. Ему́ не сдава́ть экза́мен. — Ему́ не сдава́ть экза́мен, потому́ что его́ отмени́ли.

1. Нельзя́ выключа́ть прибо́р. 2. Нельзя́ вы́ключить прибо́р. 3. Мне не встреча́ться с ни́ми за́втра. 4. Мне не встре́титься с ни́ми за́втра. 5. Этот я́щик нельзя́ поднима́ть. 6. Этот я́щик нельзя́ подня́ть. 7. Ему́ за́втра не уезжа́ть. 8. Ему́ за́втра не уе́хать. 9. Мне не встава́ть за́втра в шесть часо́в. 10. Мне не встать за́втра в шесть часо́в.

**Assignment 6.** What questions (about the possibility of an action) would you ask if (a) you wanted to buy a dictionary (use *где?*); (b) you wanted to get to the centre of the city (use *как?*). Use infinitival sentences.

**Assignment 7. (a)** Read the following rules of etiquette.

Чтобы ва́ша мане́ра разгова́ривать не раздража́ла собесе́дника, а сде́лала бесе́ду прия́тной, (1) *ну́жно по́мнить основны́е пра́вила ве́жливости в разгово́ре.*

(2) *Не смотри́те в сто́рону* (да́же е́сли оты́скиваете кого́-то взгля́дом) в тот моме́нт, когда́ вы разгова́риваете с собесе́дником. (3) *Ну́жно смотре́ть ему́ в глаза́.*

(4) *К тому́ же учти́те,* что (5) *сле́дует не про́сто «втыка́ть взор, как шпа́гу», и смотре́ть* не «сквозь челове́ка», сло́вно не ви́дя его́, а — *приве́тливо и внима́тельно.*

(6) *Не на́до гро́мко смея́ться* да́же над са́мой уда́чной шу́ткой. Лу́чшая из мане́р — сде́ржанность, (7) *не сто́ит привлека́ть к свое́й осо́бе всео́бщее* внима́ние. Это неприли́чно.

**(b)** Point out the numbers of the sentences which (a) convey a command or advice to do something; (b) deny the necessity of an action. What verb forms are used in them?

**(c)** How would you advise your nephew or younger brother to behave?

**Assignment 8. (a)** Read through this extract from an article by the well-known Soviet educator and writer, Anton Makarenko.

На́ши де́ти цвету́т на живо́м стволе́ на́шей жи́зни, э́то не буке́т, э́то прекра́сный я́блоневый сад. *Тру́дно, коне́чно, не любова́ться я́блоневым са́дом, тру́дно ему́ не ра́доваться, но ещё трудне́е не рабо́тать в тако́м саду́.* Бу́дьте добры́, займи́тесь э́тим де́лом, полива́йте, снима́йте гу́сеницу, обреза́йте сухи́е ве́точки.

**(b)** Analyse the italicised sentence and translate it into English.

**Assignment 9. (a)** Read through these extracts from descriptions of the countryside by Soviet writers.

Мне всё ка́жется, что тому́ челове́ку, кото́рый не ви́дел цвету́щей ве́рбы над зати́хшей водо́й и не заме́тил её чи́стого отраже́ния в э́той воде́ в тако́й тёплый денёк с нави́сшим се́рым не́бом, (1) *никогда́ не поня́ть, что тако́е на́ша ру́сская засте́нчивая весна́.*

(*К. Паусто́вский*)

\*\*\*

Лыжню́ бу́дто ма́слом потёрли — лосни́тся на со́лнце. По ней уже́ прошла́ со́тня люде́й. Кри́ки и смех — весёлая лыжня́! Но е́сли вы охо́тник за лесны́ми зага́дками, е́сли по душе́ вам лесны́е встре́чи — (2) *не сто́ит идти́ проторённой лыжнёй.* Сверни́те в сто́рону. Лес лю́бит осторо́жных и нешумли́вых.

Останови́тесь-ка на мину́тку... Следы́ на снегу́, как краси́вое обеща́ние. Идёшь и ждёшь. А они́ всё дра́знят, маня́т. И то́лько терпели́вым даётся в ру́ки обеща́ние.

(*В. Песко́в*)

***

Если тебе захóчется отдохнýть душóй, идú рáнней веснóй в лес к подснéжникам, и ты увúдишь прекрáсный сон действúтельности. Идú скорéе: чéрез нéсколько дней подснéжников мóжет и не быть, а ты сумéешь запóмнить волшебствó видéния, подáренного прирóдой. Идú, отдохнú. Подснéжники к счáстью, говорят в нарóде.

Нéбо окропúло лес ужé тысячами голубых кáпель. Ищý, высмáтриваю: где же он, тот сáмый пéрвый, сáмый смéлый? Кáжется, вот он. Он úли не он? Не знáю. Их так мнóго, что (3) *тогó не замéтить, не найтú:* затерялся среди идýщих за ним, смешáлся с нúми. А ведь он такóй мáленький, но геройческий, такóй тúхий, но до тогó напóристый, что кáжется, úменно егó испугáлись послéдние зáморозки, сдалúсь, выбросив рáнней зарёй бéлый флаг послéднего úнея на опýшке. Жизнь идёт.

(Г. Троепóльский)

(b) Point out the numbers of the sentences which (a) convey the impossibility of performing an action; (b) deny the necessity of an action.

(c) What have you learned about the Russian countryside?

**Assignment 10. (a)** Read through this extract from the novel *The Clear Ponds* by the Soviet writer, Yuri Nagibin.

### Жéня Румянцева

Вот и кóнчился послéдний урóк послéднего дня нáшей шкóльной жúзни!

В класс заглянýла Жéня Румянцева:

— Серёжа, мóжно тебя на минýтку?

Я вышел в коридóр. В этот необычный день и Жéня показáлась мне не совсéм обычной.

— Серёжа, я хотéла тебé сказáть: давáй встрéтимся чéрез дéсять лет.

Шутлúвость совсéм не былá свóйственна Жéне, и я спросúл серьёзно:

— Зачéм?

— Мне интерéсно, какúм ты стáнешь. (1) *Ты ведь óчень нрáвился мне все эти гóды.*

Я дýмал, что Жéне Румянцевой невéдомы ни эти словá, ни эти чýвства. (2) *Вся её жизнь протекáла в двух сфéрах:* в напряжённой комсомóльской рабóте и в мечтáниях о звёздных мирáх. Я никогдá не слышал, чтóбы в свобóдное врéмя Жéня говорúла о чём-нибудь другóм, крóме звёзд, планéт, космúческих полётов.

Не мнóгие из нас твёрдо определúли свой дальнéйший жúзненный путь, а Жéня с шестóго клáсса знáла, что бýдет астронóмом и никéм другúм.

Мéжду нáми никогдá нé было дрýжеской блúзости, и сейчáс неожúданное её признáние удивúло и смутúло меня. В пóисках разгáдки я мысленно пробегáл прóшлое, но ничегó не нашёл в нём, крóме однóй встрéчи на Чúстых прудáх...

Однажды мы собрались в выходной день на Химкинское водохранилище — покататься на лодках. Сбор назначили на Чистых прудах, у большой беседки. (3) *Но с утра заморосил дождь,* и пришли только мы с Павликом Аршанским, Нина Барышева и Женя Румянцева. Нина пришла, потому что в выходной день не могла усидеть дома, я пришёл из-за Нины, Павлик из-за меня, а почему пришла Женя, было нам непонятно.

Женя никогда не появлялась на скромных наших пирушках, не ходила с нами в кино, в Парк культуры. У неё не хватало времени: (4) *она занималась в астрономическом кружке при университете и ещё что-то делала в Планетарии.* Мы уважали эту Женину целеустремлённость: (5) *не стоило ей мешать.*

(6) *Дождь не переставал ни на минуту.* Нечего было и думать о Химках. Но Женя настойчиво уговаривала нас ехать. Впервые она позволила себе маленькое отступление от обычного строгого распорядка, и надо же, чтобы так не повезло! На пуговице жакетки висел у неё свёрточек с бутербродами. Было что-то очень трогательное в этом свёрточке. Жене, видимо, и в голову не приходило, что (7) *можно позавтракать в кафе или даже в ресторане,* (8) *как мы это делали во время наших походов.* Из жалости к этому свёрточку я предложил:

— (9) *Давайте покатаемся по пруду.* — Я показал на старую лодку. — И будем воображать, что мы в Химках.

— Или в Средиземном море, — вставил Павлик.

— Или в Индийском океане! — восторженно подхватила Женя. — Или у берегов Гренландии!

Вёсел не было. Мы подобрали на берегу две дощечки и отправились в кругосветное плавание.

Запоздалая ребячливость Жени была мила и трогательна, и было в ней что-то жалкое.

Женя неутомимо командовала: «Право руля!», «Лево руля!», «Поднять паруса!», «Убрать паруса!», отыскивала путь по звёздам — наш компас разбился во время бури. Это дало ей возможность угостить нас лекцией по астрономии. (10) *Потом мы потерпели бедствие, и Женя раздала нам «последние галеты» —* свои намокшие бутерброды. (11) *Мы хмуро жевали их, а Женя говорила о том,* как ей нравится жизнь Робинзона.

Я промок, устал.

— Всё, приехали! Пора выходить! — будничным голосом сказала Нина. — Я замёрзла, (12) *без чашки кофе не обойтись.*

Женя оторопело поглядела на нас, щёки её порозовели.

— А что? — мужественно сказала она. — Кутить так кутить!..

(13) *А потом мы сидели в летнем кафе, пили горячий чёрный кофе и холодное пиво.* Женя выпила бокал пива. Она раскраснелась и стала громко обзывать себя кутилой. Нам было немного стыдно за неё, мы боялись, что (14) *подавальщица может не дать нам больше пива.* Женя никогда ещё не напоминала так девочку-переростка, как в этом кафе. И ещё Женя говорила, что ей хотелось бы погибнуть в первом космическом полёте, потому что

(15) *космосом нельзя овладеть без жертв* и лучше погибнуть ей, чем другим, более достойным.

Больше Жéня не бывала с нами. Может, у неё и действительно не хватало времени, ей столько нужно было успеть! А что, если в тот единственный раз она пришла из-за меня, и из-за меня отступила, сказав себе с гордой честностью: «Не вышло...»

— Почему же ты раньше молчала, Жéня? — спросил я.

— (16) *К чему было говорить?* Тебе так нравилась Нина!

С ощущением какой-то досадной и грустной утраты я сказал:

— (17) *Где же и когда мы встретимся?*

— Через десять лет, двадцать девятого мая, в восемь часов вечера у колонн Большого театра. К тому времени я буду знаменитым астрономом,— добавила она мечтательно и убеждённо.— Если я очень изменюсь, ты узнаешь меня по портретам.

— Что же, к тому времени и я буду знаменитым,— сказал я и осёкся: я совсем не представлял себе, в какой области суждено мне прославиться, и ещё не решил даже, на какой факультет подавать документы. — Во всяком случае, я приеду на собственной машине...

— Вот и хорошо,— засмеялась Жéня,— ты покатаешь меня по городу...

Минули годы. Жéня училась в Ленинграде, я ничего не слышал о ней. Зимой 1941 года я узнал, что Жéня в первый же день войны бросила институт и пошла в лётную школу. Летом 1944 года, находясь в госпитале, я услышал по радио указ о присвоении майору авиации Румянцевой звания Героя Советского Союза. Когда я вернулся с войны, то узнал, что звание Героя было присвоено Жéне посмертно.

Жизнь шла дальше, порой я вдруг вспоминал о нашем уговоре, а за несколько дней до срока почувствовал такое острое, щемящее беспокойство, будто все прошедшие годы только и готовился к этой встрече.

Я не стал знаменитым, как обещал Жéне, но в одном я не обманул её: у меня была старенькая машина, купленная за бесценок. Я надел новый костюм и поехал к Большому театру. Если бы я встретил там Жéню, то сказал бы, что после всех шатаний нашёл всё же свой путь: у меня вышла книга рассказов, сейчас я пишу другую. Это не те книги, которые мне хотелось бы написать, но я верю, что ещё напишу их.

(18) *Я поставил машину возле сквера, купил у цветочницы ландыши и пошёл к Большому театру.* (19) *Я постоял там немного, затем отдал ландыши худенькой сероглазой девушке в спортивных тапочках и поехал домой.*

Мне хотелось на миг остановить время, оглянуться на себя, на прожитые годы, вспомнить девочку в коротком платье, старую лодку, дождик, вспомнить слепоту своей юношеской души, так легко прошедшей мимо того, что могло бы стать судьбой.

**(b)** Point out the numbers of the sentences in which the verb aspects convey (a) repeated actions; (b) the process of an action; (c) the beginning of an action;

(d) completed single actions; (e) actions whose duration is limited in time; (f) the unnecessariness of the action performed; (g) the impossibility of performing an action; (h) a supposition that a desired action may not take place.

(c) Translate the sentences into Russian.

1. On Sunday she just could not stay at home. 2. She should not be hampered. 3. It was useless even to think about our trip to Khimki. 4. A cup of coffee is simply a must. 5. When on the booze, one has to go the whole hog! 6. We were afraid that the waitress might refuse to serve us any more beer. 7. Space cannot be conquered without sacrifices. 8. What should I have said it for?

(d) Find the same sentences in the text and compare them with your translations.

**Assignment 11.** List the main traits of Zhenya Rumayntseva's character. Cite the text to prove what you say.

# CHAPTER VI

## § 1

| The use of imperfective and perfective verbs to convey simultaneous actions in complex sentences. | Когда́ профе́ссор **чита́л** ле́кцию, студе́нты внима́тельно **слу́шали.** Пока́ де́ти **игра́ли**, мать **пригото́вила** у́жин. Когда́ Оле́г **гото́вился** к заня́тиям, **пришёл** его́ друг. |
| --- | --- |

## 60.

(a) Read the sentences and their English translations.

1. Когда́ профе́ссор *чита́л* ле́кцию, студе́нты внима́тельно *слу́шали.*

1. When the professor delivered a lecture, the students listened attentively.

2. В то вре́мя как Андре́й *вызыва́л* по телефо́ну такси́, его́ друг *укла́дывал* ве́щи.

2. While Andrei was ordering a taxi by telephone, his friend was packing the things.

3. Пока́ *шёл* дождь, мы *смотре́ли* телеви́зор.

3. While it rained, we watched TV.

4. Чем да́льше мы *отъезжа́ли* от родно́го го́рода, тем грустне́е *станови́лось* у нас на душе́.

4. The further we drove from the city, the greater was the sorrow that filled our hearts.

(b) Compare the time of the actions in the main and subordinate clauses in each sentence. Do the actions coincide fully in time?

(c) What is the aspect of the verbs used in these sentences?

(d) What conjunctions are used in these sentences?

**Note.**—If the actions of the main and subordinate clauses of a complex sentence *fully coincide in time,* imperfective verbs are used in both clauses. Such sentences typically contain the conjunctions *когда́, в то вре́мя как, пока́* and *чем... тем... .*

**Exercise 1.** Combine the simple sentences in each pair into complex sentences, using the conjunctions когда́, в то вре́мя как, пока́, чем... тем... .

1. Тури́сты осма́тривали го́род. Они́ ви́дели мно́го интере́сного. 2. Ты бу́дешь переводи́ть статью́. Я бу́ду учи́ть но́вые слова́. 3. Ольга бу́дет писа́ть письмо́. Ни́на бу́дет чита́ть журна́л. 4. Ма́льчик упо́рнее занима́ется. Он лу́чше зна́ет иностра́нный язы́к. 5. Студе́нты сдава́ли экза́мены. Шко́льники уже́ отдыха́ли. 6. Мать бу́дет накрыва́ть на стол. Дочь бу́дет гото́вить сала́т.

**Exercise 2.** Supply verbs of the required aspect, making it clear that the prolonged actions in the clauses of each sentence fully coincide in time.

1. Когда́ Ири́на (убира́ла — убрала́) кварти́ру, ма́ма гото́вила за́втрак. 2. Пока́ в до́ме (де́лали — сде́лали) ремо́нт, семья́ жила́ на да́че. 3. Чем ни́же опуска́лось со́лнце, тем холодне́е (станови́лось — ста́ло). 4. Когда́ Ве́ра (слу́шала — послу́шала) му́зыку, она́ пла́кала. 5. Пока́ Андре́й (писа́л — написа́л) дипло́мную рабо́ту, он ка́ждый день занима́лся в библиоте́ке. 6. Когда́ взро́слые (сажа́ли — посади́ли) дере́вья, де́ти помога́ли им.

**Exercise 3.** Answer the questions making your answers complex sentences. You may use the words given in brackets.

1. Что де́лала сестра́, когда́ брат гото́вил уро́ки? (рисова́ть) 2. Что де́лали де́ти, в то вре́мя как роди́тели рабо́тали в саду́? (игра́ть) 3. Что де́лали шко́льники, когда́ учи́тель объясня́л но́вый материа́л? (внима́тельно слу́шать) 4. Что де́лал Андре́й, пока́ его́ брат смотре́л по телеви́зору футбо́льный матч? (черти́ть) 5. Что де́лал преподава́тель, когда́ студе́нты выполня́ли лаборато́рную рабо́ту? (проверя́ть результа́ты) 6. Что де́лала мать, пока́ де́ти спа́ли? (чита́ть журна́лы)

**Exercise 4.** Replace the simple sentences by complex ones containing the conjunctions когда́, пока́, в то вре́мя как.

*Model:*  Во вре́мя объясне́ния учи́теля шко́льники внима́тельно слу́шали.

В то вре́мя как (когда́) учи́тель объясня́л, шко́льники внима́тельно слу́шали.

1. На экза́мене Андре́й о́чень волнова́лся. 2. Во вре́мя рабо́ты в лаборато́рии студе́нты прово́дят разли́чные о́пыты. 3. Во вре́мя чте́ния статьи́ Игорь де́лал вы́писки из неё. 4. Во вре́мя чте́ния ле́кции профе́ссор демонстри́ровал диапозити́вы. 5. Во вре́мя прогу́лки по ле́су де́ти собира́ли цветы́.

## 61.

**(a)** Read the sentences and their English translations.

1. В то вре́мя как студе́нты *гото́вились* к о́пытам, лабора́нт *прове́рил* прибо́ры.

1. While the students were preparing the experiments, the lab assistant checked the apparatus.

2. Пока́ ты *дочита́ешь* статью́, я *переведу́* э́тот текст.

2. While you are finishing reading the article, I'll translate this text.

3. Пока́ мать *гото́вила* у́жин, дочь *накры́ла* на стол.

3. While the mother was cooking the supper, the daughter laid the table.

**(b)** Do the actions in the main and subordinate clauses of each complex sentence take place simultaneously? Which sentences convey a prolonged action in the subordinate clause and a completed action in the main one? What are the aspects of the verbs used in the main and subordinate clauses?

**(c)** Which sentence conveys two completed actions fully coinciding in time? What are the aspects of the verbs used in both clauses of this sentence? What conjunction connects the clauses?

**Note.**—If the action of one of the clauses of a complex sentence was completed while the prolonged action of the other clause was in progress, the completed action is conveyed by a *perfective* verb; and the prolonged one, by an *imperfective* verb (see sentences 1 and 3).

To convey the completion of the actions of the main and subordinate clauses which coincide in time, *perfective* verbs are used in both the clauses of the complex sentence (see sentence 2). The subordinate clause of such sentences is often introduced by the conjunction *пока́*.

**Exercise 5.** Read the sentences. Point out the numbers of the sentences which convey (a) the completion of one of the actions while the other action is in progress; (b) the completion of both the actions.

1. В то вре́мя как де́ти смотре́ли телеви́зор, мать пригото́вила у́жин. 2. Пока́ Са́ша написа́л письмо́, Ле́на вы́учила все но́вые слова́. 3. Пока́ ученики́ написа́ли рабо́ту, учи́тель подгото́вил прибо́ры для о́пытов. 4. В то вре́мя как оте́ц чита́л газе́ту, сын сде́лал уро́ки. 5. Пока́ вы бу́дете отдыха́ть, я уложу́ ве́щи.

**Exercise 6.** Change the sentences, making the action of the main clause complete while the action of the subordinate clause is in progress. What should the aspect of the verbs in the main clauses be?

*Model:* Пока́ шёл дождь, я чита́л газе́ту.
Пока́ шёл дождь, я прочита́л газе́ту.

1. Пока́ вы бу́дете встреча́ть Ольгу на вокза́ле, я бу́ду гото́вить всё к ва́шему прихо́ду до́ма. 2. Пока́ Оле́г слу́шал му́зыку, Ири́на вари́ла ко́фе. 3. Пока́ Андре́й е́хал домо́й, он чита́л газе́ту. 4. Пока́ мать укла́дывала ве́щи, оте́ц вызыва́л такси́ по телефо́ну. 5. В то вре́мя как шко́льники осма́тривали вы́ставку, учи́тель расска́зывал им об экспона́тах. 6. Пока́ сестра́ рисова́ла, брат реша́л зада́чу.

**Exercise 7.** Give full answers to the questions.

1. Что успе́ла сде́лать сестра́, пока́ брат разгова́ривал по телефо́ну с прия́телями? 2. Что сде́лали де́ти, пока́ мать гото́вила обе́д? 3. Что сде́лала Ка́тя, пока́ она́ е́хала домо́й? 4. Что сде́лал

Игорь, пока́ его́ друг был на стадио́не? 5. Что сде́лала Ве́ра, в то вре́мя как её подру́га перепеча́тывала статью́?

**Exercise 8.** Replace the following simple sentences by complex ones, using the conjunction пока́ or в то вре́мя как.

*Model:* Во вре́мя экску́рсии по го́роду мы осмотре́ли не́сколько музе́ев.

Пока́ (в то вре́мя как) шла экску́рсия по го́роду, мы осмотре́ли не́сколько музе́ев.

1. Во вре́мя уро́ка шко́льники написа́ли контро́льную рабо́ту. 2. Во вре́мя кани́кул студе́нты хорошо́ отдохну́ли. 3. Во вре́мя экску́рсии тури́сты осмотре́ли мно́го интере́сных па́мятников. 4. Во вре́мя ле́тнего о́тдыха Оле́г прочита́л мно́го интере́сных книг. 5. Во вре́мя рабо́ты в саду́ де́ти посади́ли не́сколько я́блонь. 6. Во вре́мя прогу́лки в лес мы набра́ли большо́й буке́т цвето́в.

**Exercise 9.** Replace the following sentences by complex ones containing the conjunciton пока́ or в то вре́мя как.

*Model:* Гуля́я по ле́су, мы набра́ли корзи́ну грибо́в.

Когда́ мы гуля́ли по ле́су, мы набра́ли корзи́ну грибо́в.

1. Живя́ в Москве́, Джон хорошо́ вы́учил ру́сский язы́к. 2. Ожида́я дру́га, я прочита́л всю газе́ту. 3. Разгова́ривая, друзья́ вы́пили по ча́шке ко́фе. 4. Рабо́тая в лаборато́рии, студе́нты получи́ли интере́сные результа́ты. 5. Слу́шая ле́кцию, Па́вел сде́лал необходи́мые за́писи. 6. Расска́зывая о пое́здке, Ольга показа́ла нам мно́го фотогра́фий.

## 62.

**(a)** Read the sentences and their English translations.

1. Когда́ мы *обе́дали*, кто́-то *позвони́л* в дверь.
1. When we were having dinner, somebody rang at the door.

2. Оле́г *чита́л*, когда́ к нему́ *зашли́* друзья́.
2. Oleg was reading when his friends dropped in on him.

3. *Темне́ло*, когда́ мы *подошли́* к до́му.
3. It was getting dark when we approached the house.

**(b)** Are the actions in the main and subordinate clauses of these complex sentences simultaneous?

**(c)** Do they fully coincide in time?

**(d)** What is the aspect of the verbs used in these sentences? Why is this so?

**Note.** — If the actions of the main and subordinate clauses coincide in time *partially*, verbs of *different aspects* are used in the complex sentence: to denote the action completed while the action conveyed by the imperfective verb was in progress, a perfective verb is used.

**Exercise 10.** Read the sentences. Point out the numbers of the sentences in which the actions (a) coincide in time fully; (b) coincide in time partially.

1. Когда́ Оле́г провожа́л дру́га на вокза́л, он нёс его́ чемода́н. 2. Когда́ мы подходи́ли к до́му, мы вдруг заме́тили спя́щую у стены́

маленькую собачку. 3. Пока старшая сестра приготовила ужин, младшая сделала все уроки. 4. Когда мы смотрели телевизор, вдруг зазвонил телефон. 5. Чем старше становилась девочка, тем больше она помогала матери. 6. Когда отец вернулся домой, вся семья сидела за столом.

**Exercise 11.** Read the sentences, supplying verbs of the required aspect to make the actions of the main and the subordinate clauses coincide in time partially.

1. Мы увидели вдали деревню, когда солнце уже (садилось — село). 2. Когда учитель (проверял — проверил) тетради, к нему подошли ученики. 3. Когда друзья (возвращались — вернулись) из института, пошёл сильный дождь. 4. Олег встретил Ирину, когда (подходил — подошёл) к дому. 5. В то время как я (переходила — перешла) улицу, зажёгся красный свет. 6. Когда девочка (убирала — убрала) со стола посуду, она разбила чашку.

**Exercise 12.** Answer the questions, using the sentences given in brackets.

1. Когда друг зашёл к Андрею? (Андрей переводил статью) 2. Когда Ирина встретила школьную подругу? (Ирина ехала в театр) 3. Когда отец ушёл на работу? (дети ещё спали) 4. Когда почтальон принёс телеграмму? (все были дома) 5. Когда начался дождь? (друзья сидели в парке)

**Exercise 13.** Replace the simple sentences by complex ones.

*Model:* Проверяя свою работу, Олег обнаружил ошибку.
Когда Олег проверял свою работу, он обнаружил ошибку.

1. Подходя к дому, я услышал крик ребёнка. 2. Спускаясь по лестнице вниз, Николай вдруг услышал взволнованные голоса. 3. Отвечая на вопросы, докладчик встал. 4. Возвращаясь домой, Ольга встретила свою соседку. 5. Осматривая город, туристы увидели здание необычной архитектуры.

## § 2

| The use of perfective and imperfective verbs to convey consecutive actions in complex sentences. | Когда дождь **кончился**, мы **пошли** гулять. Когда Олег **вернулся** домой, он долго **рассказывал** о своей поездке. Каждый раз как только он **входил** в комнату, все **замолкали**. |
|---|---|

## 63.

(a) Read the sentences and their English translations.

| | |
|---|---|
| 1. Когда Петя *сделал* уроки, он *пошёл* гулять. | 1. When Petya had done his lessons, he went for a walk. |

2. После того как студе́нты *прослу́шают* цикл ле́кций по да́нной те́ме, они́ *начну́т* занима́ться в лаборато́рии.

2. When the students have heard a series of lectures on this topic, they will begin their work in the laboratory.

3. Как то́лько Игорь *пришёл* домо́й, он сра́зу *позвони́л* роди́телям.

3. As soon as Igor came home, he telephoned his parents.

**(b)** What is the aspect of the verbs which convey the consecutive actions in these sentences? What is their meaning?

**(c)** What conjunctions are used in these sentences?

**Note.**—To convey completed semelfactive consecutive actions in a complex sentence, *perfective* verbs are used. As a rule, such sentences contain the conjunctions *когда́, по́сле того́ как* and *как то́лько*.

**Exercise 1.** Read the sentences. Write out the numbers of the sentences in which the actions follow each other in succession.

1. Когда́ де́вушки слу́шали му́зыку, пришёл Оле́г. 2. Когда́ отгреме́ли аплодисме́нты, ора́тор продо́лжил выступле́ние. 3. По́сле того́ как Игорь ушёл, разгово́р возобнови́лся. 4. Когда́ Андре́й писа́л диплóмную рабо́ту, он тща́тельно обду́мывал ка́ждое предложе́ние. 5. Как то́лько ребёнок уви́дел мать, он бро́сился к ней. 6. Когда́ роди́тели ушли́ на рабо́ту, дочь ста́ла убира́ть кварти́ру. 7. Когда́ Са́ша де́лал уро́ки, его́ сестра́ стара́лась не меша́ть ему́.

**Exercise 2.** Read the sentences, supplying verbs of the required aspect to make the semelfactive actions follow each other in succession.

1. Когда́ к Ма́ше (приезжа́л — прие́хал) брат, она́ (посыла́ла — посла́ла) телегра́мму ма́тери. 2. По́сле того́ как (звене́л — прозвене́л) звоно́к, шко́льники (сади́лись — се́ли) за па́рты. 3. Как то́лько соба́ка (слы́шала — услы́шала) знако́мые шаги́, она́ (броса́лась — бро́силась) к две́ри. 4. По́сле того́ как Оле́г (поступа́л — поступи́л) в институ́т, у него́ (появля́лись — появи́лись) но́вые друзья́. 5. Как то́лько (выпада́л — вы́пал) снег, друзья́ (встава́ли — вста́ли) на лы́жи. 6. Когда́ мать (получа́ла — получи́ла) письмо́ от сы́на, она́ о́чень (ра́довалась — обра́довалась).

**Exercise 3.** Complete the sentences so that the action of the second clause should follow that of the first.

1. Когда́ за́навес опусти́лся, зри́тели... 2. По́сле того́ как уро́ки око́нчились, де́ти... 3. Как то́лько прозвене́л буди́льник, я... 4. Когда́ дире́ктор шко́лы вошёл в класс, шко́льники... 5. Как то́лько разда́лся свисто́к судьи́, футболи́сты... 6. По́сле того́ как друзья́ узна́ли о боле́зни Ири́ны, они́... 7. Как то́лько Оле́г пришёл домо́й, он сра́зу... 8. Когда́ авто́бус подъе́хал к остано́вке, он...

**Exercise 4.** Change these sentences into complex ones, using the conjunctions когда́, по́сле того́ как and как то́лько.

1. Вспо́мнив о дне рожде́ния бра́та, Ма́ша сра́зу отпра́вила ему́ поздрави́тельную телегра́мму. 2. Сдав экза́мены, Оле́г пое́дет на юг. 3. Реши́в зада́чу, ма́льчик на́чал учи́ть стихи́. 4. Верну́вшись с прогу́лки, мы се́ли обе́дать. 5. Войдя́ в ко́мнату, Ири́на поздоро́валась. 6. Прослу́шав цикл ле́кций, студе́нты перейду́т к практи́ческим заня́тиям. 7. Уви́дев отца́, де́ти побежа́ли к нему́. 8. Немно́го отдохну́в, мы сно́ва возьмёмся за рабо́ту.

## 64.

(a) Read the sentences and their English translations.

| | |
|---|---|
| 1. По́сле того́ как мы *сдади́м* экза́мены, мы *бу́дем* два ме́сяца *отдыха́ть.* | 1. When we have passed our exams, we'll have a two-month holiday. |
| 2. По́сле того́ как друзья́ *встре́тились,* они́ до́лго вспомина́ли шко́льные го́ды. | 2. When the friends met, they exchanged recollections of their school years for a long time. |
| 3. Как то́лько я *освобожу́сь,* *бу́ду помога́ть* тебе́. | 3. As soon as I'm free, I'll help you. |

(b) What is the aspect of the verbs used to convey consecutive actions?
(c) What is the meaning of the perfective verbs? And of the imperfective ones?

Note.—The second action in complex sentences conveying consecutive actions may be expressed by an *imperfective* verb if that verb denotes a *prolonged* action (sentences 1 and 2) or (in the future tense) the transititon to or 'tackling' the action (sentence 3).

Exercise 5. Read the sentences. Point out the numbers of the sentences in which the imperfective verbs convey (a) prolonged actions; (b) transition to or 'tackling' the action.

1. Когда́ Серёжа написа́л контро́льную рабо́ту, он до́лго проверя́л её. 2. По́сле того́ как Оле́г верну́лся из командиро́вки, он не́сколько дней лежа́л с высо́кой температу́рой. 3. Как то́лько сдам экза́мен по литерату́ре, бу́ду гото́виться к экза́мену по исто́рии. 4. Когда́ мы прие́дем в Ленингра́д, мы две неде́ли бу́дем жить в гости́нице «Сове́тская». 5. Как то́лько уло́жим ве́щи, бу́дем вызыва́ть такси́. 6. Когда́ отошёл по́езд, Ири́на до́лго стоя́ла на платфо́рме и смотре́ла ему́ вслед.

Exercise 6. Read the sentences, supplying verbs of the required aspect so that the verbs in the second clause should convey:

(a) a prolonged action.

1. Когда́ я приду́ домо́й, я весь ве́чер (бу́ду слу́шать — послу́шаю) му́зыку. 2. Когда́ Оле́г встал, он два́дцать мину́т (де́лал — сде́лал) гимна́стику. 3. По́сле того́ как де́ти посмотре́ли э́тот фильм, они́ до́лго (говори́ли — поговори́ли) о нём. 4. Когда́ у студе́нтов ко́нчится зи́мняя се́ссия, они́ две неде́ли (бу́дут отдыха́ть — отдохну́т). 5. По́сле того́ как профе́ссор прочита́л ле́кцию, он два́дцать мину́т (отвеча́л — отве́тил) на вопро́сы.

**(b)** the transition to or 'tackling' another action.

1. Когда́ придёшь ко мне, (бу́дем переводи́ть — переведём) статью́. 2. Как то́лько де́ти вста́нут, они́ (бу́дут за́втракать — поза́втракают). 3. Когда́ пообе́даем, (бу́дем игра́ть — поигра́ем) в ша́хматы. 4. По́сле того́ как я свяжу́ себе́ ко́фту, (бу́ду вяза́ть — свяжу́) тебе́ сви́тер.

**Exercise 7.** Answer the questions, saying what action will be begun after the completion of the first one.

1. Что бу́дут де́лать студе́нты, когда́ сдаду́т экза́мены? 2. Что бу́дет де́лать ма́льчик, когда́ он сде́лает уро́ки? 3. Что бу́дет де́лать мать, когда́ она́ пригото́вит обе́д? 4. Что бу́дет де́лать аспира́нт, когда́ зако́нчит собира́ть материа́л для диссерта́ции? 5. Что бу́дет де́лать оте́ц, когда́ он придёт с рабо́ты? 6. Что бу́дут де́лать спортсме́ны, когда́ они́ прие́дут в спорти́вный ла́герь? 7. Что вы бу́дете де́лать, когда́ ко́нчите занима́ться?

**Exercise 8.** Complete the sentences, saying that the second action will be a prolonged one. Indicate how long it will last.

*Model:* По́сле того́ как ко́нчится пе́рвый уро́к, шко́льники бу́дут отдыха́ть де́сять мину́т.

1. По́сле того́ как де́ти пообе́дают, они́... 2. Когда́ шко́льники приду́т в спорти́вный зал, они́... 3. Когда́ мы придём домо́й с прогу́лки, мы... 4. По́сле того́ как мы осмо́трим э́тот зал вы́ставки, мы... 5. Когда́ я ко́нчу перепеча́тывать статью́, я... 6. Когда́ я приду́ на пляж, я... 7. Когда́ оте́ц прочита́ет газе́ту, он...

## 65.

**(a)** Read the sentences and their English translations.

| | |
|---|---|
| 1. Когда́ де́ти *конча́ют* занима́ться в шко́ле, они́ *иду́т* домо́й. | 1. When the children finish their lessons at school, they go home. |
| 2. Когда́ оте́ц *возвраща́лся* с рабо́ты, он *отдыха́л*. | 2. When father returned from work, he had a rest. |
| 3. Когда́ теплохо́д *бу́дет остана́вливаться,* тури́сты *бу́дут выходи́ть* и *осма́тривать* города́. | 3. When the boat makes stops, the tourists will disembark and see the towns. |

**(b)** What actions—consecutive or simultaneous—are conveyed in the subordinate and the main clauses of these sentences?

**(c)** Are these actions semelfactive or repeated?

**(d)** What is the aspect of the verbs used in these sentences?

**Note.**—As you have learned from Note 63, to convey consecutive semelfactive actions in both clauses of a complex sentence, perfective verbs are used. If these consecutive actions are *repeated, imperfective* verbs are used.

**Exercise 9.** Read the sentences. Mark the numbers of the sentences in which the consecutive actions are repeated.

1. Когда́ он что́-нибудь расска́зывает, все внима́тельно его́ слу́шают. 2. Как то́лько мы сходи́ли с по́езда, сра́зу чу́вствовали све́жий лесно́й во́здух. 3. Когда́ Оле́г проводи́л в лаборато́рии о́пыты, он внима́тельно следи́л за показа́ниями прибо́ров. 4. По́сле того́ как со́лнце скрыва́лось за горо́й, сра́зу наступа́ли су́мерки. 5. Когда́ к нам приходи́ли го́сти, мы вме́сте пи́ли чай, разгова́ривали. 6. Ма́льчик всегда́ внима́тельно слу́шал, когда́ учи́тель объясня́л уро́к. 7. Как то́лько зако́нчился спекта́кль, к молодо́й актри́се подошли́ её друзья́ с больши́м буке́том цвето́в.

**Exercise 10.** Change the sentences to make the semelfactive consecutive actions repeated ones. Use the words ка́ждый день, всегда́, ка́ждый раз, etc.

*Model:* Когда́ де́ти ко́нчили обе́дать, они́ легли́ отдыха́ть.
Ка́ждый день, когда́ де́ти конча́ли обе́дать, они́ ложи́лись отдыха́ть.

1. Когда́ Оле́г прие́хал из командиро́вки, он позвони́л друзья́м. 2. По́сле того́ как ко́нчились кани́кулы, вновь начали́сь заня́тия в шко́лах. 3. Как то́лько оте́ц откры́л дверь до́ма, его́ ра́достно встре́тили де́ти. 4. Как то́лько мы ко́нчили за́втракать, ка́ждый на́чал занима́ться свои́м де́лом. 5. Как то́лько Ири́на се́ла в по́езд, она́ сра́зу забы́ла о всех неприя́тностях. 6. Когда́ ребёнок просну́лся, он на́чал пла́кать.

**Exercise 11.** Complete the sentences, making them convey consecutive repeated actions.

1. Когда́ у нас конча́лись заня́тия в институ́те, мы ча́сто... 2. По́сле того́ как я прихожу́ домо́й, я обы́чно... 3. Как то́лько ко мне приезжа́ют друзья́, мы всегда́... 4. Как то́лько соба́ка слы́шит шаги́ хозя́ина, она́... 5. Как то́лько ма́льчик возвраща́лся домо́й из шко́лы, он... 6. Ле́том, по́сле того́ как мы приходи́ли с пля́жа, мы иногда́...

# § 3

| | |
|---|---|
| The use of imperfective and perfective verbs to convey actions continuing up to a certain point of time or beginning from a certain point of time in a complex sentence. | Мы **продолжа́ли идти́** (до тех пор), пока́ не **стемне́ло**. С тех пор как Бори́с **перее́хал** жить в Москву́, **прошло́** уже́ бо́льше десяти́ лет. |

## 66.

(a) Read the sentences and their English translations.

1. С тех пор как Оле́г *познако́мился* с И́горем, они́ *ста́ли* ча́сто *встреча́ться*.

1. Since Oleg met Igor, they have been meeting often.

2. С тех пор как Ольга *начала изучать* английский язык, она каждое утро *покупает* английские газеты.

3. *Прошло* уже около года, с тех пор как Миша *ходит* в детский сад.

2. Since Olga began studying English, she has been buying English newspapers every morning.

3. It's about twelve months since Misha went to a nursery school.

**(b)** State the aspect of the verbs in these sentences and account for their use.

**(c)** What conjunction is used in these sentences?

**Note.**—In complex sentences with the conjunction *с тех пор как* (*с того дня как, с того часа как, с той минуты как, с того момента как*), where the action of the subordinate clause is the temporal starting-point of the action of the main clause, either imperfective or perfective verbs are used. Their use is determined by the general rules of verb aspect usage.

**Exercise 1.** Read the sentences. Point out the numbers of the sentences in which the perfective verbs convey (a) a semelfactive completed action, (b) the beginning of an action or the inception of a state; and the imperfective verbs convey (c) a repeated action, and (d) a prolonged action (an action in progress).

1. С тех пор как Олег поступил в институт, он стал много времени проводить в библиотеке. 2. С тех пор как Ирина заинтересовалась живописью, она часто ходит в музеи и на выставки. 3. С тех пор как моя сестра учится в школе, она стала серьёзней и внимательней. 4. С тех пор как Игорь сдал экзамены, у него появилось больше свободного времени. 5. С того дня как друзья расстались, они часто пишут друг другу письма. 6. С той минуты как мать услышала о болезни сына, она не знала ни минуты покоя.

**Exercise 2.** Complete the sentences:

**(a)** saying that having begun at a certain time, the action has been continuing up to the moment of speaking.

*Model:* С тех пор как Олег переехал в Москву, он...
С тех пор как Олег переехал в Москву, он учится в институте и работает в лаборатории.

1. С тех пор как Игорь познакомился с Ниной, он... 2. С тех пор как дети переехали на дачу, они... 3. С тех пор как больной стал принимать это лекарство, он... 4. С тех пор как мальчик стал учиться рисовать, он... 5. С тех пор как ребёнок научился ходить, он...

**(b)** stating the beginning of a second action after a certain point of time.

*Model:* С тех пор как Олег купил лыжи, он...
С тех пор как Олег купил лыжи, он стал два раза в неделю ходить на лыжах.

1. С тех пор как мы купили телевизор, мы... 2. С тех пор как в нашем городе построили бассейн, спортсмены... 3. С тех пор как Серёже подарили коньки, он... 4. С тех пор как Ирина заинте-

ресова́лась исто́рией, она́... 5. С тех пор как наступи́ли моро́зы, де́ти...

**Exercise 3.** Complete the sentences, saying that:
**(a)** the action concerned has been taking place since another action was completed.

1. С тех пор как (открыва́ли — откры́ли) вы́ставку, её посети́-ло бо́лее ста ты́сяч челове́к. 2. С того́ дня как кни́га (выходи́-ла — вы́шла) в свет, её а́втор стал знамени́тым. 3. С тех пор как Серге́й (поступа́л — поступи́л) на рабо́ту, он стал серьёзнее и аккура́тнее. 4. С тех пор как Оле́г (броса́л — бро́сил) кури́ть, он стал чу́вствовать себя́ лу́чше.

**(b)** the action which had been taking place since a certain point of time has been completed.

1. С тех пор как впервы́е был применён э́тот ме́тод, (проходи́ло — прошло́) уже́ де́сять лет. 2. С тех пор как мы ви́делись после́дний раз, Са́ша си́льно (изменя́лся — измени́лся). 3. С тех пор как Андре́й стал занима́ться спо́ртом, он о́чень (креп — окре́п).

**Exercise 4.** Change the sentences, saying that the action with whose beginning another action is linked has been continuing up to the moment of speaking.

*Model:* С тех пор как Оле́г на́чал изуча́ть англи́йский язы́к, он ка́ждое у́тро покупа́ет англи́йские газе́ты.
Да, с тех пор как Оле́г изуча́ет англи́йский язы́к, он ка́ждое у́тро покупа́ет англи́йские газе́ты.

1. С тех пор как Мари́я Ива́новна заболе́ла, она́ пло́хо спит. 2. С тех пор как Никола́й стал рабо́тать над диссерта́цией, он все вечера́ прово́дит в библиоте́ке. 3. С тех пор как по телеви́зору ста́ли пока́зывать э́тот многосери́йный фильм, семья́ вечера́ми собира́ется у телеви́зора. 4. С тех пор как де́вочка ста́ла е́здить на трениро́вки по гимна́стике, ей не хвата́ет вре́мени на уро́ки. 5. С тех пор как де́тям ста́ла преподава́ть но́вая учи́тельница, они́ лу́чше понима́ют матема́тику. 6. С тех пор как в кинотеа́тре пошёл э́тот фильм, там всегда́ мно́го наро́да.

## 67.

**(a)** Read the sentences and their English translations.

1. Мы *сиде́ли* в саду́ до тех по́р, пока́ не *стемне́ло*.
2. Я *бу́ду занима́ться* до тех пор, пока́ не *вы́учу* все слова́.
3. Ма́льчик ка́ждый день *купа́-ется* до тех пор, пока́ он не *начина́ет замерза́ть*.

1. We sat in the garden till it became dark.
2. I'll be studying till I learn all the words.
3. Every day the boy bathes till he gets very cold.

**(b)** What is the aspect of the verb conveying the action which continues up to a certain point of time in the main clause of sentences 1 and 2?
**(c)** What is the aspect of the verb conveying the action which is the time limit of the first action in sentences 1 and 2?
**(d)** How do you account for the use of the imperfective verbs in sentence 3?

193

**Note.**—In complex sentences with the conjunction *до тех пор, пока не* the action of the subordinate clause is the time limit for the prolonged action of the main clause; therefore the subordinate clause generally contains a *perfective* verb to convey a completed action (see sentences 1 and 2). The main clause, on the other hand, generally contains an *imperfective* verb which conveys a prolonged action. To convey repeated actions, imperfective verbs are used, as always (see sentence 3).

The conjunction *пока не* should not be confused with *пока*, which denotes the simultaneousness of two actions (see Note 61).

**Exercise 5.** Read the sentences, saying that the action of the main (first) clause had continue up to a certain time limit.

1. Он (расска́зывал — рассказа́л) нам о свое́й пое́здке до тех пор, пока́ нас не позва́ли обе́дать. 2. Провожа́ющие (маха́ли — махну́ли) рука́ми до тех пор, пока́ по́езд не скры́лся из ви́да. 3. Мы (бу́дем собира́ть — соберём) грибы́, пока́ не наберём по́лную корзи́ну. 4. Де́ти (гуля́ли — погуля́ли) до тех пор, пока́ не пошёл дождь. 5. Больно́й (бу́дет принима́ть — при́мет) лека́рство до тех пор, пока́ у него́ не сни́зится температу́ра. 6. Де́вочка (повторя́ла — повтори́ла) стихотворе́ние до тех пор, пока́ не вы́учила его́ наизу́сть. 7. Мать (пе́ла — спе́ла) ребёнку пе́сню, пока́ он не усну́л.

**Exercise 6.** Read the sentences, supplying verbs of the required aspect to make the second action the final time limit of the first one. (The actions concerned are not being repeated.)

1. Мы смотре́ли телеви́зор, пока́ не (приходи́л — пришёл) оте́ц. 2. Мла́дший брат до тех пор упра́шивал Оле́га дать ему́ велосипе́д, пока́ тот не (соглаша́лся — согласи́лся). 3. Они́ спо́рили до тех пор, пока́ не (устава́ли — уста́ли). 4. Он чита́л до тех пор, пока́ не (засыпа́л — засну́л). 5. Учи́тель объясня́л но́вую теоре́му до тех пор, пока́ все не (понима́ли — по́няли) её. 6. Мы сиде́ли до́ма, пока́ не (конча́лся — ко́нчился) дождь.

**Exercise 7.** Read the sentences, saying that the second action is the first one. (The actions concerned are not being repeated.)

1. Оле́г (стуча́л — постуча́л) до тех пор, пока́ ему́ не (открыва́ли — откры́ли) дверь. 2. Оте́ц (игра́л — поигра́л) с сы́ном в ша́хматы до тех пор, пока́ тот не (выи́грывал — вы́играл). 3. Шко́льник (проверя́л — прове́рил) свою́ рабо́ту до тех пор, пока́ не (убежда́лся — убеди́лся), что в ней нет оши́бок. 4. Мы (прове́тривали — прове́трили) ко́мнату до тех пор, пока́ нам не (станови́лось — ста́ло) хо́лодно. 5. Кни́га была́ така́я интере́сная, что Та́ня (чита́ла — прочита́ла) её всю ночь, пока́ не (рассвета́ло — рассвело́). 6. Оте́ц (рабо́тал — порабо́тал) в саду́ до тех пор, пока́ мать не (звала́ — позвала́) его́ домо́й. 7. Я не (представ-

ля́л — предста́вил) себе́, что Во́лга така́я широ́кая, пока́ не (бы-
ва́л — побыва́л) на ней.

**Exercise 8.** Change the sentences, making them convey repeated actions.

*Model:* Алёша де́лал уро́ки до тех пор, пока́ мать не позвала́
его́ у́жинать.
Ка́ждый день Алёша де́лал уро́ки до тех пор, пока́ мать
не звала́ его́ у́жинать.

1. Де́ти гуля́ли до тех пор, пока́ не стемне́ло. 2. Игорь за-
нима́лся до тех пор, пока́ не уста́л. 3. Ве́чером молодёжь в дере́в-
не пе́ла и танцева́ла, пока́ не наступи́ла ночь. 4. Оте́ц игра́л с деть-
ми́ в футбо́л, пока́ де́ти не уста́ли. 5. Мы смотре́ли телеви́зор,
пока́ не ко́нчился фильм.

**Exercise 9.** Complete the sentences, supplying verbs which convey the action up
to which the action of the main clause had been continuing.

*Model:* Мы танцева́ли и пе́ли, пока́ не...
Мы танцева́ли и пе́ли, пока́ не наступи́ла ночь.

1. Ма́льчик занима́лся до тех пор, пока́ не... 2. Де́вочка
собира́ла я́годы, пока́ не... 3. Мы бу́дем за́втра рабо́тать в библио-
те́ке до тех пор, пока́ не... 4. Студе́нт бу́дет проверя́ть результа́ты
о́пытов до тех пор, пока́ не... 5. Преподава́тель бу́дет объясня́ть
но́вый материа́л до тех пор, пока́ не... 6. Мы сиде́ли и разгова́ри-
вали до тех пор, пока́ не...

# Revision VI

**Assignment 1.** (a) Read through this extract from the book *I Love Them
More Than Anything Else* by the Soviet journalist, F. Garin.

Прекра́сна Москва́ ле́том, в тот час, когда́ над Соко́льни-
ческим па́рком поднима́ется бле́дно-ро́зовая ды́мка — предве́стник
я́ркого восхо́да, когда́ зажа́тая в грани́тных берега́х Москва́-река́
ме́дленно несёт свои́ споко́йные во́ды, а по блестя́щей гла́ди
асфа́льта на́бережной бежи́т, шурша́ ши́нами, маши́на и исчеза́ет
за масси́вной а́ркой моста́.
Прекра́сна Москва́ и в зно́йный по́лдень, когда́ по у́лице
Го́рького от Истори́ческого музе́я до Белору́сского вокза́ла и да́ль-
ше по Ленингра́дскому проспе́кту непреры́вно течёт пото́к люде́й,
на пути́ тролле́йбусов и авто́бусов возника́ют то зелёные, то
кра́сные глазки́ светофо́ров.
Прекра́сна Москва́ в тот час, когда́ со́лнце, опуска́ясь над
Волокола́мским шоссе́, кра́сит во́ды у Хи́мкинского речно́го вокза́-
ла, и игла́ на его́ ба́шенке гори́т зо́лотом.
Но осо́бенно прекра́сна Москва́ но́чью, когда́ она́ залита́ огня́-
ми...

(b) As you have seen, the text contains imperfective verbs. What actions do
they convey?
(c) Give a full answer to this question: When, in the author's opinion, is
Moscow at its best?

**Assignment 2. (a)** Read through this extract from the story *The Wind of Speed* by Konstantin Paustovsky.

(1) *Ско́лько раз ни приезжа́ешь в Ленингра́д, всегда́ волну́ешься как пе́ред свида́нием с люби́мым челове́ком,* (2) *кото́рого не ви́дел мно́го лет.*

Узна́ет ли он тебя́?

(3) *Но ка́ждый раз э́тот вели́чественный го́род встреча́ет тебя́, как дру́га.*

Он как бы спра́шивает: где же ты был в бе́лые но́чи, (4) *когда́ отраже́ния золочёных шпи́лей струи́лись в не́вской воде́?* Где ты был в хрустя́щем сентябре́, когда́ во́здух при́городных садо́в запо́лнил до краёв весь го́род и останови́лся у бе́рега Фи́нского зали́ва, как бы боя́сь дви́нуться да́льше в се́верную даль?

Где ты был в зи́мние дни, когда́ торже́ственные зда́ния, колонна́ды и а́рки покрыва́л и́ней и каза́лось, что (5) *неве́домый ма́стер посеребри́л их за одну́ то́лько ночь?*

(6) *Почему́ так до́лго жда́ли тебя́ в гу́лких за́лах Ру́сского музе́я и Эрмита́жа вели́кие худо́жники ми́ра?*

Гармони́чная стро́йность Ленингра́да снима́ет все забо́ты, все трево́ги. (7) *Начина́ешь не умо́м, се́рдцем понима́ть*, как прав был поэ́т, когда́ сказа́л, что «служе́нье муз не те́рпит суеты́; прекра́сное должно́ быть велича́во».

**(b)** Point out the numbers of the sentences in which verbs convey (a) repeated actions; (b) the process of an action; (c) single resultative actions limited in time; (d) the beginning of an action.

**(c)** Point out the questions in the text which the city is asking the writer, as it were.

**(d)** Describe Leningrad in summer, autumn and winter, using complex sentences with the word когда́. You may begin with Ленингра́д краси́в ле́том, когда́...

**Assignment 3. (a)** Read through this extract from an article by the Soviet writer, Konstantin Simonov.

### Приезжа́йте че́рез год...

(1) *Когда́ я верну́лся в Москву́ по́сле двух лет пое́здок по Сре́дней Азии, оди́н мой друг-сибиря́к сказа́л мне дово́льно стро́го:*

— (2) *А тепе́рь запиши́ в свои́ пла́ны пое́здить по Сиби́ри:* Анга́рск, Нори́льск, Братск, Дивного́рск, Ми́рный, нефть и газ Тюме́ни, сиби́рская металлу́ргия, сиби́рская хи́мия, Сиби́рская Акаде́мия нау́к. Пое́здишь — влю́бишься в Сиби́рь.

— А не по́здно? — попро́бовал пошути́ть я.

— Не по́здно,— сказа́л он с тако́й же стро́гостью, за кото́рой стоя́ло убежде́ние в свое́й правоте́. — (3) *В Сиби́рь влюби́ться никогда́ не по́здно.*

Он оказа́лся прав, (4) *за э́тот год я не́сколько раз е́здил в Сиби́рь и влюби́лся в неё.* И (5) *хочу́ е́здить ещё и ещё в те места́, где ещё не быва́л,* и в те места́, где уже́ быва́л и в кото́рых мне говори́ли — приезжа́йте че́рез год.

**(b)** Point out the numbers of the sentences which convey (a) consecutive actions; (b) repeated actions.

**(c)** Read sentences 2, 3 and 5, printed in italics, once more. What actions do the infinitives convey in these sentences?

**Assignment 4. (a)** Complete the following text, supplying the required verbs (you have already come across them in Assignment 3).

Когда́ журнали́ст ... из Сре́дней А́зии, оди́н его́ друг-сибиря́к посове́товал ему́ ... по Сиби́ри: «Когда́ ... , ... в Сиби́рь. В Сиби́рь ... никогда́ не по́здно».

За э́тот год журнали́ст не́сколько раз ... в Сиби́рь. Он хо́чет ... туда́ и ещё и ещё.

**(b)** Retell the text given in Assignment 3.

**Assignment 5. (a)** Read through this extract from Konstantin Simonov's travel notes entitled *A Declaration of Love.*

Когда́, пое́здив по Да́льнему Восто́ку, я верну́лся в Москву́ и в разгово́ре с друзья́ми стал перечисля́ть места́, в кото́рых мне довело́сь побыва́ть, э́то перечисле́ние мне самому́ показа́лось внуши́тельным: Хаба́ровск, Комсомо́льск-на-Аму́ре, Владивосто́к, Камча́тка...

Очеви́дно, в мои́х слова́х проскользну́л отте́нок наи́вной го́рдости: вот, ско́лько я успе́л повида́ть на Да́льнем Восто́ке! Оди́н из мои́х друзе́й, несомне́нно, лу́чше меня́ зна́вший Да́льний Восто́к, вдруг спроси́л:

— А на Сахали́не ты был?

— Нет.

— А в Благове́щенске?

— Нет.

— А на Кури́лах? А на Командо́рах?

Я уже́ почу́вствовал дру́жеское лука́вство спра́шивающего, но ничего́ не поде́лаешь, пришло́сь однообра́зно отвеча́ть: нет, не успе́л, хоте́л, но не смог...

Сло́вом, вы́яснилось: что я, с одно́й стороны́, вро́де бы и побыва́л на Да́льнем Восто́ке, а, с друго́й, вро́де ещё и не́ был там. И в э́том не́ было противоре́чия. Про́сто наш Да́льний Восто́к вме́сте с на́шим Се́веро-Восто́ком — э́то це́лый контине́нт, край непоме́рных расстоя́ний и необъя́тных возмо́жностей.

**(b)** Using the text, explain the author's statement that, on the one hand, he appears to have visited the Far East, but on the other, he does not seem to have been there yet.

**Assignment 6. (a)** Read through this extract from the novel *Dzhamilya* by the well-known Soviet writer, Chinghiz Aitmatov.

(1) Мы, как обы́чно, е́хали со ста́нции, уже́ спуска́лась ночь, степь клони́ло ко сну, и то́лько пе́сня Данияра, наруша́я тишину́, звене́ла и угаса́ла в мя́гкой тёмной дали́. Мы с Джамилёй шли за ним.

(2) И когда́ го́лос Данияра на́чал набира́ть высоту́, Джамиля́ вски́нула го́лову, пры́гнула на ходу́ в бри́чку и се́ла ря́дом с ним. (3) Я уви́дел, как её ру́ки рассла́бленно опусти́лись, и она́, прильну́в к Данияру, легонько прислони́ла го́лову к его́ плечу́. (4) Лишь

на мгновéние дрóгнул егó гóлос и зазвучáл с нóвой сúлой. Он пел о любви!

Я был потрясён. Степь бýдто расцвелá, всколыхнýлась, раздвúнула тьму, и я увúдел в э́той широ́кой степú двух влюблённых. Это был всё тот же Даниáр, в своéй расстёгнутой, потрёпанной солдáтской гимнастёрке, но глазá егó, казáлось, горéли в темнотé. Это былá моя́ Джамиля́, прильнýвшая к немý, но такáя тúхая и рóбкая, с поблёскивающими на реснúцах слезáми. Это бы́ли нóвые, невúданно счастлúвые лю́ди. Рáзве э́то нé было счáстьем? Ведь всю э́ту вдохновéнную мýзыку Даниáр целикóм отдавáл ей, он пел для неё, он пел о ней.

**(b)** Point out the numbers of the sentences which convey (a)· simultaneous prolonged actions; (b) consecutive semelfactive actions; (c) momentaneous actions; (d) the beginning of an action.

**(c)** Retell the text.

Assignment 7. **(a)** Read through the text.

Но непоня́тнее всегó былá сéрая воро́на. Онá сидéла на вéтке за окнóм и смотрéла, не моргáя, на Мáшу. Воро́на ждалá, когдá Петро́вна откро́ет фо́рточку, чтóбы провéтрить нá ночь кóмнату, и уведёт Мáшу умывáться.

Как тóлько Петро́вна и Мáша уходúли, воро́на взлетáла на фо́рточку, протúскивалась в кóмнату, хватáла пéрвое, что попадáлось на глазá и удирáла, оставля́я на столé и на коврé мóкрые следы́. Петро́вна кáждый раз, возвратúвшись в кóмнату, всплёскивала рукáми и кричáла:

— Разбóйница! Опя́ть чтó-нибудь уволоклá!

Мáша тóже всплёскивала рукáми и вмéсте с Петро́вной начинáла тороплúво искáть, что на э́тот раз утащúла воро́на. Чáще всегó воро́на таскáла сáхар, печéнье и колбасý.

*(After Konstantin Paustovsky)*

**(b)** Retell the text as though the actions concerned had taken place only once. (What should the aspect of the verbs be then?)

Assignment 8. **(a)** Read through the abridged story, *Forgive Us*, by the well-known Soviet writer, Yuri Bondarev.

Пáвел Георгиевич Сафóнов рабóтал на большóм завóде констрýктором, был извéстен, с годáми привы́к к извéстности и, казáлось, дáже устáл от неё, как порóй устаю́т лю́ди, к котóрым рáно прихóдит слáва. В э́том годý Сафóнов, утомлённый слóжной зúмней рабóтой, был в санатóрии на Ю́жном берегý Кры́ма.

И вот ю́жный экспрéсс, на котóром Сафóнов возвращáлся из санатóрия, мчит егó по знакóмым степны́м местáм, где Пáвел Георгиевич родúлся, вы́рос, где он нé был мнóго лет.

(1) И вдруг егó непреодолúмо потянýло побывáть в роднóм горóдке: побродúть по немý, почитáть афúши, увúдеть стáрые назвáния ýлиц, узнáть, что изменúлось в нём за мнóгие гóды, непремéнно встрéтить знакóмых шкóльных лет, такúх далёких, слóвно их и нé было.

К удивлéнию свои́х попýтчиков он неожúданно сошёл с пóезда.

(2) Весь день он ходи́л по родно́му го́роду и не узнава́л его́. И го́род не узнава́л Сафо́нова. Стари́нный степно́й э́тот го́род был то́чно за́ново вы́строен.

(3) Он четы́ре ра́за не спеша́ прошёл по той у́лице, где роди́лся и где пре́жде стоя́л его́ ни́зенький одноэта́жный до́мик. Тепе́рь на э́том ме́сте был бульва́р. И э́тот бульва́р, кото́рого никогда́ не́ было, совсе́м не по́мнил и не знал де́тства Па́вла Гео́ргиевича.

(4) Сафо́нов сел на скамью́, до́лго огля́дывал бульва́р с томи́тельно замира́ющим се́рдцем. Ничего́ не оста́лось от пре́жнего, от его́ де́тства, ничего́ не оста́лось... И бы́ло э́то оби́дно и непоня́тно. В э́том го́роде тепе́рь никто́ не знал его́.

Он сно́ва отпра́вился броди́ть по го́роду и вдруг внеза́пно ме́жду дере́вьями уви́дел свою́ шко́лу. Она́ стоя́ла, как и тогда́. Она́ не измени́лась.

(5) Он не́сколько мину́т, не отрыва́ясь смотре́л на шко́лу. Зате́м, то́чно ке́м-то подта́лкиваемый, отча́янно махну́л руко́й, вошёл в пусты́нный шко́льный сад... Он сел под ака́цией, во́зле кото́рой когда́-то детьми́ игра́ли они́ на переме́нах, (6) погла́дил ствол ака́ции и засмея́лся. Да, тепе́рь ему́ показа́лось, что он встре́тил о́чень да́внего знако́мого, кото́рый всё знал о Па́вле Гео́ргиевиче, и Па́вел Гео́ргиевич всё зна́ет о нём...

«Да, ведь э́то бы́ло!» Он предста́вил всё я́рко, и с волне́нием и любопы́тством опя́ть посмотре́в на тёмное зда́ние шко́лы, вдруг заме́тил спра́ва, в сыро́й темноте́ па́рка под густы́ми ака́циями, кра́сный огонёк, пробива́ющийся меж ветве́й. Неуже́ли Мари́я Петро́вна?.. Здесь жила́ Мари́я Петро́вна, его́ учи́тельница по матема́тике, как э́то он сра́зу не поду́мал, не вспо́мнил! Всегда́ он был её люби́мцем, она́ проро́чила ему́ блестя́щее математи́ческое бу́дущее...

(7) Ско́лько лет они́ не ви́делись! Здесь ли она́ тепе́рь? Жива́ ли? Что с ней? Как мно́го бы́ло свя́зано с э́тим и́менем «Мари́я Петро́вна»!..

И Сафо́нов осторо́жно, сде́рживая дыха́ние, взошёл на крыльцо́ и постуча́л.

— Кто там? — В дверя́х появи́лась невысо́кая хру́пкая же́нщина, и он сра́зу узна́л её.

— Мари́я Петро́вна, — ти́хо и зову́ще сказа́л Па́вел Гео́ргиевич, — вы меня́ не узнаёте?

— (8) Входи́те, — сказа́ла она́ тем ве́жливым, стро́гим го́лосом, каки́м, очеви́дно, обраща́лась к роди́телям свои́х ученико́в, когда́ те приходи́ли «поговори́ть».

Па́вел Гео́ргиевич вошёл, опусти́в ру́ки, и, гля́дя в близору́ко прищу́ренные глаза́ свое́й учи́тельницы, повтори́л:

— Вы не узнаёте? Мари́я Петро́вна, э́то я...

(9) Она́ не́сколько секу́нд всма́тривалась в него́ сни́зу вверх, и Па́вел Гео́ргиевич отме́тил про себя́, как си́льно она́ измени́лась: ста́ла ещё бо́лее то́нкой, хру́пкой, то́лько седы́е во́лосы бы́ли ко́ротко и знако́мо постри́жены.

— Па́ша Сафо́нов... Па́ша? — проговори́ла она́ почти́ испу́-
ганно. — (10) Заходи́, пожа́луйста, заходи́.

— Да, да, я сейча́с, я сейча́с,— пробормота́л Сафо́нов, не
понима́я, почему́ э́то он, взро́слый, соли́дный челове́к, робе́ет,
красне́ет, как шко́льник, как в те го́ды.

Они́ се́ли за стол. (11) Мари́я Петро́вна с непоня́тной насто-
ро́женностью и неве́рием, улыба́ясь ему́ свои́ми близору́кими гла-
за́ми, бы́стро повторя́ла:

— Ну вот, Па́ша, ты прие́хал... не узна́ть. Ты в команди-
ро́вку, по дела́м?

— Я прое́здом, Мари́я Петро́вна,— отве́тил он и не сказа́л, что
отдыха́л на ю́ге,— ему́ показа́лось, что говори́ть об э́том бы́ло
легкомы́сленно и неудо́бно.

— Мы сейча́с с тобо́й чай... Подожди́, подожди́, мы сейча́с чай.

Пить чай ему́ не хоте́лось; хоте́лось ему́ то́лько вот сиде́ть
за столо́м, смотре́ть на Мари́ю Петро́вну, говори́ть, спра́шивать...
Но Мари́я Петро́вна всё-таки принесла́ чай и ве́село сказа́ла:

— Всё гото́во! Ну, (12) Па́ша, расска́зывай о себе́, что ты,
как? А, впро́чем, я мно́гое о тебе́ зна́ю. Из газе́т, статьи́, кни́гу
твою́ чита́ла. Ты жени́лся? — поспе́шно спроси́ла она́.

— Да, Мари́я Петро́вна,— отве́тил Сафо́нов.

— Сча́стлив?

— Как бу́дто, Мари́я Петро́вна. У меня́ сын.

— Ну хорошо́! А как рабо́та? Над чем рабо́таешь?

— Над но́вой констру́кцией, Мари́я Петро́вна.

— Ну и как? Уда́чно?

— Пока́ не зна́ю. Зна́ете что, Мари́я Петро́вна, дава́йте гово-
ри́ть о про́шлом, о шко́ле...

Мари́я Петро́вна покача́ла голово́й, повтори́ла заду́мчиво:

— Я хорошо́ по́мню ваш класс. Довое́нный класс. Это бы́ли
озорны́е, спосо́бные ребя́та.

— А по́мните, Мари́я Петро́вна, как вы мне ста́вили «пло́хо»
по а́лгебре?

— Да, за то, что ты не де́лал дома́шних зада́ний, надея́лся,
что крива́я вы́везет. А матема́тика тебе́ прекра́сно дава́лась. Но
ты был лени́в.

(13) Мари́я Петро́вна налила́ в ча́шки чай, взяла́ ло́жечку,
заду́малась и спроси́ла:

— Ты по́мнишь Ми́шу Шéхтера?

— Ну, коне́чно! Зави́довал ему́! Мы в кла́ссе зачи́тывались
его́ сочине́ниями по литерату́ре. У меня́ ничего́ не получа́лось.

— Он стал журнали́стом, — ме́дленно проговори́ла Мари́я
Петро́вна. — Ездит по всей стране́, за грани́цу. (14) Ча́сто чита́ю
его́ статьи́. И ча́сто вспомина́ю...

— (15) Он заезжа́л?

— Нет.

— Да,— сказа́л Сафо́нов,— разлете́лись... Я слы́шал, Ви́тька
Снегирёв — дире́ктор заво́да на Ура́ле. Не ду́мал! (16) Я его́
встреча́л в Москве́. Соли́дный, не узна́ть! А он заезжа́л?

— Что? — спросила Мария Петровна и, опустив глаза, тихонько кивнула: — (17) Ты пей чай, Паша...

— Мария Петровна, а кто заходил к вам, кого вы встречали из нашего класса? — возбуждённо спросил Сафонов. — Гришу Самойлова видели? Артист. Помните, это вы ему сказали, что у него способности?

— (18) Я его видела только в кино, Паша.

— Я тоже. Неужели он не приезжал?

Она сидела, по-прежнему наклонив голову, и только замедлила движение ложечки в чашке.

— Нет, не был...

— А Шехтер?

— Нет, Паша,— сказала она. — (19) Ко мне часто заходит Коля Сибирцев. Он работает здесь на шахте. У него неудачно сложилась жизнь. Он часто заходит.

(20) Они помолчали. В наступившей тишине Сафонов придвинул чашку, неловко потянулся за сахаром и увидел, что Мария Петровна смотрит на книжный шкаф. Он тоже посмотрел и увидел в первом ряду знакомый корешок своей последней книги по самолётостроению.

— Мария Петровна,— тихо и полувопросительно проговорил он.

— Что, Паша?

— У вас, Мария Петровна, моя книга? — проговорил вполголоса Сафонов и тотчас замолчал, вспомнив, что эту книгу он не присылал ей.

— (21) Да, я читала.

Тогда он встал, вынул из шкафа свою книгу «Конструкция самолётов», полистал и, чувствуя, что лицо его начинает жарко гореть, проговорил смущённо:

— Мария Петровна, я вам надпишу. Разрешите?..

Неожиданно из книги выпал маленький листок, он торопливо поднял его, ясно увидел свой портрет, вырезанный из газеты. Всё поняв, он оглянулся на Марию Петровну,— она мешала ложечкой чай и очень быстро говорила:

— Неплохая книга... Прочитала с интересом. А это из «Правды», Паша. Когда я увидела, я дала тебе телеграмму.

Он так же поспешно, точно скрывая что-то неприятное, спрятал листок в книгу и, охваченный стыдом и ненавистью к себе, теперь отчётливо и хорошо вспомнил, что он действительно получил телеграмму два года назад среди кучи других поздравительных телеграмм и не ответил на неё, хотя ответил на другие.

Когда он уходил, она вышла проводить его.

Он молчал. Мария Петровна, тоже помолчав, глядя на него снизу вверх, вдруг спросила робко:

— Скажи, Паша, хоть капелька моей доли есть в твоей работе? Хоть что-нибудь...

— Мария Петровна, что вы говорите? — забормотал он.

— Если бы не вы!..

Она, посмотрев ему в глаза, сказала:

— Ты думаешь, я не рада? Какой гость был у меня! Ты думаешь, я не скажу об этом завтра моим ученикам?.. Иди, Паша, больших успехов тебе. Будь счастлив...

Они простились. (22) Он быстро пошёл по дорожке ночного сада. И не выдержал, оглянулся. Мария Петровна продолжала стоять на крыльце.

(23) Всю дорогу до Москвы Сафонов не мог успокоиться, переживал чувство жгучего стыда. Он думал о Шехтере, о Витьке Снегирёве, о Самойлове — о всех, с кем долгие годы учился когда-то, и хотелось ему достать их адреса, написать им гневные, уничтожающие письма. Но он не знал их адресов. Потом он хотел написать Марии Петровне длинное извинительное письмо, но с ужасом и отчаяньем подумал, что не знает номера её дома.

На большой станции Сафонов, хмурый, взволнованный, вышел из вагона. Он зашёл на почту и, поколебавшись, дал телеграмму на адрес школы, на имя Марии Петровны. В телеграмме было два слова: «Простите нас».

**(b)** Point out the numbers of the sentences in which the imperfective verbs are used to convey (a) the process of an action; (b) repeated actions; (c) an invitation, an injunction to perform an action; (d) the occurrence of an action.

**(c)** Point out the numbers of the sentences in which the perfective verbs are used to convey (a) completed semelfactive actions; (b) repeated actions; (c) actions limited in time; (d) the beginning of an action.

**(d)** Answer the questions, basing your answers on the relevant passages of the text.

1. Почему Павла Георгиевича потянуло побывать в родном городе? 2. Каким был родной город Павла Георгиевича раньше? 3. Когда Павел Георгиевич увидел свою школу? 4. Как Мария Петровна встретила Сафонова? 5. Что ответила Мария Петровна на его вопрос, навещали ли её старые ученики? 6. О чём думал Павел Георгиевич по дороге в Москву? 7. Помните ли вы вашего первого учителя? Расскажите и напишите о нём.

# NOTE FOR THE TEACHER

The aspect and tense system of the Russian verb is one of the most difficult points of Russian grammar. It is for this reason that it remains in the focus of attention of both theoretical and practical linguists.

In the authors' opinion, the most fruitful and effective approach to the teaching of verb aspects should follow the lines of O. P. Rassudova's research into the aspect of the Russian verb. Therefore, in many cases, they proceeded from the theoretical premises expounded by O. P. Rassudova in her *Употребление видов глагола* [*The Use of Verb Aspects*].

This work is intended for adults learning Russian for practical purposes. That is why it deals with the uses of the verb aspects in their most salient meanings and in the most common situations, theoretical information being supplied only to the extent needed for that purpose. Thus, for example, the authors do not give a comprehensive theoretical definition of the category of verb aspect as such, nor of the concept of the aspect pair, since this is not particularly important for a practical mastery of the language (especially as the literature on verb aspects contains different, often diametrically opposite views of these questions).

*Russian Verb Aspects* is a kind of practical manual in which the development of skills in using the verb aspects proceeds according to a plan embracing all stages of learning Russian.

Since the development of skills in using the verb aspects should go on uninterruptedly during the entire period of studying the language, the contents have been arranged in order of difficulty, the new material is introduced by small portions and is constantly summed up and systematised.

All this should make it possible to use this manual in conjunction with other textbooks of Russian and to recommend it to students learning the language either with or without a teacher.

The manual falls into two parts. In Part I the most common and indisputable uses of the verb aspects in contexts based (especially in the first chapters) on a relatively limited number of verbs are considered and practised. This part provides sufficient material for developing skills in using the verb aspects at the initial stage and forms the foundation for Part II. Part I can be studied upon completion of an introductory course, when students have already learned the verb forms in the present and past tenses, the principal meanings of the nominative, prepositional and accusative cases, the forms of nouns in the singular and the forms of personal pronouns in the preceding cases.

Part II is intended for people who want to continue their studies of Russian. It deals with the more difficult, not infrequently parallel uses of imperfective and perfective verbs, a knowledge of which is necessary in order to be able both to use these verbs in speech and to perceive unadapted Russian speech by ear and/or by eye.

People who know Russian sufficiently well may begin their study of this manual with Part II; however, they will find it useful to read the theoretical material given in Part I and do all the assignments in the Revision sections, since the methods of presentation of the theoretical material and the principles underlying the exercises are the same throughout the manual, their aim being to help students achieve their goal quickly and effectively.

Both parts of the manual have identical structure. Each part is divided into chapters (Part I has 7 chapters; and Part II, 6), each chapter containing a number of § sections and a Revision section. At the end of the book there is the Key to the Exercises and the Assignments.

The presentation of the contents is based on the inductive method. Each § section begins with material for observation and a few questions, which will enable students, while looking for the answers, to infer independently the rule for the use of imperfective and perfective verbs in the meaning under consideration, always basing their judgement on the ground covered. After this, students will read the Note which will confirm their inference.

The Note is followed by exercises in observation and checking the student's comprehension (including exercises in translation into English, drills and restricted speech drills). All this—presentation of the material, a theoretical explanation, and the subsequent exercises—makes up a 'step', the structural unit of the manual. (There are a number of 'steps' in each § section, while the entire manual contains 67 'steps'). Such a structure makes it possible gradually to deal with possible difficulties in the use of aspects.

The fundamental principle of arranging the contents in the manual is introduction of material by small portions with a constant summing up and systematisation of the material studied. Therefore each chapter is concluded by a Revision section in which all the material studied is summed up and systematised by means of speech exercises based on situations and on both literary texts and texts providing background information.

To make the study of this manual more effective and enjoyable, the authors constantly address students, urging them to work together, thus creating an atmosphere of 'team work', as it were.

The authors have also deemed it necessary to give some methodological advice which, they believe, can help the teacher to use this manual more profitably.

# PART I

## CHAPTER I

### § 1

In introducing this section, it should be borne in mind that when comparing English sentences and their Russian translations, the students may erroneously associate the meanings of the English verb aspects with those of the Russian verb. Such errors must be forestalled.

For practical purposes it is also useful immediately to draw the student's attention to the formal features that help to determine the aspect of a verb (prefixes and suffixes); however, at this stage there is no need to go into this in detail or draw any general conclusions. This material should be accumulated gradually while studying Part I; it is summed up in the concluding chapter (No. VII). More advanced students may be referred to the table of verb aspect formation given at the beginning of the chapter, and later they should be constantly referred to it.

The existence in Russian of non-paired verbs (заблудиться, руководить, грянуть) and of biaspectual verbs (жениться, организовать, велеть) should be mentioned only when such verbs are actually encountered in the text. They are treated more comprehensively in the concluding chapter.

Likewise, when studying Revision section IV, only in advanced groups should the students' attention be drawn to the aspect pair рассыпáть/рассы́пать (the text entitled *Дéвочка и грибы́*) in which the infinitives and the past tense forms differ solely in the stress: рассыпáть, рассыпáл (*imperf.*) — рассы́пать, рассы́пал (*perf.*). However, there are not so many such verb pairs in Russian.

Like all the subsequent § sections, § 1 begins with a presentation exercise. Such exercises require maximum attention from both the students and the teacher, since between them (there are 67 such exercises in the manual) they contain all the theoretical information presented in the manual.

The inductive method on which this book is based requires intensive independent mental work on the part of the students. Therefore, it is recommended that this exercise should be done unhurriedly and in the same sequence in which it is given in the manual, leaving the students ample time to find the answers to the questions posed before them and to make the correct inference. After this the teacher should give a summary and the necessary additional information, and ask the students to read the Note.

## § 2

Since the students are only in the initial stages of their acquaintance with the category of aspect, the study should proceed on the basis of the verbs already familiar to them, to avoid any additional difficulties. A list of these verbs should be given before new material is introduced. Later on, in order to centre the students' attention entirely on the functioning of perfective and imperfective verbs, the teacher is advised to introduce the vocabulary to be encountered in the section concerned beforehand.

Verbs are introduced in pairs: the first verb of each pair being imperfective; and the second, perfective. Not infrequently the verbs of a pair differ not only in aspect, since prefixes often change the lexical meaning of the verb they are attached to. For example, курить/закурить, нравиться/понравиться, стоять/простоять, etc. Sometimes the verbs of such a pair are rendered in English by different words, e. g. сдавать (экзамен) 'to take (an examination)'/сдать (экзамен) 'to pass (an examination)'. The choice of verb pairs in this manual has been determined in each case by methodological expediency. The teacher, if he should find it necessary, may point out the cases where the verbs of a pair differ not only in aspect. However, at this state it is better not to dwell on this problem.

We recommend once more that, when introducing verb pairs, the teacher should draw the students' attention to the formal features of each verb, since this will prepare the ground for the summing up of this topic in Chapter VII. The placing of the imperfective verb of an aspect pair first and of its perfective counterpart second is not fortuitous: this will help the students automatically to fix the formal features of the aspects in their memory.

This section deals with the use of imperfective verbs to convey the process of an action and the use of perfective verbs to convey resultative (completed) actions.

It should be borne in mind that not every imperfective verb can be used to convey a prolonged (durative) action: this depends to a large extent on the lexical meaning of the verb. More often than not the verbs used in this meaning are those of purposeful action: решать задачу, строить школу, etc. On the contrary, verbs of a 'spontaneous' action: ошибаться, замечать, etc.—cannot be used in this meaning. However, at this stage, when the students are only trying to grasp the concept of aspect, it is premature to speak about this.

The students' attention should be drawn to the fact that the imperfective verbs used to convey a prolonged action, the process of an action, do not indicate its completion or incompletion, i. e. the imperfective verbs used in this meaning do not convey the incompletion of an action, as students sometimes erroneously believe. For example, the sentence Мальчик учил стихотворение полчаса does not convey any information about whether the boy has learned the poem by heart or not; it only reports how long the action continued and therefore it can be concluded either by the words и сейчас хорошо знает его or by the words но так и не выучил его.

Having studied the theoretical material, the students should do a number of exercises in observation (Nos. 1,2 and 3). This will initially consolidate the ground covered.

When doing Exercise 1, the students will compare the Russian and the English texts, bearing in mind the theoretical information gleaned from notes 1, 2 and 3. The purpose of this exercise is to check the students' comprehension by means of their mother tongue, and not to develop their skills in translation, as, for example, in Exercise 4 or Exercise 7 on p. 23.

After this practice exercises (Nos. 4, 5 and 6) are given. In exercises 4 and 5 verbs of only one aspect can be used. However, when doing Exercise 6, the students have to make a choice between an imperfective verb and its perfective counterpart. Such a sequence of exercises should help the students develop skills in using verbs first in similar situations (exercises 4 and 5) and then in dissimilar ones (Exercise 6).

## § 3

While conveying semelfactive actions, perfective verbs also point to their completion and result. The students may miss this meaning of perfective verbs, noticing only the semelfactiveness of the action, which may result in their erroneous use of perfective verbs instead of imperfective ones when semelfactive actions without any indication of their completion or incompletion are to be conveyed (for example, when conveying the fact that the actor is engaged in performing an action; see Note 10).

§ 3 contains the same types of exercises as § 2. However, if the teacher should find that there are not enough exercises of a particular type, he can compose additional exercises for his class on the pattern of the ones given in the manual. But in any case the teacher must be sure that the exercises he is to give to his students can be understood and done by them.

It should be stressed once again that when beginning this section (as indeed when beginning any other section), the teacher must eliminate all lexical and any additional grammatical difficulties that may exist. This can be done in two ways: he may either introduce the necessary material beforehand or exclude those sentences which are difficult for the students to grasp. If this condition is not met, the study will not bring the desired results.

## Revision 1

Like all the other chapters, Chapter I is concluded by a Revision section, whose purpose is to sum up and systematise the material studied. This explains the nature of the assignments this section contains, whose aim is to draw the students' attention not to the form, but to the content of an utterance when both perceiving (reading and listening) and producing (speaking and writing).

For this purpose speech exercises based on situations and texts, which are either stories with a strong plot or material containing background information, are used.

The Revision section is concluded by an assignment entitled 'Let's have a chat', containing typical questions to answer, where the students will need to apply the rules of aspect usage studied in the chapter (notes 1-5). Exercises of this type may provide the basis for a conversation between the teacher and the students on various lexical topics. The questions and possible answers can be prepared by the students in a language laboratory with the help of tape recordings. However, there should be no materials on the teacher's and the students' desks during the conversation. Only in such a case will this exercise assume the character of a spontaneous conversation directed by the teacher and enabling the students to build independent utterances.

The texts of assignments 5 and 7 should be grasped by the students aurally (read either by the teacher or by a speaker on tape). This holds for all the exercises with the 'Listen' instructions, encountered in other chapters.

## CHAPTER II

### § 1

This section deals with a very difficult topic which is extremely important for all the subsequent study of verb aspects, viz. the aspect and tense system of the Russian verb. The difficulty lies first and foremost in the fact that it is not always possible to find a correspondence between Russian and English verb forms; besides, the number of these forms in the two languages is not the same.

Particularly confusing is the presence in Russian of two forms of the future tense (simple and compound), and also the fact that it is not so easy to distinguish the future tense of perfective verbs (прочитáю) from the present tense of imperfective verbs (читáю), since they both have identical personal endings.

Therefore, it is advisable that before beginning this § the students should revise the rules of formation of the future tense of the verbs encountered in the exercises of this section and should learn to determine the forms of the present tense (of imperfective verbs) and of the simple future (of perfective verbs).

Most exercises in § 1 are of the types dealt with in Chapter I. Therefore, we shall no longer dwell on them (nor on the other exercises of the same types), although they will grow more and more complicated as the students go along.

The new exercises in this section are Nos. 4 and 7. Unlike Exercise 1 (Chapter I, § 2), where the Russian and English equivalents are placed alongside to help the students understand the phenomenon being studied, in these exercises the equivalents are not placed before the students' eyes (they can find them in the Key to the Exercises and the Assignments section). This will promote the students' independent work and will help them develop skills in translating verb aspect constructions.

## § 2

The use of imperfective verbs to convey the occurrence of an action is very difficult for foreigners to master. The students should be made to understand that in this case the speaker is interested only in the fact whether the action concerned has taken place (will take place) or not. More often than not imperfective verbs are used in this meaning in dialogues or isolated communications. This use is particularly characteristic of the past tense. Imperfective verbs in this meaning are close to the verb быть in sentences of the Вчера у школьников *была* контрольная работа type (= Вчера школьники *писали* контрольную работу). It is useful to draw the students' attention to the similarity between such sentences, for this may help them master the use of imperfective verbs in the preceding meaning (see Exercise 4).

## § 3

The imperfective verbs denoting an action in its development are used to convey the actor's being engaged in that action. This use of imperfective verbs is most obvious in a number of situations, most of which are dealt with in the exercises of this section. When introducing the exercises, the teacher is advised to pay attention to this fact and, if necessary, provide additional exercises, which may be answers to questions about what the actor did, where he was (what he was engaged in doing at that place), or reasons for the non-fulfilment of an action (see Exercise 3).

## Revision II

Revision II and the subsequent sections contain longer texts, which provide the basis for various exercises in developing both speaking and writing skills (retelling a story, changing sentences, answering questions, commenting on a text, etc.). If so desired, such texts themselves can be used for developing both speaking and writing skills. The authors, however, have limited themselves to assignments whose aim is merely to develop skills in using verb aspects.

Thus, for example, when doing Exercise 10 (b)—the text entitled *Старик и старуха*—the students are expected to give answers to questions containing verbs of the aspect needed for the situation concerned:

— Как жили старик со старухой? — Они часто ссорились.
— Какой обед готовила старуха? — Она варила суп, кашу, пекла пирог.

## CHAPTER III

### § 1

The use of imperfective verbs to convey simultaneous actions and of perfective verbs to convey consecutive non-repeated actions is identical in simple and complex sentences.

This section deals only with those uses of perfective verbs when they convey consecutive non-repeated actions, indicating the completion of each of these actions, since at this stage the students do not know any other uses of perfective verbs.

## § 2

As a rule, the use of imperfective infinitives after verbs denoting the beginning, continuation or end of an action does not present difficulty to students. However, after the verb кончить, foreigners sometimes erroneously use a perfective infinitive, trying to stress once more the completion of the action, as it were: Он кончил прочитать книгу.

When beginning this section, the students' attention should be drawn to the fact that the verb продолжать given in the box, is not supplied with its perfective counterpart. The reason is that the perfective verb продолжить occurs in this construction very rarely.

## § 3

This section contains only perfective verbs with the prefixes **за-** and **по-**, since these prefixes are the most commonly used ones in the meaning under consideration. The students' attention should be drawn to the fact that, unlike in English, in a series of consecutive non-repeated actions after the completion of each preceding action the beginning of the next action must always be expressed. This will help the students avoid mistakes of the Он кончил заниматься и шёл домой type.

In this section a new type of exercise appears (No. 9), in which the student is asked to choose one of a large number of suggested answers.

## § 4

When introducing momentaneous verbs, the students' attention should be drawn to the fact that momentaneous actions can be either semelfactive or repeated, and, in accordance with the general rules of aspect uses, momentaneous actions are conveyed by perfective verbs in the first instance and by imperfective verbs in the second.

## Revision III

Special attention should be paid to Exercise 1, which can be done successfully only if the student has assimilated fully all he has learned about the use of the verb aspects previously. Exercise 5 is to be done in the same way as Exercise 10 (b) in the Revision II section. A new type of exercise (and of greater difficulty) is represented by exercises 7-10. When doing them, the students should observe how the verb aspects function in literary text and should continue developing their skills in using verb aspects when reading and retelling a story.

## CHAPTER IV

## § 1, § 2, § 3

This entire chapter deals with the use of imperatives of different aspects. After studying the situations in which only imperfective or perfective imperatives can be used (§ 1, § 2), the students' attention should be drawn to the cases in which either aspect may be used. Thus, for example, on hearing knocking on the door one can say, Войдите! However, in the same situation one can also say, Входите! The use of either aspect is justified in this situation; however, while the perfective verb conveys a demand, request, command or permission, its imperfective counterpart expresses an injunction to action or an 'invitation' to perform an action.

## Revision IV

In this section the student is to continue his observation of the functioning of verb aspects in literary text, the assignments being aimed at teaching the student to use the correct verb aspects (assignments 8[c] and 9[c]).

# CHAPTER V

## § 1

In § 2, Chapter I, the students have learned that imperfective verbs are used to convey prolonged actions. In this section their attention should be drawn to the fact that imperfective verbs used in this meaning are often accompanied by words denoting the period over which the action continued (has been continuing, will continue). As a rule, these words are phrases consisting of a numeral in the accusative without a preposition and its adjunct denoting a unit of time (the numeral один is generally omitted). For example: два часá, три мéсяца, недéлю, etc. As a rule, students experience no particular difficulty in using imperfective verbs with adverbials of this type; however, sufficient practice is necessary. The use of perfective verbs with adverbials of the за два часá type is somewhat more difficult for students to master. At this stage the students have already learned sufficiently well to associate the idea of duration with imperfective verbs; therefore, the teacher is confronted by the task of showing them that perfective verbs may convey resultative, completed actions lasting a certain period of time. As a rule, this meaning is conveyed by perfective verbs whose imperfective counterparts are used to express prolonged actions. For example: читáть два часá/прочитáть за два часá.

## § 2

In this section the student is introduced to two more groups of perfective verbs conveying actions completed after a limited period of activity. These are perfective verbs with the prefixes **по-** and **про-**; perfective verbs with the prefix **по-** (поговор́ить, помолчáть, посидéть) by themselves without any adverbials convey a completed action which lasted just a while. Perfective verbs with the prefix **про-**, on the other hand, are used with adverbials showing how long the action concerned lasted.

## § 3

In this section the student is introduced to a group of imperfective verbs which in the past tense form consist of two actions, as it were (for example, давáл 'gave + took back'; приезжáл 'came + went away'), i.e. speaking conventionally, they consist of an action directed 'there' and an action directed 'back', as a result of which the actor in the case of intransitive verbs or the object in the case of transitive verbs returns to his/its initial position. The corresponding perfective verbs convey only 'one' action, which, conventionally speaking, can be defined as 'an action (directed) there'. As a result of such an action the position of the object changes.

### CHAPTER VI

Since both participles and verbal adverbs are verb forms, they possess aspectual characteristics, just like all the other verb forms. This manual deals exclusively with the aspect meanings of participles and verbal adverbs; the student is assumed to have learned all the other characteristics of participles and verbal adverbs before he embarked on his study of Chapter VI. First of all the student should remember the suffixes of participles and verbal adverbs, since without this it will be difficult for him to find his way about among the various forms (above all in analysing them).

## Revision VI

Participles, verbal adverbs and passive constructions are typically used in the bookish language; therefore this section contains more difficult texts taken from the Soviet press, texts which are saturated with above-mentioned words and constructions. The analysis the student has mastered in the preceding chapters provides a basis for new and more complicated tasks, namely for translating sentences containing participles, verbal adverbs and passive constructions. In this case translation is needed both for checking how well the student has understood the use of the verb aspects and for the development of translating skills.

Since there are no keys to these assignments, the teacher will have to prepare for introducing these assignments in class very carefully.

## CHAPTER VII

When encountering any new verb in reading, the student must be able to determine its aspect in order to understand it and use it correctly. For this he must know the formal features of the verb aspects.

This chapter deals with the productive means of verb aspect formation.

The range of verbs considered in Part II is wider and the verbs themselves are more complicated than in Part I. That is why we recommend that the student should constantly refer to this chapter.

# PART II

In Part II, the students will continue their study of the verb aspects, dealing with more complicated uses of imperfective and perfective verbs. This study may prove much effective if the teacher helps the students to discern behind each instance of verb aspect usage the more general regularities of the use of perfective and imperfective verbs.

One of the most obvious meanings of imperfective verbs is that of the occurrence of a prolonged action. This meaning was first introduced in Chapter I. When studying § 3 and § 4, Chapter II (the use of imperfective verbs when, in the presence of a result, the speaker's attention is directed to the actor; the use of imperfective imperatives when the speaker's attention is centred on how the action should proceed), the teacher should draw the students' attention to the fact that in such cases imperfective verbs function in one of their principal meanings, conveying an action as it occurs, i.e. denoting the process of an action.

In all the uses of imperfective and perfective verbs to convey single semelfactive actions, imperfective verbs merely name such actions, report the fact that such an action has taken place (will take place), while perfective verbs are used to convey single completed and resultative actions (Chapter I, § 1 and § 2; Chapter III, § 1 and § 2).

When introducing the material of Part II, the teacher should also draw the students' attention to the fact that verbs of a particular aspect are regularly used to convey definite meanings. Thus, the meaning of an injunction to act, of 'tackling' an action, is conveyed by imperfective verbs (Part I, Chapter III, § 2, and Part II, Chapter III, § 4) both in the imperative and in the infinitive and the future tense.

The necessity of an action is also conveyed by imperfective verbs (Part II, Chapter V, § 2, § 3 and § 4), while the possibility/impossibility of an action is regularly expressed by perfective verbs (Chapter V, § 3, and § 4).

These observations will facilitate the students' study of Part II.

The Revision assignments given in Part II differ from those in Part I in that they are based on more complicated texts.

The students are given assignments on these texts, in which new and more difficult and involved cases of verb aspect use are compared with the already familiar meanings when parallel usage of the imperfective and perfective aspects is possible.

This will develop the students' linguistic thinking and their feeling for the language, without which it is impossible to form the rationales of the use of the Russian verb aspects.

## CHAPTER I

## § 2

This section deals with one of the cases in which parallel use of the aspects is possible, i.e. in which imperfective verbs can be used alongside perfective ones (for examples, see the introductory rule). The use of perfective verbs results in an additional nuance of an action contemplated beforehand and is generally supported by a relevant situation, a context.

## § 3

When beginning to study this section, the teacher must bear in mind that at this stage the students have already learned to associate repeated actions with imperfective verbs. Repeated actions are indeed usually conveyed by imperfective verbs, these repeated actions being divided by unequal intervals. Perfective verbs, on the other hand, convey a single, 'whole' action, as it were, which consists of a number of identical repeated actions occurring several times in succession. The teacher should draw the students' attention to the obligatory use of adverbials of the два́жды or не́сколько раз type in this case, and also to the fact that the number of such verbs is limited by meaning: they include verbs with the prefixes **пере-** and **про-** and the suffix **-ну-**. It must also be stressed that verbs with the same prefixes but with the suffix **-ыва- (-ива-)** turn imperfective (in spite of the presence of the prefix) and take on a different meaning: чита́ть *(imperf.)* → перечита́ть *(perf.)* → перечи́тывать *(imperf.)*.

## Revision I

Assignments 1 and 2 of the Revision I section are in fact more complicated forms of the previous assignments of this type (the same applies to all the Revision sections that follow), to cope with which the students should master all the new meanings dealt with in this chapter.

In Assignment 3, the new material is compared with that studied before. This comparison is continued in exercises 6-9, but it is based on more complicated texts.

When introducing assignments 6 (b), 9 (b) and 9 (c), the teacher should draw the students' attention to the possible parallel use of aspects conditioned by the situations existing in the given specific text and the meanings of the verbs being used.

When introducing Assignment 8 (and all the other assignments of this type which follow, e.g. Assignment 9[c] in the Revision II section), the teacher should make the students use as many of the verbs encountered in the text as possible in as many meaning as possible.

In advanced groups, the teacher should ask the students to do all the assignments given in this Revision section. In less advanced groups the students may make do with assignments 1-8.

## CHAPTER II

### § 1

When introducing the material of this section, the teacher may draw the students' attention to the fact that imperfective verbs used in affirmative sentences convey the occurrence of an action, i.e. they report the fact that action concerned merely took place (Part I, Chapter II, § 1; Part II, Chapter I, § 1). In negative sentences, on the other hand, imperfective verbs denote the absence of an action; they state that the action concerned did not take place. Perfective verbs in affirmative sentences convey completed resultative actions (Part I, Chapter I, § 2) and in negative sentences they convey the absence of a result, the incompletion of an action.

When introducing the exercises given in this section, the teacher must also show the students that, while imperfective verbs convey the total absence of an action, perfective verbs do not show whether the action has taken place or otherwise (this we can generally learn from the context), but only stress the absence of the completion, of a result.

### § 2

When introducing this section, it is advisable to remind the students that an imperative preceded by the negative particle **не** is generally an imperfective one

(Part I, Chapter IV, § 3), conveying the unnecessariness of the action concerned. Perfective imperatives preceded by the particle **не** are rarely used and, if so used, convey warning. The students attention should also be drawn to the fact that, as a rule, verbs used in this meaning are those of 'an undesirable action' (they are listed in the Note given in this section).

## § 3, § 4

For advice on how to introduce these sections, see the initial paragraphs of the methodological recommendations on Part II.

## Revision II

In this Revision section the study begun in the Revision I section is continued. Assignment 9 is recommended for advanced groups.

## CHAPTER III

### § 1

When introducing this section, the students' attention should be drawn to the parallel use of the aspects in denoting single actions in the future tense (see the right-hand column of Note 40, sentences 1 [a] and [b], and 2[a] and [b]). It may be noted that the parallel use of the aspects is here possible because, as the students have already learned, single actions can be conveyed by verbs of either aspect. The use of imperfective verbs in this case is more typical of colloquial speech and, besides, it is dependent on the lexical meaning of the verb (see Note 40).

### § 2

When introducing this section, the teacher should stress that the juxtaposition of imperfective verbs conveying repeated actions with perfective verbs conveying single actions is also valid for the infinitives of the same verbs, the perfective verbs in such cases retaining the meaning of completion, of a result.

### § 3

When discussing the use of future tense perfective verbs and perfective infinitives in the demonstrative meaning, the students' attention should be drawn to the fact that the real repetition in the future tense and the infinitive is conveyed by imperfective verbs, the perfective verbs expressing only the potential possibility of repeating actions.

### § 4

For advice on how to introduce this section, see the initial paragraphs of the methodological recommendations on Part II.

## Revision III

Assignment 2 is a new type of exercise in the observation of various cases of parallel use of verbs of different aspects.

When doing Assignment 8, the student should be encouraged to use as many verbs of the required aspect in his full answers as possible.

Assignments 9-11 are recommended for advanced groups.

## CHAPTER IV

### § 1, § 2

These sections should not present any considerable difficulty to the students, for they have already learned a number of commonly used verbs with the meaning of the beginning, continuation and end of an action which are followed by an imperfective infinitive (Part I, Chapter III, § 2). Before introducing this section it is recommended that these verbs be reviewed. § 1 will broaden the range of verbs followed by imperfective infinitives, while in § 2 the students will be introduced to verbs (note that all of them are perfective!) which are followed by perfective infinitives.

## § 3

When studying this section, the students should learn to determine the cases when the action conveyed by the verb to which the infinitive refers is repeated. In such cases the adverbials denoting the repetition of an action are adjuncts not to the infinitive but to the verb to which the infinitive refers.

## Revision IV

This section should not cause any considerable difficulty to the students. Assignment 3 warrants more close attention, since it contains vast material for the juxtaposition of the meanings of verb aspects dealt with in Chapter IV and in the preceding chapter.

## CHAPTER V

## § 1

When studying this section, the students will learn the uses of imperfective infinitives when the negative particle refers immediately to the infinitive. The contents of this section do not present any considerable difficulty except some special cases in which an infinitive with the negative follows the verb мочь. In such cases either an imperfective infinitive is possible (the verb мочь conveying permission not to perform the action) or a perfective one (the verb мочь conveying the apprehension or supposition that the desired action might not take place). It may be useful to draw a parallel between this use and that of perfective imperatives with the negative which also conveys warning or caution (Не упади!), stressing that the meanings of apprehension and warning are typically conveyed by perfective verbs.

## § 2, § 3, § 4

In § 2 section the students are introduced to the use of imperfective infinitives to deny the necessity of an action. We recommend that these cases should be compared with those of the use of imperfective imperatives to convey the unnecessariness of an action. It may be stressed that the meaning of the unnecessariness of an action, the denial of its obligatoriness is typically expressed by imperfective verbs. The same point should be made when explaining § 3, in which the students are introduced to the use of imperfective and perfective infinitives after the word нельзя. The 'нельзя + an imperfective infinitive' construction also conveys the unnecessariness of an action, its inexpediency. In § 4 the student is introduced to the use in negative and affirmative infinitival sentences of imperfective verbs conveying the same meanings of the unnecessariness (negative sentences) and obligatoriness (affirmative sentences) of an action.

Perfective verbs typically convey the possibility/impossibility of the performance of an action. The students are introduced to this meaning in § 3 (the 'нельзя + a perfective verb' construction) and § 4 (infinitival sentences).

When introducing § 3, the teacher may draw the students' attention to the two meanings of the word нельзя (and compare them with their English equivalents).

## Revision V

Assignments 2, 3 and 5 will develop the students' feeling for the language and require an absolutely exact understanding of the meanings conveyed by imperfective and perfective verbs. This section contains more texts and the latter are more varied and have a more complicated structure.

Assignments 10 and 11 are recommended for more advanced groups.

# CHAPTER VI

In this section the students will mainly study the use of aspects in complex sentences with a clause of time. The teacher's task is to show the students that the verb aspects convey the same meanings in complex sentences as in simple ones. Thus Chapter VI serves both to revise and sum up the previously studied material. However, the use of two or more verbs of the same or different aspects makes it possible to convey a whole variety of correlations between the actions expressed by these verbs.

It is very important to teach the students to differentiate between the conjunctions *пока* and *пока не* on which the use of the different aspects depends.

## Revision VI

The summarising character of the entire chapter has determined the character of the Revision VI section, which does not contain any assignments based on isolated material, all the attention of the students being drawn to the ways the verb aspects function in various texts.

# KEY TO THE EXERCISES

## PART I

### CHAPTER I

#### § 2

*Exercise 2.* picture 1 — sentence 3; *picture 2*—4; *picture 3*—9; *picture 4*—10; *picture 5*—5; *picture 6*—6; *picture 7*—11; *picture 8*—12; *picture 9*—7; *picture 10*—8; *picture 11*—1; *picture 12*—2.

*Exercise 3.* Process (imperf.): (a) учи́л; (c) рисова́л; (d) переводи́л. Completed action (perf.): (a) вы́учил; (b) пообе́дала; (d) перевёл.

*Exercise 4.* 1. пила́. 2. стро́или. 3. учи́л. 4. отдыха́ли. 5. реша́ли. 6. чита́ла. 7. мы́ла.

*Exercise 5.* 1. пригото́вила. 2. постро́или. 3. прочита́л. 4. вы́учил. 5. вы́мыла.

*Exercise 6.* 1. реша́л, реши́л. 2. писа́ли, написа́ли. 3. нарисова́л, рисова́л. 4. пригото́вила, гото́вила. 5. стро́или, постро́или.

#### § 3

*Exercise 2.* Repeated actions (imperf.): (b) де́лал, открыва́л; (c) приглаша́л; (d) посыла́л. Semelfactive actions (perf.): (a) встал, лёг; (c) пригласи́л; (d) посла́л, рассказа́л.

*Exercise 3.* 1. купи́ла. 2. лёг. 3. получи́ла. 4. потеря́ла. 5. встре́тил.

*Exercise 4.* 1. встава́л, ложи́лся. 2. получа́л. 3. приглаша́ла. 4. встреча́л. 5. покупа́ли.

*Exercise 5.* 1. лёг. 2. приглаша́л, пригласи́л. 3. покупа́л, купи́л. 4. встре́тил. 5. теря́ла, находи́ла.

### CHAPTER II

#### § 1

*Exercise 2.* (a) present tense (imperf.): 2, 6, 9, 10, 13, 15. (b) future tense: 1. perf. 3. imperf. 4. perf. 5. perf. 7. imperf. 8. perf. 11. perf. 12. perf. 14. perf.

*Exercise 3.* (a) imperf.: 1, 4, 5, 8. (b) perf.: 2, 3, 6, 7. All the verbs are used in the future tense.

*Exercise 4.* 1. The teacher is checking his pupils' exercise-books. 2. The father will buy his son a bicycle. 3. Andrei is solving a crossword. 4. Nikolai Ivanovich is reading a new novel. 5. The children are walking in the park. 6. The architect is working on the plan of a club. 7. Our football team will win this match. 8. His parents are having a holiday at the seaside. 9. I will do what you ask. 10. The sister will telephone the doctor.

*Exercise 7.* 1. I'll telephone you tomorrow. 2. Sasha will write letters often to his mother. 3. Natasha will take a cold shower every morning. 4. The children will put their toys in the cupboard. 5. After dinner Natasha will play the piano. 6. Ivan Ivanovich will repair your bicycle. 7. We'll solve these problems in an hour.

*Exercise 8.* (a) process: 1. де́лаешь, пишу́. 2. смо́трит. 3. чита́ет, отдыха́ет. (b) repeated actions: 1. ча́сто пи́шешь. 2. ка́ждый ве́чер смо́трит. 3. всегда́ отдыха́ет.

#### § 2

*Exercise 1.* (a) process: 1, 6. (b) repeated actions: 3, 5. (c) occurrence of an action: 2, 4, 7.

*Exercise 4.* 1. хор выступа́л. 2. профе́ссор чита́л ле́кцию. 3. профе́ссор отвеча́л на вопро́сы. 4. шко́льники писа́ли контро́льную рабо́ту. 5. аспира́нт де́лал докла́д.

*Exercise 5.* 1. смотре́л. 2. звони́л. 3. слу́шал. 4. пока́зывал. 5. объясня́л. 6. игра́л. 7. расска́зывал.

## § 3

*Exercise 1.* 1. гото́вился. 2. игра́ли. 3. чита́л. 4. покупа́ла. 5. отдыха́л.
*Exercise 4.* 1. игра́ли в футбо́л. 2. покупа́ли га́лстук. 3. гуля́ли по па́рку. 4. обе́дали в рестора́не. 5. осма́тривали вы́ставку. 6. мы́ла посу́ду. 7. рисова́л. 8. гото́вил обе́д.
*Exercise 7.* (a) гото́вился: 1, 2, 4; подгото́вился: 3, 5. (b) помога́л: 1, 2, 4; помо́г: 3, 5.

## *Revision II*

*Assignment 1.* 1. позвоню́, поздра́влю. 2. бу́ду учи́ть. 3. бу́ду ката́ться. 4. напишу́. 5. бу́ду переводи́ть. 6. пошлю́. 7. бу́ду занима́ться.
*Assignment 2.* 1. посмотрю́. 2. подгото́влюсь. 3. куплю́. 4. помогу́. 5. покажу́. 6. пошлю́. 7. отда́м.
*Assignment 4.* (a) 1. пи́шет письмо́. 2. смо́трит телеви́зор. 3. покупа́ет газе́ту. 4. чита́ет кни́гу. 5. фотографи́рует. 6. игра́ет в те́ннис.
*Assignment 6.* вста́ну, бу́дет до́ма, бу́дем за́втракать, вы́моет, пойдём гуля́ть, бу́дем гуля́ть, пообе́даем, бу́дут смотре́ть, бу́дет вяза́ть, приглашу́, бу́дем игра́ть, бу́дем разгова́ривать, бу́дем пить чай, ля́гу спать.
*Assignment 8.* 1. Учи́тель диктова́л, а де́ти писа́ли. 2. Студе́нт занима́лся в библиоте́ке. 3. Рабо́чий рабо́тал на заво́де. 4. Она́ гото́вила обе́д. 5. Тури́сты осма́тривали го́род и фотографи́ровали.

## CHAPTER III

## § 1

*Exercise 1.* (a) Simultaneous actions (imperf.): 1, 4, 5, 6. (b) Consecutive actions (perf.): 2, 3, 7, 8.
*Exercise 3.* 1. писа́ла. 2. смея́лась. 3. слу́шали. 4. загора́ла. 5. бу́дет переводи́ть. 6. рисова́л. 7. игра́л. 8. пи́ли.
*Exercise 4.* 1. писа́ла. 2. писа́ла. 3. бу́дут запи́сывать. 4. слу́шают. 5. обсужда́ли. 6. перепи́сывала.
*Exercise 5.* 2. Ма́льчик разгова́ривает по телефо́ну, а де́ти игра́ют. 3. Профе́ссор чита́ет ле́кцию, а студе́нты пи́шут. 4. Де́вочки купа́ются, а ма́льчики игра́ют в футбо́л. 5. Она́ вя́жет, а он чита́ет газе́ту. 6. Оди́н принима́ет душ, а друго́й де́лает гимна́стику.
*Exercise 9.* Perfective verbs. 1. дал. 2. поздоро́вались. 3. поста́вил. 4. вы́ключил. 5. о́тдали. 6. поу́жинаем. 7. отве́тил.
*Exercise 10.* 1. у́жинали, слу́шали. 2. поу́жинали. 3. писа́л, чита́ла. 4. написа́л. 5. прочита́ла. 6. объясня́л, слу́шали. 7. объясни́л. 8. прочита́ли.
*Exercise 11.* 1. подгото́влюсь. 2. получу́. 3. переведу́. 4. возьму́. 5. узна́ю. 6. ко́нчит. 7. позанима́юсь. 8. посмотрю́. 9. сде́лаю.

## § 2

*Exercise 1.* 1. смотре́ть. 2. рисова́ть. 3. осма́тривать. 4. стро́ить. 5. чита́ть, реша́ть. 6. пока́зывать. 7. слу́шать. 8. петь.
*Exercise 2.* 1. начина́ет, конча́ет рабо́тать. 2. начина́ют, конча́ют занима́ться. 3. начала́, ко́нчила гото́вить. 4. на́чали, ко́нчили смотре́ть. 5. на́чал, ко́нчил слу́шать. 6. на́чали, ко́нчили стро́ить. 7. на́чал, ко́нчил писа́ть.
*Exercise 3.* 1. ко́нчил де́лать. 2. ко́нчила мыть. 3. ко́нчили стро́ить. 4. ко́нчили обе́дать. 5. ко́нчил осма́тривать. 6. ко́нчил проверя́ть. 7. ко́нчила гото́вить. 8. ко́нчил реша́ть.
*Exercise 6.* 1. не ко́нчил чита́ть. 2. не ко́нчила писа́ть. 3. не ко́нчили обсужда́ть. 4. не ко́нчил рисова́ть. 5. не ко́нчили осма́тривать. 6. не ко́нчила гото́вить. 7. не ко́нчил учи́ть. 8. не ко́нчил де́лать.

## § 3

*Exercise 1.* 1. запе́л. 2. зааплоди́ровали. 3. закрича́ла. 4. запе́л. 5. запла́кала. 6. зашуме́ли. 7. заигра́ла. 8. закури́ли. 9. замаха́ли.

*Exercise 2.* 1. начала́ смея́ться. 2. на́чал кури́ть. 3. на́чал игра́ть. 4. на́чали крича́ть. 5. на́чали шуме́ть. 6. на́чал маха́ть. 7. на́чали пры́гать. 8. на́чал говори́ть.

*Exercise 4.* 1. закури́л. 2. запе́ла. 3. засну́л. 4. зашуме́ли. 5. заболе́л.

*Exercise 5.* 1. 'Do you like this book?' 'Yes, very much. I'd read it in my childhood, and I immediately took a fancy to it.'

2. 'Does your brother like the North?' 'Yes, very much. He was there for the first time in his childhood and fell in love with it once and for all. That's why he became a polar pilot.'

3. 'Do you have bad toothache?' 'Yes, very bad.' 'When did this tooth begin aching?' 'It began aching yesterday.'

4. 'Do you believe the girl's story?' 'Yes, of course. Though her story may seem strange, I believed her from the very first word.'

5. 'Is the boy asleep?' 'Yes, he had cried for a long time, but finally he fell asleep.'

*Exercise 6.* (a) нра́виться: 2, 5; понра́виться: 1, 3, 4. (b) люби́ть: 4, 5; полюби́ть: 1, 2, 3, 4.

*Exercise 7.* 1. люби́л. 2. нра́вилось. 3. ве́рила. 4. чу́вствовала. 5. люби́л. 6. нра́вились. 7. нра́вилась. 8. люби́л. 9. чу́вствовал.

*Exercise 8.* 1. понра́вился. 2. пове́рили. 3. полюби́л. 4. понра́вилась. 5. почу́вствовала. 6. почу́вствовала.

*Exercise 10.* (не) нра́виться: 2, 4, 5; (не) понра́виться: 1, 3, 6, 7.

*Exercise 13.* 1. We walked slowly, then we went faster. 2. He got into the car and set off for Leningrad. 3. The girl saw the dog and ran to the car. 4. The telephone rang. Irina got up and went to answer it.

*Exercise 14.* 1. пошёл. 2. поплы́л. 3. побежа́ли. 4. пое́хал. 5. побежа́ла (пошла́).

*Exercise 15.* 1. шли. 2. пошли́. 3. пое́хал. 4. е́хал. 5. бежа́ла. 6. побежа́ла.

## § 4

*Exercise 1.* 1. The lights went up in the hall and the children jumped from their seats at once. 2. The light went out in the room and the girl was suddenly seized by fear. 3. Suddenly there was a peal of thunder and it began raining. 4. Late at night the telephone in my room rang and made me start. 5. He looked at her face and understood everything.

*Exercise 2.* 1. умо́лкли. 2. бро́сились. 3. появи́лся.

*Exercise 3.* 1. вспомина́ли. 2. вспо́мнил. 3. разда́лся. 4. раздава́лись. 5. каза́лся. 6. показа́лся.

*Exercise 4.* 1. встава́л. 2. встал. 3. появи́лось. 4. явля́лся. 5. замеча́ем. 6. заме́тил. 7. вздра́гивал. 8. вздро́гнул.

*Exercise 5.* 1. взгляну́л. 2. вспо́мнила. 3. вскочи́л. 4. заме́тила. 5. разда́лся.

## *Revision III*

*Assignment 1.* 1. нра́вилась — a; понра́вилась — b. 2. чу́вствовал себя́ — a; почу́вствовал себя́ — b. 3. люби́л — b; полюби́л — a.

*Assignment 2.* 2. Он игра́ет на гита́ре, а она́ поёт. 3. Он игра́ет на пиани́но, а она́ танцу́ет. 4. Он купа́ется, а она́ загора́ет. 5. Он рису́ет, а она́ собира́ет цветы́.

*Assignment 4.* 2. Написа́л письмо́ и пошёл на по́чту. 3. Прочита́л газе́ту и положи́л её на стол. 4. Снял пальто́ и пове́сил его́ на ве́шалку. 5. Показа́л биле́т контролёру и вошёл в кинотеа́тр.

*Assignment 7.* Запла́кал.

*Assignment 8.* (b) Он купи́л (друго́й, тре́тий) кала́ч и съел.— Пото́м он купи́л бара́нки и, когда́ съел одну́, стал сыт.— Тогда́ крестья́нин уда́рил себя́ по голове́ и сказа́л.

*Assignment 9.* (b) Consecutive non-repeated actions: 1, 5. Simultaneous (parallel) actions: 4, 6, 13. Momentaneous actions: 2, 3, 7, 9, 11. The beginning of an action: 8, 10, 12.

## § 1

*Exercise 1.* (a) 1. пиши́те. 2. принима́йте. 3. пе́йте. 4. приноси́те. 5. ложи́тесь. (b) 1. позвони́те. 2. вы́мой. 3. вы́пейте. 4. купи́те. 5. помоги́те. 6. включи́те. (c) 1. выключа́й. 2. вы́мой. 3. вы́ключи. 4. найди́. 5. да́йте. 6. откро́йте. 7. звони́те. 8. де́лайте. 9. прими́те, принима́йте. 10. говори́те. 11. скажи́те. 12. слу́шайте. 13. послу́шайте.

*Exercise 2.* 1. пе́йте. 2. принима́йте. 3. пиши́те. 4. гуля́йте. 5. повторя́йте. 6. открыва́йте.

*Exercise 3.* 1. вы́ключите. 2. позвони́те. 3. вста́ньте. 4. прими́те. 5. вы́пейте. 6. принеси́те. 7. сообщи́те.

*Exercise 4.* 1. откро́йте. 2. включи́те. 3. пошли́те. 4. поста́вьте. 5. позвони́те. 6. пригото́вьте. 7. вы́пейте.

## § 2

*Exercise 1.* (a) 2, 3, 6, 9. (b) 1, 4, 5, 7, 8.

*Exercise 2.* 1. Ложи́сь (ложи́тесь) спать! 2. Буди́(те) Са́шу! 3. Сдава́й(те) кни́ги! 4. Сади́сь (сади́тесь) за уро́ки. 5. Одева́йся (одева́йтесь)! 6. Вызыва́й(те) такси́! 7. Обе́дайте!

*Exercise 3.* 1. Ложи́сь спать. 2. Де́лай уро́ки. 3. Сади́тесь обе́дать. 4. Учи́ стихотворе́ние. 5. Сдава́й кни́ги.

*Exercise 4.* 1. откро́йте. 2. открыва́йте. 3. расска́зывайте. 4. расскажи́те. 5. включа́й. 6. включи́. 7. звони́те.

## § 3

*Exercise 1.* 1. молча́ть. 2. расска́зывать. 3. звони́ть. 4. петь. 5. пить. 6. писа́ть. 7. покупа́ть. 8. брать. 9. крича́ть. 10. спо́рить. 11. стоя́ть.

*Exercise 2.* 1. не включа́йте. 2. не пла́чьте. 3. не закрыва́йте. 4. не рви́те. 5. не кричи́те. 6. не спеши́те. 7. не принима́йте. 8. не е́шьте. 9. не чита́йте. 10. не шуми́те.

*Exercise 3.* 1. не дава́йте. 2. не провожа́йте. 3. не говори́те. 4. не покупа́йте. 5. не снима́йте. 6. не пиши́те. 7. не надева́йте. 8. не зака́зывайте. 9. не расска́зывайте.

*Exercise 4.* 1. не бери́те. 2. не выключа́йте. 3. не звони́те. 4. не закрыва́йте. 5. не пе́йте. 6. не дава́йте. 7. не пиши́те. 8. не помога́йте.

## *Revision IV*

*Assignment 3.* 1. бери́те. 2. закрыва́йте. 3. клади́те. 4. задава́йте. 5. отвеча́йте. 6. звони́те. 7. сдава́йте. 8. приезжа́йте.

*Assignment 5.* 1. See the new feature film *Repentance.* 2. Fly *Aeroflot.* 3. Keep your money in a savings bank. 4. Spend your holidays at the tourist centres in the Crimea and the Caucasus!

*Assignment 7.* (b) Consecutive non-repeated actions: 2, 4, 5. Undesirability of actions: 1, 3.

*Assignment 8.* (b) Undesirability of actions: 2. Repeated action: 4. Injunction to perform a prolonged action: 1. Semelfactive action: 3.

## CHAPTER V

### § 1

*Exercise 2.* 1. учи́л. 2. убира́ла. 3. чита́л. 4. гото́вился. 5. мы́ла. 6. осма́тривал. 7. бу́дет печа́тать. 8. проверя́л. 9. стро́или.

*Exercise 3.* 1. пригото́вила. 2. вы́мыл. 3. осмо́трят. 4. поли́ли. 5. пое́ли. 6. реши́л. 7. отремонти́ровали. 8. сде́лали. 9. перевёл. 10. сыгра́ли.

*Exercise 4.* 1. за ле́то. 2. за полчаса́. 3. за два го́да. 4. полдня́. 5. за три часа́. 6. за год. 7. за три часа́. 8. три часа́. 9. два го́да. 10. це́лый час. 11. за де́сять мину́т. 12. це́лый час. 13. за два́дцать мину́т.

*Exercise 5.* 1. прочита́л. 2. чита́л. 3. выбира́л. 4. вы́брал. 5. собра́ли. 6. собира́ли. 7. гото́вила. 8. приготови́л. 9. стро́или.

## § 2

*Exercise 1.* 1. погуля́л. 2. почита́л. 3. поговори́ли. 4. порабо́тал. 5. порабо́тал. 6. послу́шал. 7. полежи́те. 8. пореша́ть. 9. поду́май.

*Exercise 2.* 1. гуля́ли. 2. чита́л. 3. поговори́ли. 4. смотре́ла. 5. постоя́л. 6. стоя́л. 7. поигра́ть. 8. говори́ли. 9. почита́л.

*Exercise 3.* 1. просиде́л. 2. проболе́л. 3. простоя́ли. 4. поговори́ли. 5. проигра́ли. 6. поболе́ть. 7. проговори́ли. 8. постоя́ла. 9. посиде́л.

*Exercise 5.* 1. The child got frightened and started crying. 2. The child cried for a while and quietened down. 3. He cried till his mother came. 4. He cried nearly the whole morning: he was bored being alone. 5. There were many moot points in the report, and as soon as the speaker finished, everybody began talking. 6. Let's go and relax, smoke and talk. 7. We recalled our youth and spoke about our student days and friends. We were so carried away that we spoke till late in the evening. 8. This scientist began working at the University immediately after graduation. First he worked a short time in the organic chemistry department, and then he worked thirty years in the chemical analysis department. 9. My brother fell ill, but not really seriously. He was ill the whole week. 10. A lazy pupil wants to be ill for a while in order to miss school. 11. Our family lives in Moscow. My parents have lived here all their lives. 12. 'Live in the country for a while,' the doctor said to the patient. 'You need fresh air.' 13. He jumped up and began agitatedly to pace the room. He paced a while and calmed down. 14. The film was funny and the children laughed merrily. 15. On seeing the clown on the screen, the children began laughing. 16. Come to the club today. We'll dance, talk and laugh.

## § 3

*Exercise 2.* 1. брал. 2. взял. 3. встал. 4. встава́л. 5. наде́л. 6. надева́л. 7. оста́вила. 8. оставля́ла. 9. включи́л. 10. включа́л. 11. снял. 12. снима́ли.

*Exercise 3.* 1. дава́л. 2. брал. 3. включа́ли. 4. закрыва́ли. 5. надева́л. 6. снима́ли. 7. оставля́ли.

*Exercise 4.* (a) 1. брал. 2. взял. 3. взял. (b) 1. за́пер. 2. за́пер. 3. запира́л. (c) 1. оста́вил. 2. оставля́л. 3. оставля́л. 4. оста́вил.

## *Revision V*

*Assignment 1.* 1. вы́полню. 2. напишу́. 3.просмотрю́. 4. научи́лся. 5. подгото́влюсь. 6. дое́хал. 7. осмотре́л. 8. собра́л. 9. переведу́.

*Assignment 5.* 1b, 2a, 3a, 4a, 5a, 6a, 7b.

*Assignment 6.* 1. You'll live till you're 80. 2. Last year you told me I would live to be 100. 3. We walked about the exhibition a little longer and then went home.

*Assignment 8.* (b) Consecutive non-repeated actions: 2, 12. Repeated and parallel actions: 3, 4. Resultative actions: 5, 6, 11. Actions lasting a definite period of time: 7, 9, 10. Resultative actions completed during a definite period of time: 1, 8. Actions of limited duration: 13.

## CHAPTER VI

### § 1

*Exercise 4.* Actions simultaneous with the main one: 1, 2, 4, 9, 10. Repeated actions: 7. Consecutive actions: 3, 5, 8. Completed semelfactive actions: 6.

*Exercise 5.* 1c, 2a, 3b, 4a, 5b, 6b, 7c, 8b, 9b.

## § 2

*Exercise 2.* (a) 2, 3, 4, 6, 7, 9, 10. (b) 1, 5, 8.

*Exercise 3.* 1. открыва́ются но́вые ста́нции. 5. кора́бль был запу́щен. 8. после́дние изве́стия передаю́тся.

*Exercise 4.* 2. в газе́те напеча́тали статью́. 3. спу́тник запусти́ли. 4. молодёжная брига́да выполня́ла все зада́ния. 6. полёт соверши́ли. 7. учёные изуча́ют ко́смос. 9. телеви́дение передаёт програ́мму. 10. создаю́т гидроэлектроста́нции.

*Exercise 5.* The newspaper *Pravda* carried articles entitled 'New Underground Line Opened', 'Construction of Chemical Plant Completed', 'Plan for Building of Schools in Moscow Region Fulfilled', 'New Spaceship Launched'.

It also carried such articles: 'New Art Exhibition Opening Tomorrow', 'Construction of New Car Factory to Be Completed in Two Months', 'Plan for Building of New Hospitals to Be Completed Ahead of Time', 'New Artificial Earth Satellite Launched Yesterday.'

## § 3

*Exercise 2.* (*a*) Simultaneous actions: 1, 4, 6, 7. Consecutive actions: 2, 3, 5, 8. (*b*) 1a, 2b, 3b, 4a, 5b, 6a, 7a, 8b.

## CHAPTER VII

### § 1

*Exercise 1.* 5, 6, 8, 12, 16, 17, 19.

*Exercise 2.* (a) 2, 10, 13, 14; (b) 3, 11; (c) 1, 20; (d) 9, 15, 18; (e) 4, 7.

*Exercise 3.* 4, 13, 22.

*Exercise 4.* (a) 1, 3, 5, 9, 17; (b) 10, 11, 15, 18, 19, 21; (c) 2, 7, 14, 20; (d) 8, 16; (e) 5, 6, 12.

*Exercise 5.* 2c -ва-; 3a -ива-; 4b -ва-; 5c -ва-; 6b -а-; 7a -я-; 8b -а-; 9c -ва-; 10d -ва-; 11b -ыва-; 12d -ыва-.

*Exercise 6.* 2a -и-; 3b -ну-; 4b -и-; 5b -ну-; 6a -и-; 7d -ну-; 8b -и-; 9c с-; 10d -и-; 11c с-.

## Revision VII

*Assignment 1.* (a) 8, 12, 22, 23, (b) 1, 2, 3, 4, 10, 14, 16, 19, 20, 21. (c) 15, 17. (d) 5. (e) 13, 18. (f) 7, 9, 24. (g) 6. (h) 11.

*Assignment 2.* (a) 1, 2, 5. (b) 7. (c) 3, 4, 6.

## PART II

### CHAPTER I

### § 1

*Exercise 1.* 1. обе́дал. 2. отдыха́л. 3. пил. 4. про́бовал. 5. пока́зывал. 6. звони́л. 7. слы́шал. 8. выступа́л.

*Exercise 2.* 1. он принима́л. 2. они́ сдава́ли. 3. он выступа́л. 4. его́ ремонти́ровали. 5. он отдыха́л. 6. его́ пока́зывали.

*Exercise 3.* 1. чита́л. 2. звони́л. 3. пока́зывал. 4. расска́зывал. 5. сове́товал. 6. дава́л.

*Exercise 8.* I. чита́л — 2, 3; прочита́л — 1, 4. II. писа́ли — 1, 4, 5; написа́ли — 2, 3; III. осма́тривали — 1, 3, 4; осмотре́ли — 2, 5.

*Exercise 9.* I. гото́вила — a; пригото́вила — b, c, d. II. отдыха́л — b, c; отдохну́л — a, d; III. мыл — b, d; вы́мыл — a, c.

## § 2

*Exercise 1.* a — 2, 4; b — 1, 3, 5.
*Exercise 2.* 1. при́нял. 2. сообщи́л. 3. посла́ла. 4. встре́тили. 5. перевела́.
6. посмотре́ли.
*Exercise 5.* (a) 3, 5, 6, 8. (b) 1, 2, 4, 7.
*Exercise 6.* 1. вы́пил. 2. поста́вили. 3. объясни́л. 4. останови́лась. 5. положи́ла.
6. показа́л. 7. купи́л. 8. принёс.

## § 3

*Exercise 1.* (a) 2, 3, 6, 8. (b) 1, 4, 5, 7.
*Exercise 2.* 1. перечита́ла. 2. прочита́л. 3. сверкну́ла. 4. поцелова́ла. 5. под-
черкну́л. 6. перелиста́л.
*Exercise 3.* 1. прочи́тывать. 2. целова́ла. 3. кива́ла. 4. перели́стывал. 5. сове́-
товал. 6. переде́лывать. 7. выслу́шивал.
*Exercise 4.* 1. прослу́шал. 2. прочита́л. 3. позвони́л. 4. проде́лал. 5. перечи-
та́ла. 6. повтори́л. 7. чихну́л.
*Exercise 5.* 1. (a) прочита́л, (b) прочи́тывал. 2. (a) целова́ла, (b) поцелова́ла.
3. (a) подчеркну́л, (b) подчёркивал. 4. (a) сту́кнул, (b) стуча́л. 5. (a) шёл, сверка́-
ла, греме́л, (b) сверкну́ла, прогреме́л. 6. (a) пересчита́л, (b) пересчи́тывал.
7. (a) осмотре́л, (b) осма́тривал. 8. (a) па́дали, (b) упа́л.

## *Revision I*

*Assignment 1.* 1. приглаша́л/пригласи́л [1], пошёл, ви́дел. 2. прове́рил, перечита́л,
пересмотре́л. 3. встре́тил, догова́ривались/договори́лись, пришла́. 4. покупа́л/ку-
пи́л, вспо́мнил, слы́шал.
*Assignment 2.* 1. (a) смотре́л, (b) ви́дел, (c) посмотре́л. 2. (a) маха́л,
(b) махну́л, (c) маха́ли. 3. (a) согласи́лся, (b) соглаша́лся, (c) соглаша́лся.
4. (a) пил, (b) пил, (c) вы́пил, (d) вы́пил. 5. (a) диктова́л, (b) продиктова́ть,
(c) продиктова́л. 6. (a) включи́л, (b) включа́л, (c) включа́л, (d) включа́л.
7. (a) подпры́гнул, (b) подпры́гнул, (c) перепры́гнул, (d) перепры́гнул.
*Assignment 3.* (a) 5, 6, 8, 10, 11. (b) 2, 7. (c) 1, 3, 4, 9.
*Assignment 4.* (a) 1 (the second verb), 8. (b) 2, 3, 5, 6, 7. (c) 1 (the first verb), 4.
*Assignment 6.* (a) 2, 3 (the second verb), 4 (the second verb), 7, 10, 12, 13, 16;
(b) 3 (the first verb), 4 (the first verb), 8, 11, 18; (c) 9, 19; (d) 5, 6, 15; (e) 1, 14, 17.
*Assignment 7.* вы́звал, вы́учил, вызыва́ли, пришёл, взял, написа́л, писа́ли,
писа́ли, написа́ть, запи́сывали.
*Assignment 9.* *(b)* (a) 8, 12, 16; (b) 2 (the second verb), 4, 13, 21; (c) 2 (the
first verb), 3, 5, 7, 14; (d) 6, 15, 18, 19; (e) 9, 17, 20; (f) 10, 11; (g) 1.
*Assignment 9. (c)* (a) process (imperf.): 2 (the first verb), 3, 14. (b) repeated
actions (imperf.): 2 (the second verb), 21; (perf.) 4, 13.

## CHAPTER II

### § 1

*Exercise 1.* (a) 1, 3, 6. (b) 2, 4, 5.
*Exercise 2.* 1. пока́зывали. 2. выступа́ла. 3. включа́ли. 4. полива́ла. 5. объясня́л.
6. принима́л. 7. конспекти́ровали. 8. учи́лась.
*Exercise 3.* 1. перевёл. 2. отремонти́ровали. 3. научи́лся. 4. дождали́сь. 5. нашла́
6. встре́тил. 7. засну́ли. 8. вы́звали. 9. сдава́ли. 10. пе́ли.
*Exercise 4.* 1. не перевела́. 2. не пригото́вили. 3. не убрала́. 4. не отре-
монти́ровали. 5. не связа́ла. 6. не вы́мыла. 7. не поза́втракали.
*Exercise 5.* 1. не сдава́л. 2. не печа́тала. 3. не иска́ла. 4. не чини́ли. 5. не объяс-
ня́л. 6. не писа́ли.
*Exercise 6.* 1. не заходи́ла. 2. не убира́ла. 3. не звони́л. 4. не расска́зывал.
5. не ходи́л. 6. не гуля́ла. 7. не е́здил.

---

[1] The stroke (/) shows that either aspect is possible.

*Exercise 7.* 1. не писа́ла. 2. не получа́л. 3. не ката́лись. 4. не прове́тривали. 5. не фотографи́ровал.

*Exercise 8.* 1. не открыва́л. 2. не включа́л. 3. не посыла́л. 4. не расска́зывал. 5. не брал. 6. не обижа́л. 7. не запира́л. 8. не ве́шал.

*Exercise 10.* I. не убира́ла — c, d; не убрала́ — a, b. II. не передвига́л — b, d; не передви́нул — a, c.

## § 2

*Exercise 1.* (a) 3, 5, 6, 7. (b) 1, 2, 4, 8, 9, 10.

*Exercise 2.* 1. не разбе́й. 2. не обожги́сь. 3. не проспи́. 4. не опроки́нь. 5. не оста́вь. 6. не проле́й. 7. не испа́чкайся.

*Exercise 3.* 1. не покупа́й. 2. не звони́. 3. не налива́й. 4. не уходи́те. 5. не серди́тесь. 6. не убира́й. 7. не заводи́. 8. не провожа́йте. 9. не прекраща́йте.

*Exercise 4.* 1. не обожги́сь. 2. не поре́жься. 3. не разбе́й. 4. не поскользни́сь. 5. не опозда́й. 6. не слома́й. 7. не урони́. 8. не упади́.

*Exercise 5.* 1. не надева́й. 2. не бери́. 3. не разбуди́. 4. не опозда́й. 5. не гото́вь. 6. не клади́. 7. не разбе́й. 8. не простуди́сь. 9. не упади́.

*Exercise 6.* 1. слома́й. 2. зажига́й. 3. урони́. 4. пей. 5. обожги́сь. 6. смотри́. 7. рассы́пь. 8. покупа́й.

## § 3

*Exercise 1.* (a) 2, 4, 5, 7, 9. (b) 1, 3, 6, 8, 10.

*Exercise 2.* 1. испёк. 2. купи́л. 3. включи́л. 4. посла́л. 5. закры́л. 6. уложи́л. 7. за́пер. 8. передви́нул. 9. откры́л. 10. вы́гладил.

*Exercise 3.* 1. переноси́л. 2. убира́л. 3. переводи́л. 4. полива́л. 5. стира́л.

*Exercise 5.* I убира́л — (a). убра́л — (b). II. покупа́л — (a). купи́л — (b). III. пил — (b). вы́пил — (a). IV. перепеча́тывал — (a). перепеча́тал — (b).

*Exercise 6.* I. (a) за́пер. (b) запира́л. II. (a) нарисова́л. (b) рисова́л. III. (a) уложи́л. (b) укла́дывал. IV. (a) вы́мыл. (b) мыл. V. (a) перевёл. (b) переводи́л.

*Exercise 7.* (a) 1, 3, 5, 6. (b) 2, 4, 7.

*Exercise 8.* 1. составля́л. 2. шил. 3. печа́тал. 4. выполня́л. 5. переводи́л. 6. вари́л. 7. мыл. 8. вяза́л. 9. реша́л.

*Exercise 9.* 1. свари́л. 2. написа́л. 3. нарисова́л. 4. вы́шил. 5. откры́л. 6. затяну́л. 7. пове́сил. 8. расста́вил. 9. вы́брал.

*Exercise 10.* 1. отремонти́ровал. 2. составля́л. 3. постри́г. 4. де́лал. 5. шил. 6. стриг. 7. кра́сил. 8. пёк. 9. выбира́л. 10. снял. 11. снима́л.

*Exercise 11.* 1. так бы́стро перевёл. 2. так хорошо́ почини́л. 3. завари́л тако́й вку́сный чай. 4. так аккура́тно расста́вил. 5. так хорошо́ уложи́л. 6. так хорошо́ подобра́л. 7. связа́л таку́ю краси́вую ко́фту. 8. так пло́хо вы́чистил. 9. так тща́тельно упакова́л.

*Exercise 12.* 1. Статья́ хорошо́ перепеча́тана. Кто её перепеча́тывал? 2. Ремо́нт сде́лан хорошо́. Кто вам его́ де́лал? 3. Ве́щи аккура́тно уло́жены. Кто их укла́дывал? 4. Рабо́та напи́сана гря́зно. Кто её писа́л? 5. Занаве́ски краси́вые. Кто их выбира́л? 6. Маши́на отремонти́рована пло́хо. Кто её ремонти́ровал? 7. Текст напеча́тан небре́жно. Кто его́ печа́тал?

## § 4

*Exercise 1.* (a) 1, 4, 6, 9. (b) 2, 3, 5, 7, 8.

*Exercise 2.* 1. поста́вь. 2. включи́. 3. прочита́й. 4. прове́трите. 5. переда́йте. 6. спой. 7. прове́рь. 8. пошли́. 9. поздра́вь. 10. зажги́. 11. пригото́вь.

*Exercise 3.* 1. пиши́те. 2. диктýйте. 3. счита́йте. 4. запи́сывайте. 5. расставля́йте. 6. переходи́те. 7. спуска́йтесь. 8. режь.

*Exercise 4.* 1. вы́учи, учи́. 2. передви́нь, передвига́й. 3. расскажи́те, расска́зывайте. 4. нале́й, налива́й. 5. напиши́, пиши́. 6. спроси́, спра́шивай.

*Exercise 7.* 1. откро́й, открыва́й. 2. вы́мой, мой. 3. пригото́вь, гото́вь. 4. пошли́, посыла́й. 5. отве́ть, отвеча́й. 6. сыгра́й, игра́й. 7. расскажи́, расска́зывай. 8. испеки́, пеки́. 9. поле́й, полива́й. 10. вы́три, вытира́й. 11. научи́, учи́.

# Revision II

*Assignment 1.* 1. договори́лись, не опозда́й, опа́здывают, опа́здывал, возра-
зи́л. 2. получи́л, не получа́л, не получи́л. 3. понра́вилась, не опозда́й, закры-
ва́ется. 4. де́лай, де́лай, де́лай. 5. зака́зывала/заказа́ла, зака́зывала/заказа́ла, зака-
за́л, зака́зывал. 6. просмотре́ли/просма́тривали, просмотре́л, не просмотре́л, не про-
сма́тривал. 7. поста́вил, не ста́вила, поста́вила, е́здила. 8. выпи́сывали/вы́писали,
выпи́сывал/вы́писал, вы́писал, вы́писал, выпи́сывает, спроси́те. 9. наре́жь, не по-
ре́жься, режь. 10. сообща́ли/сообщи́ли, прие́дут, сообщи́л.
*Assignment 3.* 1. Кто мыл посу́ду? Не́сколько ча́шек разби́то. 2. Кто так
чи́сто вы́мыл посу́ду? 3. Кто рисова́л на стене́? Испо́рчена вся стена́! 4. Кто так
хорошо́ нарисова́л портре́т ва́шей до́чери? 5. Кто гла́дил? Сожгли́ руба́шку!
6. Кто так хорошо́ вы́гладил бельё?
*Assignment 4.* 2. Смотри́, не обожги́сь! 3. Смотри́, не урони́! 4. Смотри́, не
обре́жься! 5. Смотри́те, не упади́те! 6. Смотри́, не опозда́й!
*Assignment 5.* 2. Иди́те быстре́е! 3. Говори́те гро́мче! 4. Иди́те ме́дленнее!
5. Дыши́те глу́бже! 6. Поднима́йтесь вы́ше!
*Assignment 7.* Никогда́ в жи́зни не быва́л в Росто́ве. И туда́ я ни ра́зу не
приезжа́л.
*Assignment 8.* (a) 5, 6, 8, 9, 10, 11, 12, 13, 14. (b) 1, 2, 3, 4, 7, 15, 16. (c) 17.
*Assignment 9.* (a) 8; (b) 2, 5; (c) 1, 6, 9; (d) 4; (e) 3, 7, 10.


# CHAPTER III

## § 1

*Exercise. 1.* 1. прие́дут. 2. предста́вится. 3. дам. 4. приду́т 5. разреши́т. 6. встре́-
тимся; поговори́м. 7. возьму́. 8. пропу́стит.
*Exercise 2.* 1. бу́дет сове́товаться/посове́туется. 2. бу́дем разбира́ть, бу́дем
ста́вить. 3. бу́дем покупа́ть/ку́пим. 4. бу́дешь у́жинать/поу́жинаешь. 5. бу́дешь
зака́зывать/зака́жешь. 6. бу́дут де́лать/сде́лают.
*Exercise 3.* (a) 2, 6. (b) 1, 3, 4, 5.
*Exercise 4.* 1. пошлёт. 2. бу́дет за́втракать. 3. пока́жет. 4. бу́дут обсужда́ть,
обсу́дят. 5. бу́дет выступа́ть. 6. бу́дет печь. 7. помо́жет. 8. бу́дет говори́ть, погово-
ри́т. 9. бу́дет выступа́ть, вы́ступит. 10. возьмёт. 11. бу́дет объясня́ть, объясни́т.
12. прие́дут.
*Exercise 5.* Imperfective verbs can be used in all the cases since the verbs in
these sentences convey prolonged or protracted actions.
*Exercise 6.* 1. сде́лает. 2. при́мут. 3. вы́ступит. 4. отдохнёт. 5. постро́ят.
6. вы́учит. 7. напи́шет.
*Exercise 7.* 1. бу́дет выступа́ть, вы́ступит. 2. бу́дут обсужда́ть, обсу́дят.
3. бу́дет принима́ть. 4. бу́дет встреча́ться, встре́тится. 5. бу́ду защища́ть.
*Exercise 8.* 1, 2. пойду́т. 3, 4. пое́дут. 5. пойду́т. 6. пое́ду (пое́дем). 7, 8. пое́дут.
*Exercise 9.* 1. ходи́ли. 2. е́здили. 3. ходи́ла. 4. е́здил. 5. лета́л. 6. ходи́ла.
7. е́здил. 8. приходи́ли. 9. приезжа́л.
*Exercise 10.* 1. пое́дет. 2. пойдёт. 3. пойду́т. 4. пое́дет. 5. пое́дет. 6. полети́м
(полечу́). 7. пойдёт. 8. зае́ду. 9. прие́дет.


## § 2

*Exercise 1.* (a) 1, 3, 6, 7, 9. (b) 2, 4, 5, 8, 10.
*Exercise 2.* 1. перевести́. 2. купи́ть. 3. посла́ть. 4. зако́нчить. 5. рассказа́ть.
6. пообе́дать. 7. пригласи́ть.
*Exercise 3.* 1. повторя́ть. 2. брать. 3. приходи́ть. 4. пить. 5. писа́ть. 6. оде-
ва́ться. 7. поднима́ться. 8. гото́виться. 9. принима́ть.
*Exercise 4.* 1. принима́ть, приня́ть. 2. навеща́ть, навести́ть. 3. вы́купать,
купа́ть. 4. помога́ть, помо́чь. 5. дать, дава́ть. 6. де́лать, сде́лать, приня́ть.
*Exercise 5.* 1. могу́ (мо́жем) спеть. 2. мо́жет принести́. 3. мо́жет прочита́ть.
4. мо́жет прие́хать. 5. мо́жет позвони́ть. 6. могу́ (мо́жем) помо́чь. 7. могу́
объясни́ть. 8. мо́жет вы́играть.

*Exercise 6.* 1. заказа́ть. 2. вы́ступить. 3. посмотре́ть. 4. вы́пить. 5. прочита́ть. 6. купи́ть. 7. рассказа́ть. 8. сде́лать.

*Exercise 7.* осмотре́ть. 2. прочита́ть. 3. побыва́ть. 4. прочита́ть. 5. вы́мыть.

*Exercise 8.* 1. включи́ть. 2. послу́шать. 3. подогре́ть. 4. взять. 5. посмотре́ть. 6. пригласи́ть. 7. предложи́ть. 8. вы́ключить. 9. закры́ть.

*Exercise 9.* 1. прове́тривать. 2. приноси́ть. 3. заходи́ть. 4. брать. 5. заходи́ть. 6. брать. 7. гуля́ть. 8. звони́ть.

*Exercise 10.* 1. встать. 2. помо́чь. 3. вы́мыть. 4. написа́ть. 5. прийти́. 6. разучи́ть. 7. поли́ть. 8. сде́лать.

## § 3

*Exercise 1.* (a) 2, 3, 6, 8. (b) 1, 4, 5, 7.

*Exercise 2.* (a) 1, 3, 5, 7. (b) 2, 4, 6, 8.

*Exercise 3.* 1. посижу́. 2. попро́сит. 3. почи́нит. 4. забу́дет. 5. разобьёт. 6. поймёт. 7. уберёт, вы́моет. 8. переведёт. 9. реши́т. 10. сде́лает.

*Exercise 4.* 1. успоко́ит. 2. поймёт. 3. посове́тует. 4. встре́тит. 5. расска́жет. 6. принесёт. 7. объясни́т. 8. пове́рит. 9. реши́т.

*Exercise 5.* всегда́, никогда́, любо́й.

*Exercise 8.* (a) 1, 3, 5, 7, 9. (b) 2, 4, 6, 8.

*Exercise 9.* 1. дать. 2. позвони́ть. 3. сде́лать. 4. отдохну́ть. 5. развесели́ть. 6. помо́чь. 7. посмотре́ть. 8. убра́ть, пригото́вить. 9. купи́ть.

*Exercise 10.* 1. прие́хать. 2. дать. 3. встре́титься. 4. рассказа́ть. 5. пое́хать. 6. показа́ть.

*Exercise 11.* 1. рассказа́ть. 2. зайти́. 3. угости́ть. 4. погуля́ть. 5. показа́ть. 6. поигра́ть. 7. встре́титься. 8. послу́шать.

*Exercise 12.* 1. вспо́мнить. 2. посмотре́ть. 3. отдохну́ть. 4. порабо́тать. 5. вы́пить. 6. потанцева́ть. 7. поката́ться. 8. поигра́ть.

*Exercise 13.* 1. заказа́ть. 2. взять. 3. поу́жинать. 4. купи́ть. 5. обрати́ться. 6. позанима́ться.

## § 4

*Exercise 1.* (a) 1, 2, 5, 6, 7, 8. (b) 3, 4, 9.

*Exercise 2.* 1. вы́учит. 2. вы́купаются. 3. поу́жинаем. 4. пригото́вит. 5. ку́пит. 6. напи́шет. 7. реши́т. 8. сдаду́т.

*Exercise 3.* 1. бу́дут обсужда́ть. 2. бу́дем обе́дать. 3. бу́дем укла́дывать. 4. бу́дут смотре́ть. 5. бу́дет стира́ть. 6. бу́дут учи́ть. 7. бу́дет принима́ть. 8. бу́дет де́лать.

*Exercise 4.* 1. бу́дет рисова́ть. 2. бу́дем накрыва́ть. 3. вы́моет. 4. бу́дут стро́ить. 5. бу́ду писа́ть. 6. отдохнёт. 7. прослу́шают. 8. бу́дет корми́ть.

*Exercise 5.* 1. бу́дем рабо́тать. 2. бу́дут де́лать о́пыты. 3. бу́дут анализи́ровать их результа́ты. 4. бу́дут осма́тривать го́род. 5. бу́дут писа́ть контро́льную рабо́ту. 6. бу́дем де́лать ремо́нт.

*Exercise 8.* (a) 1, 2, 3, 5, 8. (b) 4, 6, 7, 9, 10.

*Exercise 9.* 1. прове́трить. 2. посла́ть. 3. поли́ть. 4. вы́учить. 5. сшить. 6. пригото́вить. 7. купи́ть. 8. перевести́. 9. позвони́ть. 10. встать.

*Exercise 10.* 1. за́втракать. 2. сади́ться. 3. встава́ть. 4. укла́дывать. 5. накрыва́ть. 6. закрыва́ть. 7. де́лать. 8. реша́ть.

*Exercise 11.* 1. (a) обе́дать, (b) пообе́дать. 2. (a) уйти́, (b) уходи́ть. 3. (a) отве́тить, (b) отвеча́ть. 4. (a) начина́ть, (b) нача́ть. 5. (a) загоре́ть, (b) загора́ть.

*Exercise 12.* 1. пое́сть, есть. 2. вы́брать, выбира́ть. 3. нача́ть, начина́ть. 4. вы́йти, выходи́ть. 5. позвони́ть, звони́ть. 6. перевести́, переводи́ть. 7. оде́ться, одева́ться. 8. вы́ключить, выключа́ть.

*Exercise 13.* 1. встава́ть. 2. сади́ться. 3. пить. 4. идти́. 5. снима́ть. 6. укла́дывать. 7. начина́ть. 8. закрыва́ть. 9. начина́ть.

*Exercise 15.* 1. укла́дывать. 2. обе́дать. 3. печа́тать. 4. рисова́ть. 5. запира́ть. 6. покупа́ть. 7. принима́ть. 8. купа́ть. 9. вяза́ть. 10. вызыва́ть.

## Revision III

*Assignment 1.* 1. печа́тать, дам. 2. бу́дете отдыха́ть, отдыха́ть. 3. вы́тащить, иди́/пойди́, ока́жут. 4. скла́дывала/сложи́ла, поу́жинаю, бу́ду скла́дывать/сложу́. 5. е́хать/пое́хать, оста́вить, отка́зывает/отка́жет, сиди́т/посиди́т. 6. узна́ть, обрати́тесь, даю́т/даду́т. 7. приезжа́ли/прие́хали, приезжа́ли/прие́хали, прие́дут. 8. бу́дете писа́ть/напи́шете, бу́ду писа́ть/напишу́. 9. де́лать, пое́ду. 10. смотре́ли/посмотре́ли, посмотре́ть. 11. начина́ть, займу́т, бу́дем начина́ть/начнём. 12. включи́ть, включа́ть/включи́ть.

*Assignment 2.* 2b, 2d, 3a, 3b, 4b, 4d, 5a, 5c, 6b, 6d, 7a, 7c, 8a, 8c.

*Assignment 8.* (a) 1, 2, 3, 4 (the second verb), 5. (b) 4 (the first verb), 7. (c) 6.

*Assignment 9.* (a) 3, 13, 18 (the first, second and third verbs). (b) 9, 10. (c) 7, 8, 12 (the first and fifth verbs), 16, 17. (d) 14. (e) 2, 4 (the first verb), 6, 11, 15. (f) 1 (the first verb), 5.

## CHAPTER IV

### § 1

*Exercise 1.* 1. светле́ть. 2. звони́ть. 3. покупа́ть. 4. разбира́ться. 5. пить. 6. реша́ть. 7. повторя́ть. 8. здоро́ваться. 9. писа́ть. 10. чита́ть, писа́ть и счита́ть.

*Exercise 7.* 1. печа́тать. 2. ждать. 3. угова́ривать. 4. проси́ть. 5. принима́ть. 6. объясня́ть. 7. повторя́ть. 8. напомина́ть.

### § 2

*Exercise 1.* 1. посла́ть. 2. вы́полнить. 3. сде́лать. 4. прочита́ть. 5. сесть. 6. загоре́ть. 7. пройти́. 8. переда́ть. 9. сходи́ть.

*Exercise 2.* 1. перевести́. 2. взять. 3. доста́ть. 4. помога́ть. 5. принима́ть. 6. сообщи́ть.

*Exercise 4.* 1. поздра́вить. 2. сде́лать. 3. взять. 4. вы́пить. 5. вы́ключить. 6. завести́. 7. позвони́ть. 8. прове́рить. 9. просмотре́ть.

*Exercise 5.* 1. погуля́ть. 2. вы́пить. 3. просмотре́ть. 4. почита́ть. 5. поза́втракать.

*Exercise 6.* 1. сыгра́ть. 2. купи́ть. 3. осмотре́ть. 4. приня́ть. 5. позвони́ть. 6. купи́ть.

*Exercise 7.* 1. перевести́. 2. собра́ть. 3. отве́тить. 4. провести́, получи́ть. 5. подня́ться. 6. доказа́ть.

### § 3

*Exercise 1.* (a) 1, 3, 4, 5, 8, 10. (b) 2, 6, 7, 9.

## Revision IV

*Assignment 1.* 1. покупа́ть, покупа́ть, бу́ду покупа́ть/куплю́, покупа́ть/купи́ть. 2. заказа́ть, заказа́ть, лете́ть, пое́ду. 3. чита́ть, прочита́ть. 4. пое́сть, есть, поеди́м. 5. ложи́ться. 6. взять, придётся. 7. встал, встава́ть.

*Assignment 2.* переста́л, стал, на́чал, нача́ть, прекрати́те.

*Assignment 3.* (a) 1, 2, 3, 6. (b) 4, 5, 10. (c) 8, 11. (d) 7, 9.

## CHAPTER V

### § 1

*Exercise 1.* 2, 3, 6, 8.

*Exercise 2.* 1. передава́ть. 2. подходи́ть. 3. заде́рживаться. 4. осма́тривать. 5. включа́ть. 6. оставля́ться. 7. выноси́ть. 8. спра́шивать. 9. е́здить.

*Exercise 3.* 1. переходи́ть. 2. вызыва́ть. 3. откла́дывать. 4. сдава́ть. 5. повторя́ть. 6. заде́рживаться. 7. покупа́ть. 8. надева́ть. 9. сообща́ть.

*Exercise 6.* 1. поступа́ть. 2. принима́ть. 3. приезжа́ть. 4. покупа́ть. 5. заводи́ть соба́ку. 6. отводи́ть.

*Exercise 7.* 1. сде́лать. 2. вы́ступить. 3. приня́ть. 4. сдать. 5. обрати́ться. 6. поступи́ть. 7. включи́ть.

*Exercise 8.* (a) 1, 4, 5, 8, 10. (b) 2, 3, 6, 7, 9.

*Exercise 9.* 1. встреча́ть. 2. запира́ть. 3. реша́ть. 4. покупа́ть. 5. выключа́ть. 6. встава́ть. 7. закрыва́ть. 8. отвеча́ть. 9. принима́ть.

*Exercise 10.* 1. встать. 2. прийти́. 3. донести́. 4. приня́ть. 5. реши́ть. 6. вспо́мнить. 7. успе́ть. 8. принести́.

*Exercise 11.* 1. встать. 2. встава́ть. 3. позвони́. 4. звони́ть. 5. покупа́ть. 6. купи́ть. 7. встреча́ть. 8. встре́тить.

*Exercise 12.* 1. гото́вить. 2. убира́ть. 3. мыть. 4. перепеча́тывать. 5. укла́дывать. 6. отправля́ть. 7. прове́тривать.

## § 2

*Exercise 1.* 1. выбра́сывать. 2. серди́ться. 3. кури́ть. 4. прерыва́ть. 5. пренебрега́ть. 6. проща́ть. 7. обсужда́ть.

*Exercise 2.* 1. дать. 2. пока́зывать. 3. отвле́чь. 4. отвлека́ться. 5. обижа́ться. 6. напо́мнить. 7. зака́зывать. 8. зажига́ть. 9. доба́вить.

*Exercise 3.* 1. включа́ть. 2. брать. 3. звони́ть. 4. вызыва́ть. 5. зака́зывать. 6. встреча́ть. 7. покупа́ть. 8. закрыва́ть.

*Exercise 6.* 1, 2, 4, 7, 8, 10.

*Exercise 7.* 1. запи́сывать. 2. зака́зывать. 3. занима́ться. 4. предупрежда́ть. 5. брать. 6. заходи́ть.

*Exercise 8.* (a) 2, 3, 5, 9. (b) 1, 4, 6, 7, 8.

*Exercise 9.* 1. принима́ть. 2. брать. 3. возобновля́ть. 4. выбра́сывать. 5. дава́ть. 6. дожида́ться. 7. доставля́ть. 8. заде́рживаться. 9. замедля́ть. 10. напомина́ть.

*Exercise 10.* 1. забы́ть. 2. пропусти́ть. 3. нача́ть. 4. простуди́ться. 5. отня́ть. 6. проигра́ть. 7. истра́тить.

*Exercise 11.* 1. проводи́ть. 2. звони́ть. 3. сдава́ть. 4. составля́ть. 5. принима́ть. 6. заходи́ть. 7. обраща́ться. 8. напомина́ть. 9. переде́лывать.

*Exercise 12.* 1. не приду́т. 2. не забу́дет. 3. не поста́вит. 4. не закро́ют. 5. не упадёт. 6. не подведёт. 7. не проигра́ет.

*Exercise 13.* 1. забы́ть. 2. задержа́ться. 3. уйти́. 4. прекрати́ть. 5. раста́ять. 6. помеша́ть. 7. уста́ть. 8. располне́ть. 9. соскучиться.

## § 3

*Exercise 1.* (a) 2, 3, 5, 8, 9. (b) 1, 4, 6, 7, 10.

*Exercise 2.* 1. встава́ть. 2. выходи́ть. 3. употребля́ть. 4. наруша́ть. 5. дава́ть.

*Exercise 3.* 1. реши́ть. 2. подня́ться. 3. найти́. 4. описа́ть. 5. получи́ть. 6. сде́лать. 7. остонови́ть. 8. отложи́ть. 9. позвони́ть.

*Exercise 4.* 1. подня́ть. 2. поднима́ться. 3. превыша́ть. 4. услы́шать. 5. поня́ть. 6. вы́полнить. 7. изучи́ть. 8. сообщи́ть. 9. отпра́вить.

*Exercise 6.* 1. проходи́ть. 2. переходи́ть. 3. остана́вливать. 4. оставля́ть. 5. распеча́тывать. 6. соглаша́ться. 7. уходи́ть. 8. навеща́ть.

*Exercise 8.* (a) 1. поднима́ться. 2. подня́ться. (b) 1. войти́. 2. входи́ть. (c) 1. взять. 2. брать. (d) 1. лови́ть. 2. пойма́ть.

## § 4

*Exercise 1.* 1. зака́зывать. 2. сдава́ть. 3. переезжа́ть. 4. укла́дывать. 5. переодева́ться. 6. е́хать. 7. де́лать.

*Exercise 2.* 1. писа́ть. 2. ста́вить. 3. вызыва́ть. 4. выступа́ть. 5. звони́ть. 6. проверя́ть. 7. осма́тривать. 8. гото́виться.

*Exercise 3.* 1. гуля́ть. 2. встава́ть. 3. проверя́ть. 4. покупа́ть. 5. отвози́ть. 6. вызыва́ть. 7. принима́ть. 8. отвеча́ть.

*Exercise 4.* 1. узна́ть. 2. подписа́ться. 3. прое́хать. 4. найти́. 5. узна́ть. 6. поступи́ть. 7. получи́ть. 8. перевести́. 9. вы́звать.

*Exercise 5.* (a) 2, 3, 5, 8, 9, 11. (b) 1, 4, 6, 7, 10, 12.
*Exercise 6.* 1. идти́. 2. гото́виться. 3. редакти́ровать. 4. печа́тать. 5. звони́ть.
*Exercise 7.* 1. подгото́виться. 2. перевести́. 3. поступи́ть. 4. съесть. 5. дое́хать.
6. отве́тить. 7. сшить. 8. вы́играть. 9. помо́чь. 10. забы́ть.
*Exercise 11.* (a) 1. не перейти́. 2. не переходи́ть. (b) 1. не сдава́ть. 2. не
сдать. (c) 1. не покупа́ть. 2. не купи́ть.

## Revision V

*Assignment 1.* 1. кури́ть. 2. покупа́ть, выпуска́ть, покупа́ть. 3. волнова́ться,
сдади́те, сдать. 4. ждёте, встре́титься, опа́здывает, опозда́ть. 5. измени́лся, узна́ть.
6. спуска́ться/спусти́ться, спусти́ться. 7. получи́ла, ду́мала, получи́ть, слы́шала, да-
ва́ть, сыгра́ть, бу́дет игра́ть/сыгра́ет. 8. купи́ть, купи́ть. 9. переводи́ть, зака́нчи-
вать, выступа́ть. 10. дое́хать, выходи́ть/вы́йти.
*Assignment 2.* 2 — a, b, c, d. 3 — b, d. 4 — a, c. 5 — a, c, 6.— b, d. 7— a, c.
*Assignment 3.*
1. (a) I decided to go to the country. (b) I decided not to go to the
country. (c) I decided to go the country every Saturday. (d) I haven't decided
yet whether I'll go to the country on Saturday.
2. (a) No bridge can be built here. (b) It's impossible to build a bridge here.
(c) One cannot but build a bridge here. (d) Don't build a bridge here. (e) A bridge
shouldn't be built here. (f) Why should a bridge be built here?
*Assignment 7.* (a) 1, 3, 4, 5. (b) 2, 6, 7.
*Assignment 9.* (a) 1, 3. (b) 2.
*Assignment 10.* (a) 8. (b) 1, 2, 4, 6, 11, 13. (c) 3, 18 (the third verb),
19 (the third verb). (d) 7, 10, 17, 18 (the first and the second verbs), 19 (the
second verb). (e) 9, 19 (the first verb). (f) 5, 16. (g) 12, 15. (h) 14.

## CHAPTER VI

### § 1

*Exercise 2.* 1. убира́ла. 2. де́лали. 3. станови́лось. 4. слу́шала. 5. писа́л.
6. сажа́ли.
*Exercise 4.* 1. сдава́л экза́мен. 2. студе́нты рабо́тают в лаборато́рии. 3. чита́л
статью́. 4. чита́л ле́кцию. 5. де́ти гуля́ли.
*Exercise 5.* (a) 1, 4, 5. (b) 2, 3.
*Exercise 6.* 1. пригото́влю. 2. свари́ла. 3. прочита́л. 4. вы́звал. 5. рассказа́л.
6. реши́л.
*Exercise 8.* 1. шёл уро́к. 2. шли (бы́ли) кани́кулы. 3. шла экску́рсия. 4. отдыха́л.
5. рабо́тали. 6. гуля́ли.
*Exercise 9.* 1. жил. 2. ожида́л. 3. разгова́ривали. 4. рабо́тали. 5. слу́шал.
6. расска́зывала.
*Exercise 10.* (a) 1, 3, 5. (b) 2, 4, 6.
*Exercise 11.* 1. сади́лось. 2. проверя́л. 3. возвраща́лись. 4. подходи́л. 5. пере-
ходи́ла. 6. убира́ла.
*Exercise 13.* 1. подходи́л. 2. спуска́лся. 3. отвеча́л на вопро́сы. 4. возвраща́лась.
5. осма́тривали.

### § 2

*Exercise 1.* 2, 3, 5, 6.
*Exercise 2.* 1. прие́хал, посла́ла. 2. прозвене́л, се́ли. 3. услы́шала, бро́силась.
4. поступи́л, появи́лись. 5. вы́пал, вста́ли. 6. получи́ла, обра́довалась.
*Exercise 4.* 1. вспо́мнила. 2. сдаст. 3. реши́л. 4. верну́лись. 5. вошла́. 6. прослу́-
шают. 7. уви́дели. 8. отдохнём.
*Exercise 5.* (a) 1, 2, 4, 6. (b) 3, 5.
*Exercise 6.* (a) 1. бу́ду слу́шать. 2. де́лал. 3. говори́ли. 4. бу́дут отдыха́ть.
5. отвеча́л. (b) 1. бу́дем переводи́ть. 2. бу́дут за́втракать. 3. бу́дем игра́ть.
4. бу́ду вяза́ть.

*Exercise 9.* 2, 4.
*Exercise 10.* 1. приезжа́л, звони́л. 2. конча́лись, начина́лись. 3. открыва́л, встреча́ли. 4. конча́ли, начина́л. 5. сади́лась, забыва́ла. 6. просыпа́лся, начина́л.

## § 3

*Exercise 1.* (a) 1, 4, 5, 6 (the first verb). (b) 1 (the second verb), 2 (the first verb), 3 (the second verb), 4 (the second verb). (c) 2, 5 (the second verb). (d) 3 (the first verb), 6 (the second verb).
*Exercise 3.* (a) 1. откры́ли. 2. вы́шла. 3. поступи́л. 4. бро́сил. (b) 1. прошло́. 2. измени́лся. 3. окре́п.
*Exercise 4.* 1. боле́ет. 2. рабо́тает. 3. пока́зывают. 4. е́здит. 5. преподаёт. 6. идёт.
*Exercise 5.* 1. расска́зывал. 2. маха́ли. 3. бу́дем собира́ть. 4. гуля́ли. 5. бу́дет принима́ть. 6. повторя́ла. 7. пе́ла.
*Exercise 6.* 1. пришёл. 2. согласи́лся. 3. уста́ли. 4. засну́л. 5. по́няли. 6. ко́нчился.
*Exercise 7.* 1. стуча́л, откры́ли. 2. игра́л, вы́играл. 3. проверя́л, убеди́лся. 4. прове́тривали, ста́ло. 5. чита́ла, рассвело́. 6. рабо́тал, позвала́. 7. представля́л, побыва́л.
*Exercise 8.* 1. темне́ло. 2. устава́л. 3. наступа́ла. 4. устава́ли. 5. конча́лся.

## Revision VI

*Assignment 2.* (a) 1, 3. (b) 2, 4, 6. (c) 5. (d) 7.
*Assignment 3.* (a) 1. (b) 4.
*Assignment 4.* (a) верну́лся, пое́здить, пое́здишь, влю́бишься, влюби́ться, е́здил, е́здить.
*Assignment 6.* (a) 1. (b) 2 (the second, third and fourth verbs), 3 (the second, third and fourth verbs); (c) 3 (the first verb), 4 (the first verb); (d) 2 (the first verb), 4 (the second verb).
*Assignment 8.* *(b)* (a) 2, 4 (the second verb), 5, 7, 9 (the first verb), 23; (b) 11, 14, 19; (c) 8, 10, 12, 17; (d) 15, 16, 18, 21.
*Assignment 8.* *(c)* (a) 1 (the second verb), 4 (the first verb), 6 (the first verb), 13 (the first, second and fourth verbs); (b) 3 (the first verb); (c) 1 (the third and fourth verbs), 20; (d) 1 (the first verb), 6 (the second verb), 22.

Елена Ивановна Василенко
Анна Фёдоровна Егорова
Эмма Самойловна Ламм

## ВИДЫ РУССКОГО ГЛАГОЛА

*Для говорящих на английском языке*

Зав. редакцией *Н. П. Спирина*
Редактор первого издания *И. Н. Малахова*
Редактор второго издания *Т. В. Крестьянинова*
Редактор английского текста *В. А. Гапаков*
Младшие редакторы *И. И. Шкуропат, М. А. Тарасова*
Художественный редактор *Ю. М. Славнова*
Технический редактор *В. Ф. Козлова*
Корректор *Г. Н. Кузьмина*

## В 1988 ГОДУ
## В ИЗДАТЕЛЬСТВЕ
## «РУССКИЙ ЯЗЫК»
## ВЫХОДИТ
## В СВЕТ:

**Крылова О. А., Хавронина С. А.**
**Порядок слов в русском языке:** Учебное пособие (*для говорящих на английском языке*) — 2-е изд., переработанное.

Порядок слов в русском предложении — один из наиболее трудных для иностранцев разделов русского синтаксиса.

В пособии последовательно и системно рассматриваются факторы, определяющие порядок слов в простом и сложном предложении. Каждое теоретическое положение иллюстрируется большим количеством практических заданий, которые помогут изучающим русский язык усвоить нормы правильной расстановки слов в предложениях, относящихся к различным стилям речи.

Пособие предназначено для учащихся, овладевших русским языком в объёме начального курса.

**Хализева В. С., Белякова Н. Н., Воробьёва Г. Ф.**

**Сборник упражнений по синтаксису русского языка (с комментариями). Простое предложение:** Учебное пособие (*для говорящих на английском языке*) — 6-е изд., переработанное.

Учебное пособие предназначено для взрослых, изучающих русский язык за рубежом самостоятельно или под руководством преподавателя и имеющих начальную языковую подготовку.

Основное внимание в пособии уделяется трудным вопросам синтаксиса простого предложения: согласованию и управлению, употреблению наклонения, вида и времени глагола в зависимости от словосочетаний и т. п. В сборник включены задания лексико-синтаксического характера. Многие упражнения снабжены комментарием.

Хализева В. С.,   Белякова Н. Н.,   Воробьёва Г. Ф.

**Сборник упражнений по синтаксису русского языка (с комментариями). Сложное предложение:** Учебное пособие (*для говорящих на английском языке*) — 6-е изд., переработанное.

Учебное пособие предназначено для взрослых, изучающих русский язык за рубежом самостоятельно или под руководством преподавателя и имеющих начальную языковую подготовку.

Основное внимание в пособии уделяется трудным вопросам синтаксиса сложного предложения: употреблению союзов и союзных слов, соподчинённости предложений и т. п. В сборник включены упражнения лексико-синтаксического характера. Многие упражнения снабжены комментарием.